AMY SALTZMAN

Ein friedlicher, ruhiger Ort

Ein Achtsamkeitskurs für Kinder und Jugendliche zum Umgang mit Stress und schwierigen Gefühlen

Aus dem amerikanischen Englisch von Mike Schäfer

Arbor Verlag
Freiburg im Breisgau

Wichtiger Hinweis
Die Ratschläge zur Selbstbehandlung in diesem Buch sind von der Autorin sowie dem Verlag sorgfältig geprüft worden. Dennoch kann eine Garantie nicht übernommen werden. Bei ernsthafteren oder länger anhaltenden Beschwerden sollten Sie auf jeden Fall einen Arzt, Psychotherapeuten, Psychologen oder Heilpraktiker Ihres Vertrauens zu Rate ziehen. Eine Haftung der Autorin oder des Verlages für Personen-, Sach- und Vermögensschäden ist ausgeschlossen.

© 2014 Amy Saltzman

© 2018 der deutschen Ausgabe: Arbor Verlag GmbH, Freiburg
by arrangement with New Harbinger Publications, Inc.

Die Originalausgabe erschien 2014 unter dem Titel:
A still quiet place. A Mindfulness Program for Teaching Children and Adolescents to Ease Stress and Difficult Emotions bei New Harbinger Publications, Inc.

Alle Rechte vorbehalten
1. Auflage 2018

Titelbild: © skyla80, photocase.com
Lektorat: Richard Reschika
Druck und Bindung: Kösel, Krugzell
Hergestellt von mediengenossen.de

Dieses Buch wurde auf 100% Altpapier gedruckt und ist alterungsbeständig. Weitere Informationen über unser Umweltengagement finden Sie unter www.arbor-verlag.de/umwelt

www.arbor-verlag.de

ISBN 978-3-86781-206-1

Inhalt

Vorwort 7
Einführung 13

1 Warum junge Menschen mit
  Achtsamkeit bekanntmachen? 19

2 Den eigenen Weg finden –
  wie man Lehrer oder Kursleiter wird 47

3 Miteinander am friedlichen, ruhigen Ort 55

4 **Erste Sitzung:**
  Ein Bissen, ein Atemzug 81

5 **Zweite Sitzung:**
  Neu anfangen 107

6 **Dritte Sitzung:**
  Gedanken beobachten und die „fiese Stimme" 119

7 **Vierte Sitzung:**
  Gefühle und unangenehme Erlebnisse 139

8 **Fünfte Sitzung:**
  Reagieren oder erwidern: Löcher und andere Straßen ... 163

9 **Sechste Sitzung:**
  Erwidern und kommunizieren 185

10	Siebte Sitzung: Kommunikation und Liebe	207
11	Achte Sitzung: Am Ende des Ausatems	237
12	Bin ich vorbereitet? Qualitäten und Qualifikationen, um mit Kindern den friedlichen, ruhigen Ort aufzusuchen	249
13	Vorsichtsmaßregeln und Hinweise	263
14	Kinder und Eltern gleichzeitig unterrichten	279
15	Aus wissenschaftlicher Sicht – Was weiß die Forschung?	287

Anhang A

Das Programm präsentieren oder dafür werben ... 311

Anhang B

Überblick über den Kurs ... 321

Arbeitsblätter und Cartoons ... 328

Quellenangaben ... 333

Literaturempfehlungen zum Thema „Achtsamkeit für Kinder und Jugendliche" aus dem Arbor Verlag ... 338

Weitere Literatur zum Thema „Achtsamkeit" ... 340

Hinweis zu den Audio-Anleitungen ... 342

Über die Autorin ... 343

Über den Verfasser des Vorworts ... 344

Danksagung ... 345

Vorwort

Unsere Kinder sind unser größter Schatz. Und doch bleiben ihnen selbst ihre Schätze verborgen und möchten erkannt werden. Als Eltern, LehrerInnen und Menschen in Beziehung ist es unsere Aufgabe, sie auf eine Entdeckungsreise zu ihrem angeborenen und unvergänglichen, strahlenden Reichtum zu begleiten.

Wenn Ihnen etwas daran liegt, dass Kinder ihr ureigenstes Erbe in Besitz nehmen – die angeborene Fähigkeit entwickeln, ihren Körper, ihren Geist, ihr Herz unmittelbar zu verstehen, lernen, klug zu entscheiden und die Ressourcen zu kultivieren, die es ihnen ermöglichen werden, sich voll und ganz in die Welt einzubringen –, dann stürzen Sie sich in die Lektüre dieses Buches und probieren Sie aus erster Hand aus, was Dr. Amy Saltzman uns allen vermitteln möchte.

Nach allem, was man hört, hat kindlicher Stress in den USA zugenommen. Viel von diesem Stress ist schädlich und raubt unserer Nation ihren größten Reichtum: vitale, engagierte junge Menschen. Die Daten besagen eindeutig, dass es amerikanischen Kindern 2010 schlechter gegangen ist als 1980. Dem Bericht des „Children Defense Fund" von 2010 zur Situation amerikanischer Kinder zufolge liegen die USA unter den industrialisierten Ländern ganz vorne, was Bruttoinlandsprodukt, Gesundheitsausgaben und die Zahl der Milliardäre angeht. Weit abgeschlagen sind sie dagegen, wenn es um die Leistungen von Fünfzehnjährigen in Mathe und

Naturwissenschaften geht – und ganz hinten liegen sie in Sachen Kinderarmut, Gewalt durch Schusswaffen und minderjährige Mütter. Jede Sekunde wird ein Kind vom Unterricht ausgeschlossen; alle elf Sekunden bricht ein High-School-Schüler die Schule ab; alle zwanzig Sekunden wird ein Schüler körperlich bestraft; alle drei Stunden wird ein Kind oder Jugendlicher von einer Schusswaffe getötet; alle fünf Stunden begeht ein Kind oder ein Jugendlicher Selbstmord; und alle sechs Stunden stirbt ein Kind oder Jugendlicher an Misshandlung oder Vernachlässigung.

Wir können diese Tatsachen leugnen, uns hilflos und gelähmt fühlen – oder wir können zu handeln beginnen. Als Mutter, Ärztin, Wissenschaftlerin und Lehrerin hat Amy Saltzman sich zum klugen Handeln entschlossen. Sie hat die harte Pionierarbeit geleistet, die nötig war, um eine wegweisende Perspektive und Methodik zu entwickeln, die unseren Kindern beibringt, ihre Aufmerksamkeit bewusst zu steuern und präsent und freundlich gegenüber dem zu sein, was sie sehen, fühlen und kennen lernen. Wie viele große Erzieher vor ihr fühlt Amy sich verpflichtet, Kinder für das Abenteuer des Lebens zu begeistern: für die wachsende Fähigkeit, das Leben achtsam zu leben.

Amy definiert Achtsamkeit als „universale menschliche Fähigkeit, auf freundliche und neugierige Weise aufmerksam zu sein". Beachten Sie dieses „freundlich und neugierig"! Ich gehe jede Wette ein: Wenn wir früher von unseren Eltern oder Lehrern ermahnt wurden, aufmerksam zu sein und „aufzupassen", dann bestimmt ohne den Zusatz „freundlich und neugierig". Aber diese drei Wörter machen viel aus. Es folgt ein Dialog zwischen Amy und einem Viertklässler (nachdem eine Woche lang unangenehme Erfahrungen erkundet worden waren), der Amys wohlwollende, wissbegierige Vorgehensweise und auch die Feinfühligkeit sehr schön zeigt, die nötig sind, um diese Arbeit gekonnt zu leisten.

AMY: Ja, Angela. Was war dein unangenehmes Erlebnis?
ANGELA: Ich wollte mit meiner Freundin spielen gehen, und Mama hat mich gezwungen, zuerst mein Zimmer aufzuräumen.
AMY: Ja, das kann unangenehm sein, wenn man in dem Moment, wo man etwas möchte, es nicht machen darf. Was waren deine Gedanken?
ANGELA: Ich hasse Mama. Mama ist gemein. Nie darf ich machen, was ich will. Sie ist so unfair.
AMY: Hervorragende Achtsamkeit, du hast viele Gedanken bemerkt. Und was ist mit Gefühlen?
ANGELA: Ich war wütend und traurig.
AMY: Noch etwas?
ANGELA: Ja. Eigentlich war ich sogar wütend auf mich selbst, weil meine Mama mir vorher schon gesagt hatte, ich soll mein Zimmer aufräumen, und ich hatte es vergessen.
AMY: Auch das ist sehr achtsam. Manchmal ist es viel einfacher, auf jemand anderes wütend zu sein, als Verantwortung für die eigenen Entscheidungen zu übernehmen. Und was ist körperlich passiert, als all diese Gedanken und Gefühle in der Luft herumgeschwirrt sind?
ANGELA: Äh... meine Arme und Hände waren irgendwie verkrampft und ich hab' das Gesicht verzogen und böse geguckt.
AMY: Danke, Angela, dass du das so mutig mit uns teilst. Möchte noch jemand ein unangenehmes Erlebnis mit uns teilen?

Wie Sie sehen, geht in diesem Gespräch eine Menge vor sich, das für Angela und ihre Klassenkamerad(inn)en jetzt und in der Zukunft nützlich sein könnte. Amy hat Angela geholfen, die nackten Tatsachen ihrer Erfahrung „auszupacken", indem sie ihr half, sich ganz genau und fürsorglich dem Spektrum von Gedanken, Emotionen und Körperempfindungen zu widmen, das sie erlebt hatte.

Warum ist das wichtig? Weil die Forschung heute zeigt, dass die Impulskontrolle und die Fähigkeit, mit Emotionen umzugehen, enormen Einfluss auf die Fähigkeit unserer Kinder zur Verhaltenssteuerung überhaupt haben. Wissenschaftliche Studien legen nahe, dass die Fähigkeit zur Selbstregulierung enger mit schulischen Leistungen zusammenhängt als etwa der IQ oder die Eingangsleistungen in Lesen oder Mathematik und dass ein Selbstregulierungs-Training ein effektives Mittel sein könnte, um Schulversagen zu reduzieren.

Achtsamkeit scheint eine exekutive Gehirnfunktion (die der Selbstregulierung) zu verbessern und die emotionale Intelligenz zu steigern, indem sie die Fähigkeit, zu entscheiden und wechselnde Perspektiven einzunehmen, stärkt und dadurch empathisches und mitfühlendes Handeln fördert. Zwar ist noch mehr wissenschaftliche Forschung erforderlich, wenn wir besser verstehen wollen, welche Rolle Achtsamkeit im Leben unserer Kinder spielen könnte, aber die bisherige Beweislage deutet doch sehr stark auf ihre positiven Wirkungen hin.

Und denken wir daran: Achtsamkeit ist keine Religion. Sie ist eine universale menschliche Fähigkeit, die durch gezielte Schulung gestärkt wird. Ja mehr noch: Achtsamkeitstraining ist etwas sehr Amerikanisches. Unser großer amerikanischer Pädagoge John Dewey sagte: „Ein Gramm Erfahrung ist mehr wert als eine Tonne Theorie", und Amy weiß das. Ihre Lektionen und Kommentare unterstreichen diesen Punkt immer wieder. Im Grunde bewegt Amy die Kinder in ihrem Unterricht dazu, präsent zu sein und zu sehen, wie sich ihr Leben entfaltet, und zwar als konkrete Erfahrung, nicht theoretisch. Die Geschichte, die Angela erzählt, ist eine Erfahrung aus dem realen Leben. Indem sie ihre eigene Erfahrung studiert, hat Angela jetzt die Möglichkeit, ihr Handeln genauer zu verstehen, und kann infolgedessen anfangen, eine ganze Reihe neuer, möglicher Reaktionen zu gestalten. Was kann es für eine bessere Motivation geben, als sich selbst zu begegnen und das eigene Leben zu gestalten?

Dieses Buch ist Ausdruck eines tiefen Respekts vor Kindern, eine tiefe Verneigung vor der Kostbarkeit ihres Lebens und eine Blaupause dafür, wie sich Achtsamkeit in größerem Umfang in jedes Zuhause, in die

Klassenzimmer, in soziale Einrichtungen einbringen lässt. Trotz unserer besten Absichten laufen wir Gefahr, das Vertrauen zu missbrauchen, das unsere Kinder uns in die Hände und Herzen gelegt haben. Wir wissen es besser. Wir können es besser. Wir sind dieser Aufgabe gewachsen. Ihre strahlende Schönheit ist *da* und wartet darauf, dass wir sie beharrlich unterstützen.

Amy zeigt uns einen Weg.

Saki F. Santorelli
Professor der Medizin, bis 2017 Direktor der Stress Reduction Clinic (MBSR) und Geschäftsführer des Center for Mindfulness in Medicine, Healthcare and Society an der University of Massachusetts Medical School

Einführung

Dieses Buch bietet eine detaillierte, schrittweise Anleitung für den erprobten achtwöchigen, achtsamkeitsorientierten Kurs „Ein friedlicher, ruhiger Ort". Dieses Buch möchte zwischen Kollegen und Freunden ein mit Herzblut geführtes Gespräch darüber in Gang bringen, was es heißt, jungen Menschen Achtsamkeit zu vermitteln. In diesem Gespräch werden wir einander ermutigen, aber auch einander herausfordern, während wir die vielen Möglichkeiten erkunden, Kinder und Jugendliche an den friedlichen, ruhigen Ort der Achtsamkeit und Bewusstheit zu führen.

Dieses Buch ist darauf ausgerichtet, Lehrer, Schulpsychologen, Therapeuten, Ärzte, Betreuer und alle, die in ähnlichen Berufen tätig sind, und nicht zuletzt Eltern – jeden, der junge Menschen mag, sie ernst nimmt, mit ihnen arbeitet, spielt, zusammenlebt – zu unterstützen bei dem Vorhaben, die wissenschaftlich getestete, heilsame Praxis der Achtsamkeit jungen Menschen zu vermitteln. Da diese Vermittlung gewöhnlich im Rahmen einer Gruppe stattfindet, konzentriert sich dieses Buch auch auf die Arbeit in Gruppen. Der Ansatz, dem Sie auf diesen Seiten begegnen werden, funktioniert aber in jeder Umgebung: im schlichten Behandlungszimmer eines Therapeuten genauso wie in trist-schäbigen, gefliesten Schulkorridoren oder auf dem Sofa in der Behaglichkeit eines Wohnzimmers. Das Buch soll von Menschen wie Ihnen genutzt werden, die eine kontinuierliche tägliche Achtsamkeitspraxis aufgebaut haben (oder dies tun wollen) und eine tiefe Liebe für junge Menschen hegen.

Der Ausdruck „friedlicher, ruhiger Ort" umfasst viele Dimensionen der Achtsamkeit. Körperlich meint er die konkrete Empfindung der Ruhe und Stille, die kurzen Pausen zwischen Einatem und Ausatem und zwischen Ausatem und Einatem. Um an den friedlichen, ruhigen Ort zu gelangen, nehmen Sie sich genau hier und jetzt einen Moment und spüren einfach dem natürlichen Rhythmus Ihres Atems nach. Ohne den Atem anzuhalten oder zu verlangsamen, schauen Sie, ob Sie den friedlichen, ruhigen Ort zwischen Einatem und Ausatem spüren – oder dann wieder zwischen Ausatem und Einatem.

Wenn Kinder und Jugendliche üben, auf den Atem zu achten und in den kurzen Pausen zwischen Atemzügen zu ruhen, erleben sie eine natürliche Ruhe und Stille in sich selbst. Mit der Zeit entdecken sie, dass diese Ruhe und Stille in ihnen immer lebendig ist – wenn sie einatmen und der Atem ruht; wenn sie ausatmen und der Atem ruht; wenn sie Hausaufgaben machen, singen, streiten... Mit ein bisschen Übung können sie lernen, in dieser Ruhe und Stille zu verweilen und ihren Gedanken, Gefühlen, Körperempfindungen, Impulsen und Handlungen in einer freundlichen und wissbegierigen Haltung zu begegnen, wie auch den Signalen, die sie von denen empfangen, mit denen sie interagieren. Letztendlich werden junge Menschen durch dieses Beobachten innerer und äußerer Welten befähigt, gesündere, klügere, mitfühlendere Entscheidungen zu treffen, vor allem angesichts typischer alltäglicher Herausforderungen – des Schlägertypen auf dem Pausenhof, einer schwierigen Matheaufgabe oder der Versuchung, sich auf riskante Experimente einzulassen.

In die Sprache der Erwachsenen übersetzt, ist der friedliche, ruhige Ort Achtsamkeit, die reine, mitfühlende Bewusstheit von Moment zu Moment. Im Zuge Ihrer Lektüre wird jedes Kapitel die Begriffe für den friedlichen, ruhigen Ort und die Achtsamkeit – und, noch wichtiger, die Erfahrungen und relevanten Einsatzmöglichkeiten – im Alltag junger Menschen näher erläutern.

Das Buch liefert altersgemäße Varianten für Kinder/Jugendliche von 4 bis 18 Jahren, dazu auch Vorschläge für Therapeuten und Eltern, wie das Programm individuell zugeschnitten werden kann. Von den Übungen in diesem Buch ist erwiesen, dass sie Angstzustände verringern (Saltzman und Goldin 2008). Kinder, die an diesem Kurs teilgenommen haben, haben in schriftlichen Selbstaussagen mitgeteilt, dass sie ruhiger und konzentrierter geworden und von Hausaufgaben und Tests weniger gestresst sind. Wichtiger noch: Sie geben auch an, dass sie emotional nicht mehr so impulsiv sind, sondern mitfühlender zu sich und anderen.

Eine der Grundlagen für dieses Buch habe ich mir dankbar aus der Arbeit von Jon Kabat-Zinn, Saki Santorelli und deren Kollegen am „Center for Mindfulness in Medicine, Health Care, and Society" ausgeborgt. Aber vieles, was in diesem Kurs angeboten wird – auf diesen Seiten, in meinem Sprechzimmer und in verschiedenen Klassenzimmern –, beruht auf meiner Lebenserfahrung als ganzheitliche Ärztin, Ehefrau, Mutter, Achtsamkeitslehrerin, Sportlerin, Dichterin und langjährige Studentin der Ontologie (der Wissenschaft vom Sein) in Georgina Lindseys Schule „Naked Grace Coaching and Consulting". Ich lade Sie ein, Ihre eigene Lebenserfahrung zu erforschen, ihr zu vertrauen und alles, was Sie sind, einzubringen – für die, mit denen Sie das Privileg haben werden, den friedlichen, ruhigen Ort zu teilen.

Die Entstehungsgeschichte

Mein Interesse an der Vermittlung von praktischen Übungen, durch die sich mit Kindern und Jugendlichen der friedliche, ruhige Ort entdecken lässt, ist sowohl professioneller als auch zutiefst persönlicher Natur. Als Ärztin begegne ich oft Kindern, Jugendlichen und Erwachsenen, die unter den physischen, mentalen und emotionalen Auswirkungen von Stress leiden. Als Achtsamkeitslehrerin erlebe ich gleichzeitig, wie Menschen aus allen Altersgruppen und in den verschiedensten Lebenssituationen die

Praxis der Achtsamkeit nutzen, um den friedlichen, ruhigen Ort in sich selbst zu entdecken, Stress zu reduzieren und ein befriedigenderes und schöneres Leben führen zu können.

Für mich persönlich ist die Praxis der Achtsamkeit (also: aufmerksam sein, hier und jetzt, freundlich und neugierig, und dann über das eigene Verhalten entscheiden) in meinem Leben eine Quelle purer seelischer Gesundheit, Anmut und Freude. Sogar in schwierigen Zeiten – oder gerade in schwierigen Zeiten! – verhilft sie mir zu mehr Klarheit, was in mir und um mich herum passiert. Manchmal genügt schon diese klare Wahrnehmung, dass ich innehalten und entdecken kann, was im Moment tatsächlich nötig ist. Damit will ich keinesfalls sagen, dass ich immer achtsam oder würdevoll bin. Trotz vieler Jahre der Praxis bin ich manchmal entsetzt, wie achtlos – und herzlos – ich sein kann; ich habe viele beschämende Momente.

Trotz oder gerade wegen dieser beschämenden Momente fragte mich mein Sohn Jason, als er knapp drei war, ob er mit mir meditieren (Achtsamkeit üben) könne. Zu der Zeit war meine Tochter Nicole sechs Monate alt, und wir waren alle damit beschäftigt, uns an die neue Situation zu gewöhnen. Mein Gefühl ist, dass Jason wusste, er würde meine volle und ruhige Aufmerksamkeit bekommen, wenn wir zusammen praktizierten. Seine rührende Bitte war der Anstoß für mich, ihm Achtsamkeit nahezubringen. Manche der Übungen, die ich ihm zeigte (und die auch in diesem Buch enthalten sind), beruhen auf grundlegenden, wohlbekannten Achtsamkeitsübungen. Dazu gehören beispielsweise das achtsame Essen und der Body-Scan. Andere, wie die folgende „Gefühle-Übung", entstanden spontan, wenn wir zusammen waren und im oberen Flur nebeneinandersaßen oder abends im Bett lagen.

Wie man Achtsamkeit für Gefühle spontan üben kann

Eines Nachmittags wollte Jason unbedingt etwas haben, und ich sagte nein. Er war sehr traurig und wütend. Obwohl ich nicht genau wusste, was ich ihm da vorschlug, fragte ich ihn, ob er eine „Trauri-Meditation" machen wollte. Er sagte ja. Also stellte ich ihm, intuitiv meinen Weg suchend, eine Reihe von Fragen, ganz langsam, und ließ ihm Zeit, ganz behutsam seine Traurigkeit zu erforschen.

- Wo in deinem Körper wohnen die Trauris?
- Wie fühlen sie sich an?
- Sind sie klein oder groß?... Hart oder weich?... Schwer oder leicht?... Warm oder kühl?
- Haben sie eine Farbe? Oder mehrere?
- Machen sie ein Geräusch?
- Was wollen sie von dir?

Um ehrlich zu sein: Ich erinnere mich nur noch an die Antwort auf die letzte Frage. Er sagte: „Liebe" und fragte danach sofort: „Spielen wir jetzt?" Und das war's. Er hatte sich mit seinem Gefühl angefreundet und konnte etwas Neues anfangen.

Wie das Programm entstand

Nachdem ich zusammen mit meinen Kindern Übungen gemacht und sowohl in der Fach- wie auch der allgemeinen Literatur immer wieder auf das Thema „kindlicher Stress" gestoßen war, begann ich mich zu fragen:

Könnten Kinder und Jugendliche profitieren, wenn sie die lebenspraktische Fähigkeit zur Achtsamkeit lernen und mit dem friedlichen, ruhigen Ort in sich selbst vertraut bleiben würden, während sie heranwachsen?

Wenn junge Menschen lernen, ihre Gedanken, Gefühle und Körperempfindungen zu beobachten, sind sie dann vielleicht weniger anfällig für die ungesunden Auswirkungen von Stress?

Wenn Kinder und Jugendliche fähig sind, ihren natürlichen inneren Frieden zu finden und ihrer eigenen inneren Weisheit zu vertrauen, werden sie dann weniger anfällig für schädliche Einflüsse von Gleichaltrigen? Neigen sie weniger dazu, zu potenziell riskanten Verhaltensweisen Zuflucht zu nehmen?

Wenn junge Menschen Achtsamkeit praktizieren, fördert das ihre natürliche emotionale Intelligenz? Kann es ihre Fähigkeit steigern, respektvoll zu kommunizieren und mitfühlend zu handeln? Wird es sie bei der Entwicklung gesunder Beziehungen und bei ihren Versuchen, der Welt etwas zurückzugeben, unterstützen?

Anfangs ging ich diesen Fragen auf informelle Weise nach, indem ich Kindern in Grundschulen und kommunalen Einrichtungen Achtsamkeitsübungen nahebrachte. Kinder im Alter von vier Jahren und darüber hatten Spaß an diesen Übungen und schienen von ihnen zu profitieren. Im Allgemeinen war von Lehrern zu hören, dass ihre Schüler ruhiger und konzentrierter seien, wenn sie den Tag mit einem Besuch am friedlichen, ruhigen Ort begannen. Lehrer von Jugendlichen berichteten, ihre Schüler seien sich der zunehmend komplexer werdenden Gedanken und Emotionen, die das Leben eines Jugendlichen mit sich bringt, besser bewusst und könnten so besser damit umgehen.

Diese informelle Untersuchung führte zu einem offiziellen wissenschaftlichen Forschungsprojekt, das am „Clinically Applied Affective Neuroscience Lab" (Labor für klinische Anwendung affektiver Neurowissenschaften) durchgeführt und von Amishi Jha, PhD. (derzeit an der Universität von Miami) unterstützt wurde. Wir führten an der Fakultät für Psychologie und an zwei Grundschulen mit einer Klientel mit niedrigem Einkommensdurchschnitt Studien durch, bei denen die Übungen in diesem Buch Schülern von der dritten bis zur sechsten Klasse und ihren Eltern vermittelt wurden. (Die vorläufigen Resultate dieser Eltern-Kind-Studie sowie die weitere Forschung zu den positiven Wirkungen von Achtsamkeit bei jungen Menschen werden im letzten Kapitel besprochen.)

KAPITEL 1

Warum junge Menschen mit Achtsamkeit bekanntmachen?

Zuerst einmal muss ich eine Erklärung abgeben. Wie in der Einführung erwähnt, begann ich, Achtsamkeit zu lehren, als mein Sohn mich auf rührende Weise darum bat. Mit der Zeit habe ich immer mehr erkannt, welche Herausforderungen, Belastungen und Schmerzen viele Kinder und Jugendliche häufig ertragen müssen. Ihr tiefes Bedürfnis nach zentralen lebenspraktischen Kompetenzen, die ihnen helfen könnten, sich klug und mitfühlend in ihrer komplexen Lebenswelt zurechtzufinden, ist mit Händen zu greifen. Meine persönliche Praxis, meine Erfahrungen beim Unterrichten von Achtsamkeit für Erwachsene, wenn ich dann sah, wie sie mit weniger Angst und größerer Leichtigkeit leben konnten, und die Freude, die Übungen an meinen Sohn weitergeben zu können: All das inspirierte mich, diese Praktiken auch für Kinder anzubieten. Kindern Achtsamkeit zu vermitteln war zu Beginn eine rein intuitive Entscheidung, gegründet auf mein Vertrauen in die Praxis und in die – allzu oft vernachlässigten! – Fähigkeiten junger Menschen zu Nachdenklichkeit, Freundlichkeit und umsichtigem Handeln.

Heute, mehr als zwölf Jahre später, bestätigt die wissenschaftliche Forschung zu exekutiven Gehirnfunktionen, emotionaler Intelligenz und sozialer Entwicklung, sowohl historisch gesehen wie auch in aktuellen

Pionierarbeiten, dass der Vertrauensvorschuss berechtigt war, den ich und andere Wegbereiter auf diesem Gebiet investierten, als wir Kindern diese Praktiken zu vermitteln begannen. Kapitel 15 präsentiert einen theoretischen Rahmen für die Zusammenhänge bei der Entwicklung dieser Kompetenzen und stellt die Faktenlage bis heute dar, die belegt, dass Achtsamkeit diese Kompetenzen stärkt.

Kindlicher Stress

Wir (ich und meine Kollegen auf der ganzen Welt) vermitteln Kindern und Jugendlichen deswegen Achtsamkeit, weil fast alle von uns sich wünschen, sie hätten Achtsamkeit schon viel früher gelernt. Die sich auf diesem Gebiet engagieren, sind der Meinung, dass es jungen Menschen möglich ist, von der Praxis auf dieselbe Weise zu profitieren wie Erwachsene: weniger impulsiv zu sein, mitfühlender gegenüber sich selbst und anderen, letztendlich ein engagierteres und befriedigenderes Leben zu führen – indem man lernt, seine Aufmerksamkeit zu fokussieren. Idealerweise würde man diese Fähigkeiten Kindern vermitteln, lange bevor sie unter dem gewöhnlichen Alltagsstress des modernen Lebens zu leiden beginnen, von den schwierigeren Themen extremen schulischen Leistungsdrucks, häuslicher Konflikte, finanzieller Probleme, Krankheitsfällen in der Familie oder Gewalt in bestimmten Wohngegenden gar nicht zu reden.

Unglücklicherweise leiden heute schon viele Kinder enorm, zu einem großen Teil deshalb, weil unsere Gesellschaft das Machen höher bewertet als das Sein, das Produkt höher als den Entstehungsprozess. Unsere Kultur neigt dazu, Testergebnisse, Reichtum und Status über Freude, Gemeinschaftsgefühle und Wohlbefinden zu stellen. Die wissenschaftliche Forschung und die Medien sagen uns, dass das Leben junger Menschen immer stressreicher wird. Für manche liegt der Stress schon darin, in dieser schnelllebigen, mediengesättigten westlichen Welt zu leben. Für andere kommt der Stress daher, zu Leistung angetrieben zu werden, zum „Erfolg", und auf eine „gute" Universität gelangen zu wollen.

Und für manche schließlich besteht der Stress darin, in extrem schwierigen, ja traumatischen Familienverhältnissen und Lebensumständen überleben zu müssen.

Unabhängig von Ethnie, Bildung oder sozio-ökonomischem Status werden bei einer alarmierenden Zahl von Kindern und Jugendlichen ADHS, Depressionen, Angstzustände, Übergewicht, Essstörungen, Süchte und selbstzerstörerische Verhaltensweisen (vom Hautritzen bis hin zum Selbstmord) diagnostiziert. Die Forschungsarbeiten von Suniya Luthar (PhD.), einer Professorin für Psychologie und Erziehung am „Teachers College" der Columbia-Universität, dokumentieren ein epidemisches Ausmaß vieler dieser Diagnosen bei Jugendlichen, und zwar sowohl in wohlhabenden wie auch sozial schwachen Verhältnissen (Luthar 2003; Luthar und Barkin 2012). Grausamkeit, Einschüchterung und Gewalt nehmen zu. Niemand ist immun.

Tun wir also jetzt, was wir können, um unsere Jugend gegen die Stressfaktoren des modernen Lebens und alles, was damit zusammenhängt, zu immunisieren und ihnen Techniken an die Hand zu geben, von denen sie ein Leben lang profitieren werden. Es gibt überhaupt keinen Grund, mit dem Erlernen einer unterstützenden und stärkenden Praxis zu warten, bis man 45 ist und den Arbeitsplatz verliert oder einen Herzinfarkt bekommt. Was die nun folgende Diskussion betrifft, so ist es wichtig festzuhalten: Die Daten legen nahe, dass chronischer Stress die Entwicklung der Exekutivfunktionen beeinträchtigt – vor allem des Arbeitsgedächtnisses (Evans und Schamberg 2009) – und deshalb höchstwahrscheinlich auch die emotionale Intelligenz, die soziale Entwicklung und das moralische Verhalten negativ beeinflusst. Ein bisschen Prävention…

Wie die „Stressreduktion durch Achtsamkeit" entstand

Schauen wir uns, bevor wir über die Grundelemente der Achtsamkeit und der Stressreduktion durch Achtsamkeit (MBSR) sprechen, einmal kurz die Entstehungsgeschichte von MBSR sowie ein paar der vielen faszinierenden Forschungsarbeiten über die positiven Wirkungen von Achtsamkeit bei Erwachsenen an. Jedes MBSR-Programm beruht auf dem, was von Jon Kabat-Zinn (PhD.) geschaffen wurde, als er unter der Schirmherrschaft des Medizinischen Zentrums der Universität von Massachusetts 1979 die „Stress Reduction Clinic" aufbaute. 1995 wurde die „Stress Reduction Clinic" zum „Center for Mindfulness in Medicine, Health Care, and Society" („Zentrum für Achtsamkeit in Medizin, Gesundheitsfürsorge und Gesellschaft") umbenannt und der medizinischen Fakultät der Universität zugeteilt.

Anfangs wurde MBSR für erwachsene Patienten mit chronischen Schmerzen und Krankheiten angeboten. Im Laufe der letzten 35 Jahre ist sie zu einer regulären klinischen Intervention und einem öffentlichen Angebot herangewachsen. Derzeit wird sie weltweit in einer Reihe verschiedener organisatorischer Formate angeboten. Es ist wissenschaftlich nachgewiesen, dass MBSR für Erwachsene aus verschiedensten Lebensverhältnissen heilsam ist: Patienten, Ärzte, Krankenschwestern, Therapeuten, Lehrer, Anwälte, Profisportler, Soldaten, Schwangere und frischgebackene Mütter, Menschen aus Problemvierteln, Künstler, Gefängnisinsassen und Manager großer Konzerne.

Organisatorischer Rahmen

Das Standard-Programm für Erwachsene besteht aus acht wöchentlichen Sitzungen, jede zwei bis drei Stunden lang, und einer ganztägigen Sitzung von sechs bis acht Stunden Dauer. Zwischen den Sitzungen praktizieren die Teilnehmer zu Hause 45 bis 60 Minuten täglich. Diese Praxis für zu Hause geschieht sowohl formell, mit geführten Audio-Meditationen, wie informell (Anwendung von Achtsamkeit im Alltag). Der Kurs enthält Gespräche zur Physiologie von Stress, zur Kampf-oder-Flucht-Reaktion und den heilsamen Wirkungen von Achtsamkeit. Meistens sind diese Gespräche nicht didaktischer Natur; sie fließen in den Kurs mit ein und sind direkt auf das Erleben der Teilnehmer bezogen. Sowohl die formellen als auch die informellen Übungen unterstützen die Teilnehmer bei der Erforschung und dem intimen Kennenlernen ihrer repetitiven Denk-, Gefühls- und Verhaltensmuster und der Auswahl eines überlegteren, mitfühlenderen Umgangs mit ihrer Lebenssituation.

Forschungsergebnisse

Die ersten Studien mit Patienten mit chronischen Schmerzen und Krankheiten zeigten, dass die Teilnahme an einem MBSR-Kurs in signifikantem Ausmaß Stress, nervöse Unruhe, Schmerzen, Depression, Aggressionen, körperliche Symptome und die Medikamenteneinnahme verringerte. Teilnehmer an MBSR-Kursen zeigten auch eine gesteigerte Fähigkeit, Schmerzen zu bewältigen, und hatten das Gefühl, ihr Leben sei sinnvoller und befriedigender geworden (Kabat-Zinn 1982; Kabat-Zinn, Lipworth und Burney 1985; Kabat-Zinn, Lipworth, Burney und Sellers 1986; Kabat-Zinn und Chapman-Waldrop 1988). Kontinuierliche Forschung im Laufe der letzten dreißig Jahre hat diese Befunde wiederholen und ausweiten können.

Aktuelle, bahnbrechende Studien, bei denen modernste bildgebende Verfahren eingesetzt wurden, haben gezeigt, dass sich bei Erwachsenen, die an einem achtwöchigen MBSR-Kurs teilnehmen, Veränderungen in der Gehirnstruktur und -aktivität dokumentieren lassen. Vor allem Britta Hölzel, Sara Lazar und andere konnten im „Psychiatric Neuroimaging Research Program" („Forschungsprogramm Neuro-Bildgebung in der Psychiatrie") am Massachusetts General Hospital zeigen, dass MBSR-Kursteilnehmer eine geringere Dichte von grauer Substanz in der Amygdala aufwiesen, die bekanntermaßen eine wichtige Rolle im Angst- und Stressgeschehen spielt. Kursteilnehmer wiesen auch eine erhöhte Dichte von grauer

Substanz im Hippocampus auf, von dem man weiß, dass er für das Lernen und Erinnern wichtig ist, und im temporoparietalen Übergang (Gehirnbereich am Übergang von Schläfen- und Scheitellappen), der mit Selbstwahrnehmung, Mitgefühl und Introspektion assoziiert wird (Hölzel et al. 2011). In einer Studie mit Angestellten eines Biotechnologie-Unternehmens konnte Richard Davison vom „Lab for Affective Neuroscience" (Labor für affektive Neurowissenschaften) der Universität Wisconsin-Madison zeigen, dass Teilnehmer, die Achtsamkeit praktizierten, gesteigerte Aktivität im linken präfrontalen Kortex aufwiesen, dem Bereich des Gehirns, der mit Zufriedenheit und positiven Gedanken und Emotionen assoziiert wird (Davidson et al. 2003). Viele wissenschaftliche Studien konnten belegen, dass Patienten mit einer Vielzahl von Krankheitsbildern – von Depression und nervöser Unruhe über Essstörungen und chronische Schmerzen bis hin zu Schuppenflechte, Herzleiden und Krebs – von der Achtsamkeitspraxis profitieren. Die Forschung über die positiven Wirkungen von Achtsamkeit bei Erwachsenen ist umfassend. Weiterführende Informationen dazu finden sich im Anhang, der Links zu Online-Bibliographien der veröffentlichten Studien über Achtsamkeit und MBSR enthält.

Der friedliche, ruhige Ort:
Zur Essenz von Achtsamkeit und MBSR gelangen

In vielerlei Hinsicht ist es notwendig, dass wir zur Essenz von Achtsamkeit oder MBSR gelangen, wenn wir sie Kindern vermitteln wollen. Es folgt nun eine kurze Darstellung, wie der Kurs „Ein friedlicher, ruhiger Ort" jungen Menschen die meisten Grundelemente des Standard-MBSR-Kurses für Erwachsene, wie er bei Jon Kabat-Zinn (1990) ausführlich beschrieben ist, präsentiert. Ziel dieses Abschnittes ist es, denjenigen, die mit MBSR bereits vertraut sind, aufzuzeigen, wie die MBSR-Grundelemente in den Kurs „Ein friedlicher, ruhiger Ort" Eingang gefunden haben, und gleichzeitig anderen, die mit MBSR noch nicht vertraut sind, eine erste

Begegnung mit den Grundprinzipien zu ermöglichen. Außerdem zeigt die Präsentation jedes Elements die Nuancierungen, die in den schlichten, altersgemäßen Formulierungen enthalten sind, die wir benutzen, um diese Elemente unseren jungen Freunden vorzustellen. Versuchen Sie bei der Lektüre, diese Prinzipien in Ihrem Herzen aufblühen, statt zu zusätzlichen intellektuellen Begriffen im Kopf werden zu lassen.

Reaktionen von Schülern. Am Ende jedes Kurses bitte ich die Teilnehmer, an einen Freund, der nichts über Achtsamkeit weiß, einen Brief zu schreiben, in dem sie schildern, wie es sich anfühlt, am friedlichen, ruhigen Ort zu verweilen, und wie sie Achtsamkeit im täglichen Leben anwenden. Diese Aussagen, die aus tiefstem Herzen kommen, sind in diesem Kapitel kursiv eingerückt. Ich habe sie wörtlich von Viert- und Fünftklässlern sowie von Schülern in Englisch-Förderkursen übernommen, mitsamt ihrer Aufrichtigkeit und allen Grammatik- und Rechtschreibfehlern.

Hier und jetzt

Wie bereits erwähnt, lautet die erste Definition von Achtsamkeit, die ich jungen Menschen gebe: „Aufmerksam sein, hier und jetzt, freundlich und neugierig, und dann über das eigene Verhalten entscheiden." Die einfache Formulierung „hier und jetzt" unterstützt Menschen jeden Alters, in das Erleben des gegenwärtigen Moments zu kommen, statt an die Vergangenheit zu denken oder sich freudig – oder sorgenvoll – die Zukunft auszumalen. „Hier und jetzt" spielt gleichzeitig auf das Prinzip der *Vergänglichkeit* an. Wenn wir hier und jetzt aufmerksam sind, entdecken wir bald, dass die Dinge sich verändern, Moment für Moment.

Achtsamkeit ist ein Fach an der Schule. Das ist eine Zeit, in der wir atmen und über unsere Gedanken nachdenken, über JETZT, nicht die Vergangenheit oder Zukunft. Wenn wir beim Atmen ruhig werden, gehen wir zum friedlichen, ruhigen Ort. Das fühlt sich beruhigend an. Ich mache Achtsamkeit, wenn ich wegen etwas nervös bin.
VIERTKLÄSSLER

Freundlichkeit

Für Kinder repräsentiert der Ausdruck „freundliche Aufmerksamkeit" das Element des *Nicht-Urteilens*, das in der Erwachsenen-MBSR gefördert wird. „Nicht-Urteilen" ist ein Begriff, der den meisten Kindern und Jugendlichen – und sogar manchen Erwachsenen – nichts sagt. Freundlichkeit wird jedoch intuitiv von fast jedem verstanden. Ich möchte Sie auffordern, hier und jetzt einmal innezuhalten und sich Zeit zu lassen, um über die Qualitäten der Freundlichkeit nachzudenken. Wenn man Kinder bittet, einen freundlichen Menschen zu beschreiben, sagen sie meistens, dass ein freundlicher Mensch geduldig und nett ist und nicht schreit oder hektisch ist. Vielleicht fügen sie noch hinzu, dass ein freundlicher Mensch da ist, wenn man ihn braucht.

Der nicht-urteilende Aspekt der Freundlichkeit beinhaltet das neutrale Erwachsenenprinzip des *Anerkennens* und das „freundlichere" Erwachsenenprinzip des *Akzeptierens*. Anerkennen heißt einfach zu erkennen, dass die Dinge sind, wie sie sind, auch wenn es uns nicht gefällt oder wir damit unzufrieden sind. Oft schafft schon der simple Akt des Anerkennens, dass die Dinge anders sind, als wir es wollen, Raum für Mitgefühl und neue Möglichkeiten. Sobald zum Beispiel ein Kind einsieht, dass es sich deshalb ärgert, weil der Rucksack mit den Hausaufgaben, den Fußballschuhen und dem Schlüsselbund weg ist, kann es das Problem angehen. Es kann mit den Lehrern besprechen, wann die fehlenden Aufgaben nachgeliefert werden können; es kann verabreden, im Haushalt mitzuhelfen, um Geld für neue Fußballschuhe zu verdienen; und es kann den Verlust des Schlüsselbundes beklagen.

Als meine Kinder sehr klein waren, brachte ich diese Idee mit einer ziemlich schrägen Darbietung des Rolling-Stones-Songs „You can't always get what you want" zum Ausdruck. Dieser Song hält fest, dass die Dinge halt sind, wie sie sind, und gleichzeitig, dass sie anders sind, als das Kind es möchte. Jugendliche können, sobald sie anerkannt haben, wie die Lage ist, freundlich und wissbegierig erkunden, ob sie sich selbst oder aber die Umstände verurteilen. Oft (aber nicht immer) macht das Anerkennen der eigenen Urteile und Vorlieben es möglich, dass diese Muster sich auflösen und dem Akzeptieren Raum geben.

Ich habe gemerkt, dass Achtsamkeit es mir ermöglicht, die Gegenwart zu erleben, und ich versuche, das in meinem Alltag immer länger zu machen. Es hilft mir, mehr Luft zu haben, damit ich die Dinge lassen kann, wie sie sind. Achtsamkeit bringt Frieden & Akzeptieren und Freude. Ich finde in mir einen Ort, wo ich mich entspannen und einfach „sein" kann.
ZEHNTKLÄSSLER

Akzeptieren impliziert einen gewissen Frieden mit der Lage, wie sie ist. Wieder ist es wichtig zu erkennen, dass das manchmal zu viel verlangt ist. In solchen Momenten können wir als Erstes einfach die Lage, wie sie ist, anerkennen. Das Schöne an den beiden zusammenhängenden Prozessen des Anerkennens und Akzeptierens ist, dass sie, bei genügend Übung, alles umfassen können, auch das Urteilen und Es-anders-haben-Wollen (Widerwillen). Wenn wir werten und uns wehren, können wir *üben*, dem mit Freundlichkeit und Wissbegier zu begegnen. Diese Praxis des Anerkennens (und Akzeptierens) unserer selbst und der Situation, wie sie ist, ist Voraussetzung für die Entscheidung, wie man in dieser Situation reagieren soll. Die Übungen, die in Kapitel 10 („Siebte Sitzung: Kommunikation und Liebe") vorgestellt werden – die AAA- und STAR-Übungen für jüngere Kinder und die PEACE-Übung für Jugendliche – liefern rasch verfügbare Codewörter, die die Essenz dieser Prinzipien enthalten.

Freundlichkeit bedeutet auch tiefes Vertrauen – sowohl darauf, dass jeder junge Mensch von Grund auf gut ist, wie auch in die Praxis der Achtsamkeit selbst. Es ist nicht immer notwendig, dieses Element des Vertrauens explizit zu erörtern, wenn wir junge Menschen unterrichten. Es ist jedoch unerlässlich, dass unsere Worte und Taten diesen Vertrauensaspekt der Freundlichkeit zum Ausdruck bringen. In diesem Prinzip des Vertrauens liegt auch die Erkenntnis, dass jeder Einzelne ganz ist, fähig, klug, der einzige Experte auf der ganzen Welt, was das eigene Erleben angeht, und verantwortlich dafür, wie er oder sie mit dem Leben umgeht. Achtsamkeit kehrt die typische institutionelle Orientierung um, in der ein vorgeblicher Experte einen Schüler, Klienten oder Patienten belehrt oder etwas für ihn oder mit ihm tut. Vertrauen ist auch das Fundament für eine weitere, wesentliche Komponente von MBSR: *Selbstfürsorge*. Letztendlich ist Achtsamkeit ein Geschenk, das jeder Teilnehmer sich selbst macht. Die Prinzipien des Vertrauens und der Selbstfürsorge wecken Stärke, Mut und Weisheit jedes Einzelnen, die oft unerkannt, aber von Grund auf vertrauenswürdig sind.

Neugier

Schauen wir uns einmal den Aspekt der Neugier an. Der neugierige Aspekt der Aufmerksamkeit repräsentiert das Prinzip des *Anfänger-Geistes* (oder Anfänger-Herzens) und lädt uns ein, unser inneres und äußeres Erleben mit frischem Blick zu sehen, ohne unsere üblichen Ideen über Leute und Dinge (in der Erwachsenensprache: unsere vorgefassten Konstrukte und historischen Altlasten). Wenn wir fähig sind, uns selbst, andere und die Ereignisse neugierig zu betrachten, werden unser Erleben und unsere Möglichkeiten oft verändert (transformiert).

Es ist sehr entspannend, am friedlichen, ruhigen Ort auszuruhen. Man kommt mit sich im Innersten in Berührung. Und findet raus, wie man sich eigentlich fühlt.
VIERTE KLASSE

Beispiele für das Gegenteil (eine starre Denkweise, den „Nicht-Anfänger-Geist") , die für die Themen dieses Buches relevant sind: Wenn jemand gesagt bekommen hat und es dann auch glaubt, dass er oder sie nicht gut in Mathe ist; dass er oder sie identisch ist mit einer schlimmen Diagnose; dass es „uncool" ist, klug zu sein; dass das Leben gelaufen ist, wenn man es nicht auf ein „gutes" College schafft; dass Schule Zeitverschwendung ist; oder dass Kämpfen der einzige Weg ist, sich Respekt zu verschaffen. Interessanterweise deutet die Forschung von Dr. Carol Dweck an der Stanford-Universität darauf hin, dass sogar eine „positive" starre Denkweise das Lernen beeinträchtigen kann. Zusammengefasst besagt ihre Forschung: Wenn Schüler vor einer schulischen Aufgabe stehen, dann schneiden die, die Intelligenz für ein starres Merkmal halten (auch wenn sie glauben, dieses Merkmal selbst zu besitzen) nicht so gut ab wie die, für die schulische Leistung etwas mit Anstrengung zu tun hat. Zwei Studien, die sie durchführte, untersuchten die Rolle einer starren versus einer wachstumsorientierten Denkweise im Hinblick auf die Mathematik-Leistungen von Jugendlichen. In einer Studie mit Siebtklässlern sagte der Glaube daran, dass Intelligenz formbar ist – was Dr. Dweck „wachstumsorientierte Denkweise" nennt –, eine ansteigende Leistungskurve für die anschließende „Junior High School" voraus, wogegen der Glaube, Intelligenz sei ein starres Merkmal, eine flache Leistungskurve voraussagte. In einer zweiten Studie förderte das *Unterrichten* der wachstumsorientierten Denkweise in einer siebten Klasse eine positive Veränderung der Gesamtmotivation und eine ansteigende Leistungskurve, verglichen mit einer Kontrollgruppe (Blackwell, Trzesniewski und Dweck 2007).

Wenn Anfänger-Geist und Anfänger-Herz nicht kultiviert werden, wenn starre Gedanken nicht freundlich und neugierig gesehen werden, nämlich einfach als bloße Gedanken, dann haben solche starren Gedanken das Potenzial, ein Leben empfindlich einzuschränken. Vielleicht möchten Sie hier kurz innehalten und einen Moment lang, freundlich und neugierig, irgendeinen starren Gedanken betrachten, der Ihr Leben definiert hat. Wenn wir einmal neugierig werden auf die Zwänge unseres gewohnheitsmäßigen Denkens (vor allem auf das, was ich den „unfreundlichen Geist" nenne), können wir anfangen, über sie hinaus in Richtung neuer Möglichkeiten zu blicken.

Nicht-Ehrgeiz und Loslassen

Die Prinzipien des Nicht-Ehrgeizes und Loslassens sind in der einfachen Definition der Achtsamkeit, die ich Kindern gebe, nicht explizit enthalten: „Aufmerksam sein, hier und jetzt, freundlich und wissbegierig, und dann über das eigene Verhalten entscheiden." Aber hier und jetzt da zu sein minimiert zukunftsorientierten Ehrgeiz. Darüber hinaus können wir uns oft (aber nicht immer) entscheiden loszulassen, wenn uns in freundlicher und neugieriger Reflexion bewusst wird, dass wir in Urteilen, Vorlieben, Ehrgeiz, Habenwollen oder Abwehr befangen sind. Und wenn wir nicht loslassen können, können wir trotzdem auch das anerkennen und gut sein lassen.

> *Es fühlt sich gut an, am friedlichen, ruhigen Ort auszuruhen, weil man alles, was im Kopf rumschwirrt, loslassen kann und man sich nicht mehr darum kümmern muss, was um einen rum abläuft. Manchmal, wenn man weiß, dass man noch viel erledigen muss und es nicht aushält, dass man dauernd gestresst ist wegen Sachen, die man pünktlich erledigen muss, dann kann man einfach tief durchatmen und entspannen…*
> ZEHNTKLÄSSLER

Universell

Ein weiteres Grundprinzip ist: Achtsamkeit ist *universell*. Die meisten Kinder und Jugendlichen verstehen das nach einer einfachen Übung intuitiv. Aber wenn wir Achtsamkeit in einem schulischen, klinischen oder kommunalen Kontext vorstellen – vor allem an staatlichen Schulen –, ist es wichtig, diesen Aspekt der Achtsamkeit zu betonen. Gelegentlich werde ich gefragt: „Ist Achtsamkeit buddhistisch?" Gewöhnlich antworte ich in etwa folgendermaßen: „Achtsamkeit und Mitgefühl sind angeborene menschliche Fähigkeiten, die langfristig kultiviert werden können. Man braucht kein Buddhist zu sein, um sie zu praktizieren, genauso wenig wie man Italiener zu sein braucht, um Pizza zu essen." Wenn der oder die Fragende es möchte, führe ich ihn oder sie auch durch eine kleine Übung zum bewussten Essen oder Atmen, um damit eine persönliche Erfahrung von Achtsamkeit zu ermöglichen und die Erkenntnis, dass er oder sie fähig ist, Achtsamkeit zu praktizieren – ohne irgendetwas an sich ändern oder an irgendeine Philosophie oder Religion glauben zu müssen.

Manchmal, wenn weitere Fragen kommen, füge ich hinzu: „Die universalen menschlichen Fähigkeiten zu Achtsamkeit und Mitgefühl sind von Buddhisten über 2500 Jahre hinweg erforscht worden, und sie haben deshalb in Bezug auf diese Fähigkeiten eine Menge zu bieten. Aber, wie Sie gerade gesehen haben, man braucht kein Buddhist zu sein oder irgendetwas anderes, sondern einfach ein Mensch, um Achtsamkeit zu praktizieren." Bei der Überlegung, ob ich diese Zusatzbemerkung machen soll, gehe ich sehr behutsam vor und tue es nur, wenn ein Mensch oder eine Gruppe eine konkrete Erfahrung von Achtsamkeit gehabt hat. Weil es immer meine Absicht ist, diese Fähigkeit so vielen Menschen wie möglich zugänglich zu machen, lasse ich es gewöhnlich bei dem Pizza-Vergleich.

Früher habe ich gesagt: „Ich möchte, dass eine gewöhnliche Hausfrau in Ohio mein Angebot versteht und einladend findet." Nun hat aber der Kongressabgeordnete Tim Ryan aus Ohio das Buch „A Mindful Nation" geschrieben, das den Nutzen der Achtsamkeit im Bildungswesen, in der Medizin, im Geschäftsleben, in der Politik und im Militär ausführlich darlegt, und ich muss mir einen neuen Staat suchen…

> Der „friedliche, ruhige Ort" hat mir ganz schön viel Stress abgenommen. Ich mache Achtsamkeit, wenn ich genervt oder gestresst bin. Achtsamkeit ist der Hammer! Vielen Dank, Dr. Saltzman, dass Sie mir dieses tolle Programm gezeigt haben.
> FÜNFTKLÄSSLER

Unterschiede und Gemeinsamkeiten zwischen dem MBSR-Kurs und dem Kurs „Ein friedlicher, ruhiger Ort"

Bevor wir fortfahren, ist es wichtig, ein paar elementare Unterschiede zwischen dem regulären Erwachsenenkurs mit neun Sitzungen und dem achtwöchigen Konzept von „Ein friedlicher, ruhiger Ort" (im Englischen „SQP") festzuhalten. Um der Aufmerksamkeitsspanne junger Menschen und den gewohnten Stundenplänen in Schulen und Therapien entgegenzukommen, sind die geführten Übungen an den Kursabenden und zu Hause sowie die wöchentlichen SQP-Sitzungen kürzer als das entsprechende Gegenstück in der Erwachsenen-MBSR. Die geführten Übungen dauern normalerweise nur fünf bis zwölf Minuten, im Gegensatz zu 30 bis 45 Minuten in der Erwachsenen-MBSR, und die wöchentlichen Sitzungen sind typischerweise nur etwa 45 bis 60 Minuten lang, im Gegensatz zu zweieinhalb Stunden bei der Erwachsenen-MBSR. Weiterhin wird das Beobachten von Gedanken und Gefühlen im SQP-Kurs anfangs in zwei separaten, unterschiedlichen Übungen eingeführt, wogegen es in der Erwachsenen-MBSR typischerweise in der Praxis im Sitzen enthalten ist. Manche Themen der Erwachsenen-MBSR werden im SQP-Kurs nicht abgedeckt, es sei denn, die Kommentare von Teilnehmern erforderten dies. (Einige dieser Themen werden in der Zusammenfassung am Ende dieses Kapitels angesprochen.) Die vielen Übungen und Prinzipien, die SQP und Erwachsenen-MBSR gemeinsam haben, werden im Folgenden kurz vorgestellt und später, bei den Kapiteln zu den einzelnen Sitzungen im zweiten Teil des Buches, ausführlicher erläutert. Für diejenigen Leser, die noch nicht regelmäßig Achtsamkeit praktizieren oder Erfahrungen mit MBSR gemacht haben: Es ist absolut *unerlässlich*, dass Sie zuerst eine kontinuierliche persönliche Praxis aufbauen, bevor Sie die Übungen an Kinder weitergeben. Bis dahin wäre es gut, wenn Sie beim Lesen versuchen, die Praktiken, Übungen und Diskussionen eher gefühlsmäßig als gedanklich zu erfassen.

Die Einführungen

Am Anfang stehen bei MBSR und SQP einführende Sitzungen. Der Kursleiter stellt sich vor und gibt einen kurzen Überblick über den Kurs, den Grad an aktiver Mitarbeit, der von den Teilnehmern erwünscht ist, und über Verhaltensrichtlinien und -vereinbarungen. Die Teilnehmer stellen sich gegenseitig vor, sagen ihre Namen, warum sie sich für die Teilnahme an dem Kurs entschieden haben oder was sie stresst, und eine Sache, die sie an sich selbst mögen. Dann werden die Teilnehmer in die Praxis der Achtsamkeit eingeführt: durch achtsames Essen, Gewahrsein des Atems und, im Erwachsenen-Kurs, den Body-Scan. Ein Thema hier ist das Schmecken: Essen kosten, den Atem kosten, das Leben kosten. Halten Sie also jetzt inne und kosten Sie Ihren Atem. Schließen Sie die Augen und *fühlen* Sie zehn langsame, tiefe Atemzüge. Fühlen Sie den köstlichen Rhythmus des Atemzyklus: das Einatmen, ein kurzes Ruhen, das Ausatmen, wieder ein kurzes Ruhen.

Hat es geklappt? Egal, ob Sie sich Ihrem Atem gewidmet haben oder nicht: Schauen Sie, was Sie erlebt haben, mit wohlwollender Neugier an. Wenn Sie sich Ihrem Atem gewidmet haben: Was haben Sie entdeckt?

Ich hab' einfach nur gespürt, dass ich die Augen zumache und der ganze Raum still ist. Es war Frieden.
ZEHNTKLÄSSLER

Eine regelmäßige Praxis aufbauen

In beiden Kursen ist ein Hauptthema der zweiten Sitzung, was beim Aufbau einer täglichen häuslichen Praxis für die Teilnehmer förderlich und was hinderlich ist. Wie viele Erwachsene haben die meisten Kinder und Jugendlichen viel zu tun und sind extrem verplant. Deshalb ist ein primäres Thema, den Teilnehmern bei der Suche nach der Tageszeit zu helfen, die am besten für sie geeignet ist, und sie zu dem Experiment zu ermutigen: dass sie sich jeden Tag einfach fünf Minuten freundliche Aufmerksamkeit schenken und schauen, was daraus wird. Da die geführten SQP-Übungen für zu Hause sehr kurz sind (nur fünf bis zwölf Minuten, im Gegensatz zu den 30 bis 45 Minuten, die bei MBSR empfohlen werden), ist es für Kinder und Jugendliche oft leichter, eine gewisse Regelmäßigkeit aufzubauen. Die meisten jungen Leute finden es hilfreich, vor oder zwischen den Hausaufgaben Achtsamkeitspraxis zu machen, oder vor dem Zubettgehen.

Es entspannt mich und ich bin für diese kurze Zeit ruhig und gechillt. Ich mach es, indem ich hingehe und zu Hause chille und mich abrege. Wenn ich auf jemanden sauer bin, gehe ich einfach und denke nach und atme tief – das entspannt mich.
ZEHNTKLÄSSLER

Gedanken beobachten

Die atemzentrierten Übungen „Juwel" (für Vier- bis Zehnjährige) und „Ausruhen" (für 11- bis 18-Jährige), die in der ersten Sitzung des SQP-Kurses eingeführt werden, spiegeln die grundlegende Praxis im Sitzen wider, die in der zweiten Sitzung der Erwachsenen-MBSR eingeführt wird. Jede dieser Übungen nimmt den Atem als Fokus für die Aufmerksamkeit und ermutigt die Teilnehmer, zu registrieren, wenn die Gedanken abschweifen, und dann die Aufmerksamkeit wieder sanft dem Atem zuzuwenden. Während der sitzenden Praxis werden Erwachsene ermutigt, wahrzunehmen, wenn sie sich in Gedanken verlieren, und die Themen und Muster in ihrem Denken kurz zu registrieren. Nachdem sie diese grundlegende Instruktion erhalten haben, bemerken die meisten Erwachsenen sehr bald ihre mentalen Gewohnheiten und ihren selbstkritischen inneren Dialog. Im SQP-Kursplan für Kinder wird die Übung, sich der Gedanken und vor allem des negativen inneren Geredes bewusst zu werden – was ich liebevoll „die fiese Stimme" nenne –, separat, als eigene Übung, gelehrt.

Die Übungen „Blasen" und „Gedanken beobachten" werden in der dritten Sitzung eingeführt. Diese Übungen helfen unseren jungen Freunden bei der Entwicklung der Fähigkeit, sich sowohl der Prozesse wie auch der Inhalte des Denkens bewusst zu sein. Sobald junge Menschen gelernt haben, dass sie ihre Gedanken beobachten können, ohne an sie zu glauben oder persönlich zu nehmen, beginnen sie, diese Fähigkeit von ganz allein im täglichen Leben anzuwenden. Die bekannte Denksportaufgabe mit den neun Punkten, die in MBSR und SQP genutzt und in Kapitel 6 dieses Buches beschrieben wird („Dritte Sitzung: Gedanken beobachten, unfreundlicher Geist") bietet einen idealen Rahmen, um mit diesem Prinzip zu experimentieren. Diese Übung ruft in der Regel die gewohnheitsmäßigen Gedanken hervor, die beim Versuch auftreten, ein kniffliges Problem zu lösen, und sie macht auch erlebbar, wie eine blockierte Wahrnehmung uns beim kreativen Problemlösen behindert.

Ich mach' Achtsamkeit, wenn ich mir Sorgen mache wegen Schule und Arbeiten und Noten und so, wenn ich mir Sorgen mache, ob ich alles richtig hab', und darüber, welche Note ich krieg', und wenn ich Achtsamkeit mache, kann ich meine Gedanken entspannen.

ZEHNTKLÄSSLER

Gefühle

Die meisten Erwachsenen nehmen ihre emotionalen Muster wahr, wenn sie die sitzende Meditationspraxis machen. So wie das Beobachten von Gedanken wird das Thema, den eigenen Emotionen (von Kindern und Jugendlichen meist als Gefühle bezeichnet) mit freundlicher und neugieriger Aufmerksamkeit zu begegnen, als separate Übung in der vierten Sitzung des SQP-Kursplans präsentiert. Während sie sich mit ihren Gefühlen anfreunden, kann jungen Leuten bewusst werden, dass sie sie gewohnheitsmäßig oft unterdrücken oder aber ihnen freien Lauf lassen. Letztendlich unterstützt die Praxis der Achtsamkeit auf Gefühle unsere jungen Freunde darin, „dass sie ihre Gefühle haben, aber die Gefühle haben nicht sie". Dass sie also beim bewussten Wahrnehmen dessen, was sie fühlen, nicht (impulsiv) reagieren und etwas sagen oder tun, was sie vielleicht bereuen.

Im SQP-Kursplan bereitet die Kombination der Übungen zur Bewusstheit für den Atem, für Gedanken, für Gefühle und für Körperempfindungen den Boden, von dem aus jeder Einzelne seine Bewusstheit auf sein Handeln und die Interaktion mit anderen Menschen und der Umwelt ausdehnen kann. Es ist gut, diese Elemente bereitzuhaben, wenn die Teilnehmer die Dynamik angenehmer und unangenehmer Ereignisse erforschen.

Ich mach jetzt diese Sache, die Achtsamkeit heißt. Damit kann man sich Gefühle bewusst machen und verstehen. Dabei geht man an den friedlichen, ruhigen Ort. Es ist entspannend, dort zu sein. Achtsamkeit hilft mir vor den Hausaufgaben, weil es mich entspannt, und dann kann ich meine Hausaufgaben besser machen.
FÜNFTKLÄSSLER

Angenehme Ereignisse

Für den SQP-Kurs sind viele der Übungen, die Erwachsene in der MBSR als schriftliche Hausaufgabe machen, modifiziert worden und werden in den Kurssitzungen durchgeführt. Um diese Übungen für Kinder attraktiv zu machen, habe ich kindgerechte Cartoons mit anschaulichen Bildmotiven entworfen. Die erste dieser Übungen taucht in der zweiten Sitzung auf. In ihr geht es darum, den Gedanken, Gefühlen und Körperempfindungen, die mit einem angenehmen Ereignis einhergehen, Bewusstheit entgegenzubringen. Das Erforschen eines angenehmen Ereignisses ermöglicht es Kindern, zu erkennen, dass einem ohne Achtsamkeit viele angenehme Momente im Leben entgehen. In der Folge erkennen unsere jungen Freunde, dass angenehme Momente oft überraschend simple Momente der Kommunikation sind und etwas damit zu tun haben, die Dinge zu genießen, wie sie sind, statt sie anders haben zu wollen. Dieses Thema – Dinge anders haben zu wollen, als sie sind, sprich der Widerwille – wird ausführlicher in der vierten Sitzung des SQP-Kurses erforscht.

Unangenehme Ereignisse: Leiden = Schmerz × Widerwillen

Auf ähnliche Weise wird in der vierten Sitzung des SQP-Kurses mithilfe eines Cartoons veranschaulicht, wie ein unangenehmes Ereignis mit freundlicher und neugieriger Aufmerksamkeit untersucht werden kann. In der MBSR für Erwachsene umfasst das Gespräch über unangenehme Ereignisse und Stress eine tief greifende Erkundung dieser Themen, randvoll mit wissenschaftlichen Definitionen für Stress und die Bewältigungsstrategien dafür. Im SQP-Lehrplan wird die Essenz dieser Diskussion ganz zu Anfang auf spielerische Weise, mithilfe einer mathematischen Gleichung, präsentiert: Leiden (Ärger) = Schmerz (Unangenehmes) × Widerwillen (man will, dass es anders ist).

Vielleicht können Sie, für Sie selbst zur Übung, wieder kurz innehalten und über ein vor Kurzem stattgefundenes unangenehmes Ereignis nachdenken – vielleicht etwas ganz Gewöhnliches, zum Beispiel Rechnungen zahlen zu müssen. Auf einer „Unerfreulichkeitsskala" von 1 bis 10 nimmt das Rechnungen-Zahlen vielleicht Platz 2 oder 3 ein. Überlegen Sie nun, wie ungern Sie diese Aufgabe erledigen, und ordnen Sie das ebenso auf einer Skala von 1 bis 10 ein (10 bedeutet maximaler Widerwille). Multiplizieren Sie nun die beiden Werte, um Ihren „Leidenswert" zu berechnen. Überlegen Sie jetzt, wie Sie Ihren Widerwillen vielleicht etwas reduzieren könnten, indem Sie sich zum Beispiel einen Tee machen, Ihre Lieblingsmusik auflegen und dann Ihren Leidenswert neu berechnen. Schon Kinder in der dritten Klasse können mithilfe dieser Gleichung verstehen, dass ganz viel von der eigenen Verärgerung mit Widerwillen zu tun hat, nämlich damit, dass eben alles wunschgemäß ablaufen soll – dass wir kriegen, was wir wollen, wann immer wir wollen. Kleinere Kinder können zur selben Einsicht kommen, indem sie eine Addition machen. Wieder hilft diese Vereinfachung Kindern bei der Überlegung, ob vielleicht ihre Gedanken und Gefühle den sehr realen Schmerz – klein, mittel oder fast unerträglich –, den das Leben mit sich bringt, noch vergrößern. Wenn wir mit dieser Gleichung arbeiten, ist es ganz entscheidend, dass wir den intensiven Schmerz von Krankheit, Scheidung, Verlust oder Trauma nicht bagatellisieren.

Wenn ich traurig bin oder irgendwie schlecht gelaunt, atme ich ungefähr zehn Mal tief durch und entspann mich. Ich vergesse dann auch meine Sorgen. Ich hab das von der Achtsamkeit gelernt. Ich komm gern hierher, weil ich meine Probleme vergesse und auch die ganzen traurigen Sachen in meinem Leben vergesse. Meine Traurigkeit verschwindet einfach.
VIERTKLÄSSLER

Körperzentrierte Übungen

Sowohl der SQP-Kursplan als auch die MBSR enthalten folgende körperzentrierte Übungen: achtsame Bewegung oder Yoga, achtsames Gehen und den Body-Scan. Diese Übungen unterstützen die Teilnehmer dabei, im Körper zu sein, also physische Empfindungen im Körper zu fühlen und bewusst wahrzunehmen. Die Signale, die der Körper sendet, zu hören und zu respektieren, hilft uns, für uns selbst zu sorgen – physisch, mental und emotional. Durch das sanfte Stretching beim Yoga und neue und ungewöhnliche Bewegungsweisen ergibt sich die Gelegenheit, genau hinzuschauen, wie wir mit Herausforderungen umgehen, ob unser Selbstgespräch freundlich oder unfreundlich ist und wie wir zum Urteilen und Vergleichen neigen. Achtsames Gehen lässt uns in eine ganz alltägliche Aktivität, der wir normalerweise sehr wenig Aufmerksamkeit widmen, körperliche Achtsamkeit einbringen. Der Body-Scan lässt uns die Empfindungen des Körpers beobachten, während wir ihn, ruhig daliegend, langsam und systematisch von den Füßen bis zum Kopf innerlich abtasten. Indem sie diese Übungen durchführen, lernen Kinder, dass die Empfindungen im Körper ihnen oft den ersten Hinweis geben, dass „irgendwas im Busch ist" und dass es hilfreich sein könnte, bei sich selbst „vorbeizuschauen", ihren Gedanken, ihren Gefühlen.

Ein signifikanter Unterschied zwischen den beiden Kursen liegt im Zeitpunkt, an dem der Body-Scan eingeführt wird. Im SQP-Kurs geschieht dies in der sechsten Sitzung. Diese Verlagerung erfolgte aus zwei Beobachtungen heraus: Zum einen dauert sogar ein einfacher und gekürzter Body-Scan normalerweise zehn bis zwölf Minuten. Für viele Kinder und Jugendliche ist das *sehr* lang. Wenn, wie es bei der Erwachsenen-MBSR der Fall ist, der Body-Scan die erste Achtsamkeitspraxis ist, die Kinder kennen lernen, haben es die Teilnehmer vielleicht unnötig schwer und sind entmutigt. Im SQP-Kursplan steigert sich die Dauer der Übungen ganz allmählich, so dass dann, wenn der Body-Scan eingeführt wird, die Teilnehmer Achtsamkeit sehr wahrscheinlich schon als machbar erlebt haben. Und, wie bereits erwähnt: Junge Menschen scheinen körperbetonter zu leben und sich ihrer Gedanken und Gefühle weniger bewusst zu sein als ihre erwachsenen Gegenparts. Daher kann es hilfreich sein, Übungen zu Gefühlen und zum Gedanken-Beobachten vor den körperorientierten Übungen einzuführen.

Reagieren oder erwidern

Die zentrale Unterscheidung zwischen (impulsivem) Reagieren und (achtsamem) Erwidern wird in beiden Kursen betont. Im SQP-Kursplan wird diese Unterscheidung in der fünften Sitzung eingeführt, wobei Portia Nelsons Gedicht „Autobiographie in fünf kurzen Kapiteln" benutzt wird, das beschreibt, wie ein Mensch die Straße hinuntergeht und immer wieder in ein Loch fällt (gewohnheitsmäßige Reaktion) und dann irgendwann eine andere Straße wählt (Erwidern). Kinder lieben diesen Vergleich und erzählen sehr bereitwillig von den alltäglichen „Löchern" in der Schule und in ihren Beziehungen zu Freunden und Familienmitgliedern. Diese Beispiele aus dem echten Leben liefern eine ganz natürliche Überleitung zu dem Thema „Reagieren oder Erwidern" in stressbelasteten Situationen und schwierigen Gesprächen.

Die Praxis des Erwiderns baut auf allen vorhergehenden Übungen auf – Bewusstheit für den Atem, für Gedanken, für Gefühle und Körperempfindungen und für die eigenen Präferenzen – und fügt das entscheidende Element der Wahlfreiheit hinzu. Die Übungen AAA und STAR (für Kinder) und PEACE für Jugendliche, beschrieben im zehnten Kapitel („Siebte Sitzung: Kommunikation und Liebe"), repräsentieren diese Unterscheidung durch einprägsame Schlagwörter. Um Ihnen einen gefühlsmäßigen Eindruck von diesen Übungen zu geben – das nächste Mal, wenn Sie mit einer schwierigen Situation konfrontiert sind, geben Sie PEACE eine Chance. Sie machen kurz Pause, atmen aus (*exhalation*), erkennen die Situation an, wie sie ist (*acknowledge*), ergreifen die Chance (*choose*), sich dazu neu zu verhalten, und engagieren sich, führen es also durch (*engage*).

Für Kinder ab zwölf Jahren bietet die Aikido-Übung aus der MBSR, die ebenfalls in der siebten Sitzung behandelt wird, einen körperlichen Weg, in schwierigen Gesprächen und heiklen Situationen verschiedene Arten des Erwiderns zu demonstrieren: unterwürfig, ausweichend, aggressiv und moderat (freundlich, aber bestimmt).

> *Ich glaube, dass Achtsamkeit im Alltag auf viele Arten angewendet werden kann. Ein Grund, warum ich denke, dass sie wichtig ist, ist, dass man zum Beispiel nachdenkt, bevor man redet. Ein zweiter Grund, warum ich glaube, dass sie wichtig ist, ist, wenn man wütend, deprimiert oder sowas ist, dann kann man für sich erstmal überlegen und dann machen, was das Beste ist.*
> ZEHNTKLÄSSLER

> *Es fühlt sich irgendwie seltsam an, aber friedlich. Ich weiß irgendwie gar nicht genau, wie ich zu Hause Achtsamkeit mache, aber ich weiß, dass sie mir hilft, wenn ich auf meinen Bruder wütend bin.*
> VIERTKLÄSSLER

> *Ich habe die letzten Freitage ein paar Sitzungen gemacht, und es hat mir echt geholfen, nicht bloß in der Schule, sondern auch im Privatleben. Mit diesem Unterricht schaffe ich es, meine Wut zu kontrollieren, und ich habe Techniken gefunden, in mir ruhig und friedlich zu bleiben.*
> ZEHNTKLÄSSLER

Liebevolle Güte

Sowohl der SQP-Kursplan wie auch die MBSR beinhalten die Praxis der liebevollen Güte. Traditionellerweise wird liebevolle Güte so gelehrt, dass man sich an das Gefühl, von jemandem geliebt zu werden, erinnert, dieses Gefühl der Liebe dann dem erinnerten Menschen erwidert und schließlich – der Reihe nach – jemandem Liebe schickt, den zu lieben einem leichtfällt; dann sich selbst; dann jemandem, der sich neutral anfühlt; und schließlich jemandem, den zu lieben einem schwerfällt.

Halten Sie hier einen Moment inne, und denken Sie an eine Zeit, in der Sie sich geliebt fühlten. Er-innern Sie sich, lassen Sie es buchstäblich nach innen, und fühlen Sie ganz real die Empfindungen des Geliebtwerdens. Dann wünschen Sie (entweder laut oder still für sich) diesem Menschen, der Sie geliebt hat, Glück: „Mögest Du glücklich sein." Dann schenken Sie sich selbst diesen sanften, herzlichen Wunsch: „Möge ich glücklich sein." Kleinere Kinder werfen sich dann gerne gegenseitig Kusshände zu. Für Jugendliche, die oft unheimlich streng zu sich selbst sind, konzentriert sich die Liebevolle-Güte-Praxis (die in der siebten Sitzung dieses Kurses gelehrt wird) hauptsächlich darauf, dass sie sich selbst liebevolle Güte schicken – vor allem an die Seiten ihrer selbst, die sie eher nicht mögen, verurteilen oder hassen.

Die „Taschenlampen"-Übung

In der Erwachsenen-MBSR beginnt die Praxis der „Unvermeidlichen Bewusstheit" mit dem Ankern der Aufmerksamkeit im Atem. Sobald die Aufmerksamkeit eines Menschen stabil ist, kann er oder sie sie auf allem ruhen lassen, was sich jeweils anbietet: Atem, Geräusche, Körperempfindungen, Gedanken oder Emotionen. Wenn die Aufmerksamkeit des Betreffenden abschweift (was höchstwahrscheinlich passieren wird), so wird sie sanft auf den Atem zurückgelenkt, wie es nötig ist. Mit der Zeit kann man die Aufmerksamkeit in der Bewusstheit selbst ruhen lassen. Mithilfe der „Taschenlampen" Übung, die in der achten Sitzung gelehrt wird, können sogar kleine Kinder die Grundlage für die Praxis unvermeidlicher Bewusstheit legen. In der „Taschenlampen"-Praxis werden die Teilnehmer angeleitet, den Scheinwerfer ihrer Aufmerksamkeit jeweils auf den Atem, auf Geräusche, auf Körperempfindungen, auf Gedanken, auf Gefühle und schließlich auf die Ruhe und Stille reiner Bewusstheit zu lenken.

Letzte Sitzung

Zur letzten Sitzung gehört in beiden Kursen eine Reflexion über den Kurs und eine Diskussion über Gedanken und Gefühle im Hinblick auf das Kursende. Im SQP-Kurs wird diese Reflexion (in der achten Sitzung) auf zwei Arten angeleitet. Als Erstes werden die Teilnehmer eingeladen, an einen Freund, der nichts über Achtsamkeit weiß, einen Brief zu schreiben, der den friedlichen, ruhigen Ort und ihre Erfahrungen mit Achtsamkeit beschreibt. Zweitens gibt es einen Schlusskreis, in dem die Teilnehmer etwas miteinander teilen, was für sie den Kurs symbolisiert: einen Gegenstand, ein Foto, ein Gedicht, ein Lied, eine Geschichte, eine Mandarine… Zu dieser letzten Sitzung gehört auch eine Erkundung, ob und wie die Teilnehmer ihre Praxis selbstständig fortzusetzen gedenken. Vor der letzten Zuhör-Übung präsentiert der Kursleiter weiterführende Materialien, die die Fortsetzung der Praxis unterstützen und fördern sollen.

Ich hör auf mich zu wehren und entspann mich. Entspannen macht mich ruhig und nimmt ein wenig die Angst, die ich jeden Tag mit mir trage. Wenn ich jetzt schlimme oder unangenehme Gefühle habe kann ich halt sagen und meine Gefühle wahrnehmen und untersuchen, so dass nicht meine Gefühle für mich entscheiden.
ZEHNTKLÄSSLER

Zusammenfassung der Unterschiede

Zur Wiederholung: Während die Grundlagen des SQP-Kurses und der MBSR dieselben sind, gibt es doch ein paar wichtige Unterschiede. Im SQP-Kurs wird der Ausdruck „friedlicher, ruhiger Ort" gebraucht, um die Erfahrung reiner Bewusstheit zu bezeichnen. Die geführten Übungen im SQP-Kurs, sowohl für Kinder wie auch für Jugendliche, sind kurz – nur fünf bis zehn Minuten. Die Kürze der Zeit verringert Widerstände gegen das Üben und macht Achtsamkeit für die Teilnehmer als etwas Machbares erlebbar. Weil die geführten Übungen kürzer sind, sind auch die Sitzungen kürzer – nur 45 bis 60 Minuten. Es gibt im SQP-Kurs keine ganztägigen Sitzungen oder Gleichwertiges. Die Übungen, in Gedanken und Gefühle und Körperempfindungen Bewusstheit einzubringen, werden als separate, unterschiedliche Übungen eingeführt. Die persönlichen Erkundungen der Teilnehmer zu angenehmen und unangenehmen Ereignissen und schwierigen Gesprächssituationen werden in einer individuellen oder einer Gruppen-Sitzung angeleitet. Nach der ersten Sitzung ist in jeder Sitzung reichlich Gelegenheit für Bewegung und Spiele vorgesehen. Und schließlich werden alle Teilnehmer ermuntert, jede Woche ein und dieselbe Aktivität – zum Beispiel Zähneputzen, Duschen oder Miteinander-Sprechen – achtsam auszuführen, im Gegensatz zu der individuell ausgesuchten Aktivität für die tägliche Praxis zu Hause in der MBSR.

Einige Themen, die in der MBSR behandelt werden, werden in den hier beschriebenen Sitzungen nicht ausdrücklich angesprochen, es sei denn, die Kommentare von Teilnehmern würden dies nahelegen. Weil MBSR ursprünglich bei Patienten mit chronischen Schmerzen und Krankheiten eingesetzt wurde, die sich oft komplett mit ihrer Diagnose identifizieren, war ein Thema in der ersten Sitzung des Erwachsenenkurses: „Mit Ihnen ist viel mehr in Ordnung, als kaputt ist" (Kabat-Zinn 1990). Diese Aussage trifft zwar auf jeden zu, der lebt und atmet, aber sie ist im SQP-Kurs kein ausdrücklich behandeltes Thema, wenn nicht der Kommentar eines Teilnehmers dies nahelegt.

Im Gespräch über die „Löcher" und „anderen Straßen" könnte der Erwachsenenbegriff „Autopilot" auftauchen. Er wird im SQP-Kurs jedoch nicht unbedingt betont. In der MBSR werden die Physiologie von Stress, die gesundheitlichen Auswirkungen von Stress und die physischen Konsequenzen bestimmter Reaktionsgewohnheiten detailliert behandelt. Manche Gruppen von Teens und Twens sind für eine kurze Zusammenfassung dieser Themen dankbar. Die Themen von Diät und Ernährung, die in der Erwachsenen-MBSR angesprochen werden, kommen im SQP-Kurs normalerweise nicht vor. Aber das Thema, was wir von Seiten der Familie, der Freunde und auch der Medien absorbieren, wird mit Jugendlichen oft besprochen.

Improvisierte Intervention: „Apfel haben"

Eine generelle Vertrautheit mit den oben angesprochenen Themen; mit anderen Weisheitspraktiken wie zum Beispiel Mitgefühl, Vergebung und Dankbarkeit; und – am allerwichtigsten – eine gut etablierte Achtsamkeitspraxis werden Ihnen helfen, klug und besonnen auf Themen zu reagieren, die im Kursplan nicht ausdrücklich enthalten sind. Ein Beispiel: Zu einer Sitzung mit Viertklässlern brachte ich für das achtsame Essen Apfelschnitze mit. Manche Kinder in der ersten Hälfte des Kreises nahmen sich eine ganze Handvoll, was zur Folge hatte, dass für die Kinder in der zweiten Hälfte des Kreises nichts mehr übrig war. Gier, Teilen und Großzügigkeit sind weder in der MBSR noch im SQP ein explizites Thema. An diesem Tag wurden sie aber eines, nämlich als Antwort auf die besonderen Umstände dieser Situation. Vielleicht möchten Sie hier einen Moment innehalten und überlegen, wie Sie in dieser Situation reagiert hätten.

Ich habe Folgendes getan: Ich bat die Schüler, sich einmal umzuschauen, zu schauen, wie viele Apfelschnitze jedes Kind hatte, und dann auf ihre Gedanken und Gefühle zu achten. Die Kinder ohne Äpfel waren traurig und neidisch, während die Schüler mit vielen Apfelschnitzen sich schlecht und schuldig fühlten. Interessant war, dass ohne irgendeine Aufforderung oder Bitte von meiner Seite einige Schüler ihre Apfelschnitze spontan mit denen teilten, die keine hatten. Dieser Vorgang führte zu einer Diskussion über das Thema Gier – dass wir alle (Kinder, Erwachsene, ja ganze Länder) manchmal gierig sind, dass wir unsere Gier wahrnehmen, die Auswirkungen unserer Gier auf die Menschen um uns herum wahrnehmen und dann entscheiden können, wie wir uns verhalten wollen.

Vielleicht macht diese beschriebene „Apfel-haben"-Situation die einfachen Wahrheiten anschaulich, die in den folgenden Kapiteln behandelt werden. Der „Lehrplan", der auf den vorhergehenden Seiten erläutert wurde und in den Kapiteln 4 bis 11 ausführlich vorgestellt wird, ist nicht statisch. Kindern und Jugendlichen Achtsamkeit zu vermitteln ist eine ganz eigene Disziplin, die erfordert, dass wir achtsam und aufgeschlossen sind für das, was Moment für Moment neu entsteht, in uns und in unseren Klienten, Schülern und Teilnehmern – unseren Kindern.

Achtsamkeit ist ein toller Kurs, weil man chillen kann und relaxen. Man beruhigt sich und ist weniger gestresst. Du solltest es mal versuchen, wenn du wütend oder traurig bist oder dich einfach besser fühlen möchtest. Also ich mach es. Versuch's doch mal!

VIERTKLÄSSLER

KAPITEL 2

Den eigenen Weg finden – wie man Lehrer oder Kursleiter wird

Lesen lernen fängt an mit A, B, C. Singen fängt an mit c, d, e, f, g. Achtsamkeit zu unterrichten fängt an mit atmen… atmen… atmen… Fangen wir also ganz von vorne an. Es könnte sein, dass Sie dieses Kapitel hier ein bisschen abschreckt, aber bitte glauben Sie mir, dass es sowohl Klarheit als auch Inspiration bringen soll. Egal, wie viel Erfahrung Sie schon gesammelt haben: Wenn Sie sich verpflichtet fühlen, jungen Menschen Achtsamkeitstechniken nahezubringen, können Sie nur da ansetzen, wo Sie stehen. Und wie meine kluge Mentorin Georgina Lindsay zu sagen pflegt: „Dann machst du den nächsten vernünftigen Schritt." Der erste Teil dieses Kapitels ist darauf angelegt, Sie bei der Klärung zu unterstützen, wo Sie stehen und was der nächste vernünftige Schritt ist. Vielleicht können Sie diesen Schritt sogar mit *Freude* tun!

Wie der Ausspruch „Die Landkarte ist nicht das Land" besagt, ist die Lektüre der ersten Kapitel dieses Buches, des gesamten Buches – oder überhaupt jedes Buches aus der ständig wachsenden Bibliothek der Achtsamkeitsbücher – nicht gleichbedeutend mit dem tatsächlichen Praktizieren von Achtsamkeit, genauso wie ein Buch über Wanderungen in den Rocky Mountains keine Wanderung in den Rocky Mountains ist. Ein begleitender Satz lautet: „Viele Wege führen auf den Berg." Letztendlich muss jeder von uns seinen Weg selbst bahnen und die Form finden, die sich richtig anfühlt. Es gibt auch andere Berge und andere Wege. Es hilft also, sich, so gut es geht, ehrlich darüber klar zu werden, wo man im Moment steht und wohin die Reise gehen soll. Gleichzeitig hilft es auch, in die Fußstapfen derer zu treten, die vor uns den Weg zurückgelegt haben.

Wie auch im Hinblick auf andere Aspekte dieses Handbuches ist der Weg, der hier beschrieben wird, keineswegs „DER Weg"; es werden einfach nur ein paar weithin sichtbare Wegmarken angegeben, nach denen Sie Ihren Kompass ausrichten können. Wenn Sie Ihre tägliche Praxis nach dem Vorbild einer anderen Achtsamkeitstradition als MBSR etabliert haben, dann denken Sie bitte daran: In der überwiegenden Zahl der Situationen, in denen wir (zumindest in den Vereinigten Staaten) jungen Menschen Achtsamkeit vermitteln, ist es absolut entscheidend, die Praktiken auf eine Weise zu präsentieren, die *nicht-religiös, verständlich, einladend* und ohne *Jargon* ist. Vielleicht der wesentlichste und brillanteste Aspekt der MBSR als konkreter Organisationsform liegt in ihrer ganz normalen Alltäglichkeit. Hier sind einige Wegweiser.

Eine Praxis etablieren

Der erste und wichtigste Schritt in der Vorbereitung auf eine eventuelle spätere Lehrtätigkeit mit Jugendlichen ist der Aufbau der eigenen, beharrlichen, *täglichen* Praxis. Das fängt man am einfachsten so an, dass man sich verpflichtet, jeden Tag zwischen fünfzehn und dreißig Minuten zu sitzen, wobei man die Aufmerksamkeit auf den Atem legt, registriert, wenn der Geist abschweift, und die Aufmerksamkeit wieder sanft zum Atem zurückbringt. Indem Sie diesen Prozess wiederholen, entdecken Sie die Tendenzen, Vorlieben und Angewohnheiten Ihres Kopfes und Ihres Herzens, genauer gesagt, des menschlichen Kopfes und Herzens.

Während der eine oder andere vielleicht mit einem besonderen Talent für den eigenen Weg zur persönlichen Achtsamkeitspraxis gesegnet ist, brauchen die meisten doch sehr viel mehr Unterstützung. Solche Unterstützung liegt zum Beispiel in Büchern wie „Gesund durch Meditation" und „Achtsamkeit für Anfänger" von Jon Kabat-Zinn oder „Stressbewältigung durch Achtsamkeit: Das MBSR-Praxisbuch" von Bob Stahl und Elisha Goldstein. Allerdings: Wenn wir davon ausgehen, dass es Ihr Ziel ist, nicht lediglich für sich zu praktizieren, sondern vielmehr diese Praktiken an junge Menschen weiterzugeben, wird das rückhaltlose Sich-Einlassen auf einen achtwöchigen MBSR-Kurs oder einen elfwöchigen MBEB-Kurs („Mindfulness-Based Emotional Balance", also „Emotionales Gleichgewicht durch Achtsamkeit") wohl das Beste sein. MBEB ist ein hervorragendes Kurskonzept, das meine gute Freundin und Kollegin Margaret Cullen entwickelt hat und das Achtsamkeit, eine Theorie der Emotionen, Mitgefühl und Verzeihen kombiniert.

Die Teilnahme an einem MBSR- oder MBEB-Kurs hat viele positive Auswirkungen. Sie werden von einem erfahrenen Kursleiter (Kursleiterin) unterstützt, der Ihnen beim Aufbau Ihrer persönlichen Praxis hilft. Sie werden aus Ihrer eigenen Erfahrung und der der anderen Teilnehmer lernen. Sie werden beobachten können, wie der Kursleiter die Übungen unterschiedlichen Persönlichkeiten und der gesamten Gruppe nahebringt. Wer schon lange in der Tradition einer anderen Linie praktiziert, wird durch die Teilnahme an einem nicht-religiösen MBSR- oder MBEB-Kurs in der Entwicklung einer Perspektive ohne Insider-Jargon und esoterisches Vokabular gut unterstützt.

Um einen Kurs in Ihrer Nähe zu finden, durchstöbern Sie am einfachsten die Website *www.arbor-seminare.de* oder die des MBSR-Verbands (*www.mbsr-verband.de*).

Bücher, die sich auf die Schulung von Erwachsenen in Achtsamkeit fokussieren und mit denen Sie Ihren Unterrichtsstil verfeinern können, sind: „Zerbrochen und doch ganz" von Saki Santorelli und „Achtsamkeit lehren" von Donald McCown, Diane Reibel und Marc Miozzi.

Zu guter Letzt empfehle ich allen, die sich in dieser Arbeit einem hohen Anspruch an Authentizität und Qualität verpflichtet fühlen, die Teilnahme an einem mehrtägigen Achtsamkeits-Retreat im Schweigen. Diese Idee mag beängstigend wirken. Ganz gewiss ist es eine Herausforderung, sieben ganze Tage zu finden, fernab von allen restlichen

Forderungen des Lebens, und sie nur einer einzigen Sache zu widmen. Und ein Schweigeretreat gehört dabei vielleicht nicht gerade zu Ihren Favoriten. In dem Maße aber, wie Sie Ihre persönliche Praxis vertiefen und mit dem Ziel, Kindern eines Tages Achtsamkeit beizubringen, einen „vernünftigen Schritt" nach dem anderen machen, werden Sie den Wert eines gezielt und ausdauernd absolvierten Retreats zu schätzen wissen. Es ist wirklich das beste Geschenk, was Sie sich selber machen können.

Kindern und Jugendlichen die Praxis vermitteln

Sobald Sie Ihre eigene beharrliche tägliche Praxis etabliert haben, gibt es ein paar weitere empfohlene Schritte zur Entwicklung der Fähigkeiten, die notwendig sind, um jungen Menschen Achtsamkeit zu vermitteln. Wenn Sie nicht bereits bei Arbeit und Spiel mit Kindern und Jugendlichen Erfahrungen gesammelt haben, sollten Sie ein halbes bis ganzes Jahr einem achtsamen Umgang mit der Altersgruppe widmen, der Sie dienen möchten. Nutzen Sie diese Zeit, um sich Ihrer Gedanken, Gefühle, emotionalen Auslöser, Gewohnheitsmuster bewusst zu werden – und vor allem der Möglichkeiten in der Interaktion mit jungen Menschen.

Es gibt für diejenigen, die sich der Weitergabe von Achtsamkeit an junge Menschen professionell widmen wollen, einige qualitativ hochwertige Trainings, sowohl persönlich vor Ort als auch online. Angebote dazu finden Sie ebenfalls unter *www.arbor-seminare.de*. Die Zahl ausgezeichneter Bücher zum Thema „Achtsamkeit" für junge Menschen wächst rapide. Viele habe ich im Anhang bei den weiterführenden Materialien aufgelistet, und ich gebe mein Bestes, auf meiner Website die Liste auf dem Laufenden zu halten (*www.stillquietplace.com*). Fürs Erste empfehle ich „Wache Kinder" von Susan Kaiser Greenland und (auf Englisch) „The Stress Reduction Workbook for Teens" von Gina Biegel.

In Wort und Tat oder: Nur Praxis ist Praxis

Die Notwendigkeit, eine Praxis zu haben, wird im Laufe dieses Buches auf subtile oder auch weniger subtile Weise immer wieder angesprochen werden. Wenn Sie Ihre eigene innere Landschaft noch nicht erforscht haben, Ihr eigenes Mensch-Sein, dann ist es schwierig, wenn nicht unmöglich, andere bei der Erforschung ihrer inneren Landschaft anzuleiten. Wenn Sie keine intime Vertrautheit mit Ihrer menschlichen Fähigkeit zu Wut, Liebe, Angst, Freude, Traurigkeit, Eifersucht, Zufriedenheit, Gier oder Mitgefühl entwickelt haben; wenn Sie noch nicht entdeckt haben, wie diese universellen Erfahrungen entstehen, anhalten, sich im Handeln manifestieren und wieder vergehen, wie sie funktionieren und was sie verstärkt oder abschwächt – wie sollen Sie dann diese Phänomene in einfacher, leicht verständlicher Sprache mit Kindern diskutieren können? Kinder spüren sofort, ob jemand echt ist – aus dem Herzen spricht und aus persönlicher Erfahrung. Umgekehrt wissen sie auch, wenn jemand rein theoretisch spricht (oder, jugendsprachlich ausgedrückt, „nur rumlabert") . Ob Sie die jungen Menschen ansprechen und inspirieren, denen zu dienen Sie das Privileg haben, liegt letztendlich daran, ob und wie Sie den Wert Ihrer eigenen, persönlichen Achtsamkeitspraxis kontinuierlich verkörpern.

Progression

Sobald Sie eine persönliche Praxis etabliert und die Sprache nicht-religiöser Achtsamkeit gelernt haben, gibt es eine natürliche Progression, in der sich die Kunst, jungen Menschen Achtsamkeit zu vermitteln, entwickelt:

- Übungen für junge Menschen anhören, machen und *erleben*
- Übungen für die Altersgruppe, mit der Sie arbeiten möchten, laut anleiten: für sich selbst, für Ihre Katze oder Ihren *Ficus benjamini*
- Für Ihre eigenen Kinder, Nichten, Neffen, Nachbarn, Klienten oder kleine Gruppen Übungen anleiten

- Für größere Gruppen Übungen anleiten
- Sich in der Kunst achtsamer Gesprächsführung und der Erforschung zentraler Elemente der Praxis üben

Beispiele solcher Gespräche auf verschiedenen Altersstufen sind in den Kapiteln 4 bis 11 enthalten. Einfache Fragen können es Teilnehmern ermöglichen zu entdecken, wann und warum die Übungen für sie sinnvoll sein könnten: „Wie war das für dich?" „Was hast du bemerkt?" „Hast du Schwierigkeiten mit der Praxis gehabt?" „Wann könnte es hilfreich sein, diese Praxis zu machen?" „Wie meinst du, dass die Praxis dir helfen könnte?" Die Wichtigkeit Ihrer Antworten auf verschiedene Kommentare sollte nicht unterschätzt werden, denn exakt während solcher Diskussionen enthüllen sich die Prinzipien der Achtsamkeit – oder sie werden getrübt.

Wenn zum Beispiel in meinen professionellen Trainings die Teilnehmer Übungen anleiten, sagt gelegentlich einer: „Achtsamkeit kann helfen, schwierige Gedanken oder Emotionen zu kontrollieren." Das ist eine Verzerrung. Obwohl Achtsamkeit es oft möglich macht, dass intensive Gedanken und Gefühle schneller abflauen, geht es bei der Achtsamkeit *nicht* darum, Gedanken und Gefühle zu *kontrollieren*. Achtsamkeit heißt: den eigenen Gedanken und Gefühlen freundlich und mitfühlend zu begegnen; es ist nicht nötig, sie zu kontrollieren. Viel wichtiger noch: Wenn wir ihnen freundlich und mitfühlend begegnen, kontrollieren sie *nicht uns*. Diese Unterscheidung ist enorm wichtig, denn wenn junge Menschen den irreführenden Eindruck bekommen, bei der Praxis gehe es um die Kontrolle ihres inneren Erlebens, dann werden sie, wenn sie ihre Gedanken und Gefühle nicht kontrollieren können, entweder das Gefühl haben, sie hätten versagt, oder aber, die Praxis habe versagt. Es ist ganz entscheidend, dass Sie betonen und klarmachen: Achtsamkeit bietet einen großartigen Weg, mit dem eigenen Erleben *umzugehen*, statt es zu kontrollieren.

Ein damit zusammenhängendes Phänomen, das sich in letzter Zeit in Online-Kursen und den Kursen vor Ort gezeigt hat, ist folgendes: In der ehrlichen Begeisterung für die Idee, jungen Menschen diese Praktiken zu vermitteln, sind manche Lernende, die nur sehr begrenzte Erfahrung mit dem Thema haben, gleich mit Feuereifer dabei, wiederum ihre Kollegen (von denen die meisten *keinerlei* Grundlage in der Achtsamkeitspraxis haben) zu instruieren. Wie der Unterricht direkt für junge Menschen in der persönlichen Erfahrung fundiert sein muss, muss auch das Unterfangen, anderen Erwachsenen beizubringen, wie man junge Menschen unterrichtet, in der persönlichen Erfahrung auf diesem Gebiet begründet sein, sonst besteht die Gefahr, dass es rein schematisch und blutleer wird. Wie bei anderen Themen des Kurses werden wir auch dieses Thema, nach den Kapiteln zu den einzelnen Sitzungen, immer wieder ausführlich behandeln.

KAPITEL 3

Miteinander am friedlichen, ruhigen Ort

Wenn wir Kindern und Jugendlichen Achtsamkeit vermitteln wollen, müssen wir mit ihnen in einer Sprache reden, die sie verstehen, und Schritt für Schritt, durch Erfahrung, ein zunehmend reicheres und differenzierteres Verständnis aufbauen. Zum Beispiel lautet die Definition von Achtsamkeit, die ich jungen Menschen gegenüber immer gebrauche, folgendermaßen: „Aufmerksam sein, hier und jetzt, freundlich und neugierig, und dann über das eigene Verhalten entscheiden." Diese vereinfachte Definition liefert einen Ansatzpunkt, einen Anfang. Und indem Kinder und Jugendliche anfangen, die Praxis im täglichen Leben anzuwenden, beginnen sie zu erkennen (genauso wie Erwachsene): „Achtsamkeit ist einfach, aber nicht leicht."

Eine witzige Art, diese Definition weiter zu erforschen (vor allem, wenn Sie Deutschlehrer/in sein sollten), besteht darin, sie im Kontext der Fragepronomen „wer", „was", „wo", „wann", „warum" und „wie" zu betrachten. Schauen wir es uns an.

Wo und wann: Achtsamkeit heißt, hier und jetzt Acht zu geben, genau da, wo wir jetzt sind, im gegenwärtigen Moment, und nicht mit der Vergangenheit zu hadern oder sich – sorgenvoll oder begeistert – die Zukunft auszumalen.

Was: Im gegenwärtigen Moment können wir uns dem Atem zuwenden, Körperempfindungen, den fünf Sinneswahrnehmungen, Gedanken, Gefühlen, Menschen und Ereignissen in unserem Leben, unseren Impulsen und Handlungen.

Wie: Diese besondere Art der Aufmerksamkeit ist freundlich und neugierig und insofern anders als unser oft sehr selbstkritisches inneres Gerede. Achtsamkeit möchte, dass wir Mitgefühl mit uns selbst und anderen üben, während wir durchs Leben gehen und dabei unser Bestes geben. In asiatischen Sprachen ist das Schriftzeichen für Geist und Herz dasselbe. Deshalb wäre statt Achtsamkeit eigentlich der Begriff „Herzlichkeit" treffender.

Warum: Wir sind auf diese Weise aufmerksam, damit wir die nötigen Informationen haben, um klug und freundlich mit uns selbst, mit anderen und mit dem umzugehen, was in unserem Leben passiert – zumindest manchmal (lächeln).

Wer: Wer ist aufmerksam? Die offensichtliche Antwort ist zwar „Ich; ich bin aufmerksam", aber es ist vielleicht genauso treffend oder sogar treffender zu sagen, dass die Ruhe und die Stille (also Bewusstheit an sich) aufmerksam sind.

Halten Sie hier kurz inne und lassen Sie diese Möglichkeit in Ihr Herz. Was könnte es für Sie bedeuten, dass die Ruhe und die Stille selbst aufmerksam sind?… Sie müssen nicht jetzt antworten. Halten Sie die Frage lebendig. Wir werden im Laufe des Buches immer wieder darauf zurückkommen.

Der Kurs, der in den Kapiteln 4 bis 11 dieses Buches beschrieben ist, folgt einem achtwöchigen Curriculum für Kinder von ungefähr acht bis zwölf Jahren (also ungefähr zweite bis sechste Klasse). Jede Sitzung enthält eine Kombination von einigen oder allen der folgenden Elemente: geführte Übungen, Diskussionen, schriftliche Übungen und Bewegungsspiele. Manche Leser mögen sich fragen, ob die beschriebenen Übungen, Diskussionen und Aufgaben für Kinder dieses Alters nicht zu einfach oder aber im Gegenteil zu anspruchsvoll sind. Meiner Erfahrung nach zeigen die Beteiligung der Teilnehmer an den Diskussionen sowie die Erfahrungen, die sie austauschen, dass sie die Übungen und Lerninhalte als verständlich und hilfreich für den Alltag empfinden. Außerdem können die meisten Übungen, Dialoge und Erkundungen dieses Buches für jüngere oder ältere Schüler angepasst, separat angeboten oder so erweitert werden, wie es Ihnen im Hinblick auf die Bedürfnisse der jungen Menschen, denen Sie dienen, nützlich erscheint. Die Dialoge sind nach Maßgabe meines Erinnerungsvermögens so genau wie möglich wiedergegeben, die Namen der Teilnehmer wurden jedoch zum Schutz ihrer Anonymität geändert.

In diesem Kapitel möchte ich einige allgemeine Themen besprechen, was das Unterrichten dieses Curriculums angeht, zum Beispiel altersgemäße Modifikationen und das praktische Handwerkszeug für die Leitung der Sitzungen. Im 13. Kapitel werde ich Überlegungen behandeln, die vor allem Lehrer in schulischen Situationen sowie Therapeuten betreffen, die den Kurs für Einzelpersonen anbieten; dazu einige allgemeine Vorsichtsmaßregeln.

Die Struktur des Kurses hat einen gewissen Fluss: Die Erfahrungen, Fertigkeiten und Begriffe bauen aufeinander auf, sind aufeinander bezogen und verstärken sich gegenseitig. Obwohl dieses Buch den Kursplan detailliert beschreibt, ist doch jeder einzelne Mensch, jede Gruppe, jede Sitzung, jeder Moment einzigartig. Die Vorschläge und Beschreibungen in diesem Buch sollten deshalb als Skizzen dienen – Skizzen, die Sie zusammen mit den jungen Menschen, denen Sie dienen, verbessern und verfeinern. Und so schafft letztendlich jedes Individuum und jede Gruppe ein meisterhaftes Original, indem Linien verschoben, charakteristische Formen geschaffen und zusätzliche Schatten und Farben eingebracht werden, die Tiefe und Perspektive erzeugen.

Altersgemäße Modifikationen

Achtsamkeit und Bewusstheit sind Begriffe, die zu erfassen vielen Kindern und Erwachsenen schwerfällt. Am friedlichen, ruhigen Ort zu verweilen ist aber etwas, was jeder erleben kann. Hier ist ein Beispiel, wie ich bei sehr kleinen Kindern zwischen drei und sechs Jahren den friedlichen, ruhigen Ort einführe.

Hallo, ich heiße Amy und möchte euch gerne meinen Lieblingsort zeigen. Er heißt „der friedliche, ruhige Ort". Es ist aber nicht ein Ort, wo man mit dem Auto oder dem Zug oder dem Flugzeug hin kann. Es ist ein Ort in euch, den ihr einfach durch das Atmen findet.

Lasst uns jetzt zusammen da hingehen. Wenn ihr euch sicher fühlt, schließt ruhig die Augen. Egal, ob die Augen auf oder zu sind, atmet ein paar Mal tief durch, ganz langsam und ruhig. Und schaut mal, ob ihr in Eurem Körper nicht so eine Art warmes Lächeln findet. Spürt ihr's? Das ist euer friedlicher, ruhiger Ort. Macht noch ein paar tiefe Atemzüge und macht es euch gemütlich.

Das Beste am friedlichen, ruhigen Ort ist, dass er immer in euch drin ist. Und ihr könnt immer hingehen, wenn ihr Lust dazu habt, einfach indem ihr auf Euren Atem Acht gebt. Es ist schön, an den friedlichen, ruhigen Ort zu gehen und die Liebe zu spüren, die es dort gibt. Das hilft einem ganz besonders, wenn man wütend oder traurig oder ängstlich ist. Am friedlichen, ruhigen Ort kann man mit diesen Gefühlen sehr gut reden und Freundschaft schließen. Wenn ihr Euch am friedlichen, ruhigen Ort ausruht und mit euren Gefühlen redet, merkt ihr vielleicht, dass die Gefühle nicht so riesig oder mächtig sind, wie es scheint. Denkt immer daran: Ihr könnt immer da hingehen und dort bleiben, solange ihr wollt.

Mit minimalen Änderungen kann das Konzept des friedlichen, ruhigen Ortes bei Lernenden von 3 bis 93 Jahren verwendet werden. Die oben zitierten Formulierungen sind für drei- bis sechsjährige Kinder, die einfach den friedlichen, ruhigen Ort erleben und ihn körperlich und seelisch fühlen können. Bei etwas älteren Kindern kann die Sprache körperzentrierter sein, mit weniger Betonung auf dem friedlichen, ruhigen Ort als einer Örtlichkeit. Kinder im Alter von sieben bis neun können erkennen, dass der friedliche, ruhige Ort ein zuverlässiger Platz ist, um Trost zu finden, wenn man sich über etwas aufregt, und manche können dort verweilen und dann eine Antwort auf die ärgerliche Situation finden. Die meisten Kinder ab zehn Jahren aufwärts können die Anwendung von Achtsamkeit im täglichen Leben genauso üben wie Erwachsene. Sie können am friedlichen, ruhigen Ort verweilen, sich ihrer Gedanken, Gefühle und Körperempfindungen bewusst werden und sich dann für eine wohlbedachte Erwiderung, statt für eine rein impulsive Reaktion auf die Situationen des Lebens entscheiden.

Die optimale Altersspanne für jedes Kurselement ist bei dessen erstmaliger Erwähnung in Klammern vermerkt. Elemente, die mit kleineren Kindern gut funktionieren, sind in den Übersichtsplänen, die am Anfang jeder Sitzung stehen, mit einem Sternchen gekennzeichnet. Jede Übersicht enthält auch einen Vorschlag zu einer Kindergeschichte, die zu dem Thema der Sitzung passt; diese Geschichten lassen sich Kindern und sogar Jugendlichen problemlos laut vorlesen. Diskussionen lassen sich für kleinere Kinder gut vereinfachen, indem man sich auf die ersten Fragen und Kommentare beschränkt. Sie können für Jugendliche aber auch ausgeweitet werden, indem man das Thema ausführlicher erkundet. Solche Modifikationen werden in den Kapiteln zu den einzelnen Sitzungen präsentiert, wobei die vereinfachten Stichworte für jüngere Kinder am Anfang der Gespräche für die Acht- bis Zwölfjährigen stehen, gefolgt von den möglichen Erweiterungen für Jugendliche. Ihre Einstimmung auf die Einzelperson oder die Gruppe, mit der Sie arbeiten, wird es Ihnen ermöglichen, die am besten geeignete Gesprächsebene zu finden.

Meine Faustregel für eine geführte Übung lautet: Am Anfang können Kinder maximal eine Minute pro Altersjahr üben; Fünfjährige können also im Allgemeinen eine fünfminütige geführte Übung machen. Für kleine Kinder wird eine einfache zwanzig- bis dreißigminütige Sitzung pro Woche ausreichen, um sie mit dem friedlichen, ruhigen Ort vertraut werden zu lassen. Egal, ob Sie mit einem Kind oder einer Gruppe von Kindern arbeiten: Eine typische Sitzung enthält zwei Übungen, jede gefolgt von einer kurzen Diskussion, und dem Abschluss mit einem Vorschlag für zu Hause.

Mit einer Gruppe von zehn oder mehr Vorschul- oder Kindergartenkindern kann es passieren, dass die Kinder unruhig werden, wenn jedes Kind nach einer Übung etwas erzählen darf, und die Erfahrung aus der Übung ist womöglich schon lange verflogen, bevor das letzte Kind an die Reihe kommt. Deshalb könnten Sie einige Kinder nach der ersten und die anderen nach der zweiten Übung befragen. Wenn Ihre Schüler unruhig werden, können Sie eine kurze Bewegungsübung anbieten. Wenn Sie in einer Schule arbeiten und das Privileg – und die Herausforderung! – genießen, Tag für Tag mit Ihren Schülern zusammen zu sein, können kurze Übungen zu Anfang des Unterrichts, nach der Pause, dem Mittagessen oder anderen Übergangsphasen enorm hilfreich sein. Wenn der Kurs für Kinder jünger als acht Jahre angeboten wird, wäre es eine ideale Hilfe, wenn zu Hause ein Erwachsener die Übungen unterstützen könnte. Gut funktioniert es, wenn ein Kind zusammen mit einem Elternteil einen Kurs besucht oder wenn man Eltern oder Pflegepersonen an die häusliche Praxis erinnert.

Für Jugendliche in Einzel- oder Gruppensitzungen gilt: Lassen Sie sich von deren Kommentaren und Verhalten leiten. Eine typische Sitzung dauert 45 bis 60 Minuten und beinhaltet zwei Übungen, jede gefolgt von einer Diskussion über die Anwendung der Übungen im täglichen Leben.

Das Wesentliche an der Sache

Wie bereits im dritten Kapitel besprochen, ist es ganz wesentlich, dass das, was wir darbieten, aus der Tiefe unserer eigenen Praxis rührt, dass wir eine altersgemäße Sprache sprechen und dass die Übungen verständlich sind und zum Mitmachen einladen. Um diese Elemente etwas anschaulicher zu machen, möchte ich Ihnen eine kleine Geschichte erzählen.

Irgendwann fing mein Sohn an, seiner Kindergärtnerin Achtsamkeit beizubringen. Die Lehrerin bat mich dann, ihrer Klasse ein paar Übungen zu zeigen. Vor ein paar Jahren fand ich mich also eines Morgens auf dem Fußboden eines Klassenzimmers liegend wieder, zusammen mit neunzehn Fünfjährigen. Nach der ersten Übung bat ich die Kinder zu beschreiben, wie sie sich fühlten. Während wir so im Kreis herumfragten, berichteten die Kinder von Gefühlen wie „ruhig", „entspannt" und „zufrieden". Ich war erfreut.

Dann sagte ein Kind „tot". Ich sah einen Anflug von Panik auf dem Gesicht der Lehrerin. In mir zog sich etwas zusammen. Die Lehrerin hatte keine Achtsamkeitspraxis, die ihr zum einen ein Verständnis für das Erleben des Kindes und zum anderen einen Weg hätte liefern können, mit ihrer Angst umzugehen.

Wir setzten den Kreis fort, und, wie es im Kindergarten oft passiert, einige Kinder sagten Ähnliches wie das, was vorhergesagt worden war, unter anderem auch „tot". Nachdem jeder gesprochen hatte, fragte ich die Kinder, die „tot" gesagt hatten: „Wie fühlt sich ‚tot' an?" Sie antworteten: „Wie ein Schwan", „wie ein Engel", „als würde man schweben".

Kinder in unserer Kultur haben keine Wörter dafür, wie wacher, stiller Frieden ist. Das Wort „tot" traf noch am ehesten, wie es für sie war, am friedlichen, ruhigen Ort zu sein.

Diese kleine Anekdote illustriert einige wichtige Punkte, die das Unterrichten von Achtsamkeit für Kinder (und Erwachsene) betreffen:

Wie wir Achtsamkeit vermitteln, muss aus der Tiefe unserer eigenen Praxis kommen. Meine Praxis machte mir bewusst, was in mir hochkam, ließ mich verstehen, was die Kinder und die Lehrerin erlebten, und mich eine

Antwort finden. Das ist die Essenz der Achtsamkeit. Achtsamkeit heißt ja, im gegenwärtigen Moment aufmerksam zu sein, freundlich und neugierig, und auf die Situation mit Bedacht zu antworten, statt rein impulsiv zu reagieren. In diesem Beispiel war ich mir bewusst, dass ich es gerne gehabt hätte, wenn die Kinder Entspannung erlebt hätten, und dass ich Betroffenheit und Zweifel verspürte, als der Junge „tot" sagte. Diese inneren Vorgänge und die Reaktion der Lehrerin einfach zu registrieren, statt mich in sie zu verstricken, ermöglichte es mir, mich den Kindern zuzuwenden, wissen zu wollen, was sie denn mit „tot" meinten, und mich entsprechend zu verhalten.

Unsere Interpretationen von Wörtern und Erlebnissen können ganz anders sein als die unserer jungen Freunde. In diesem Beispiel interpretierte die Lehrerin – und ein Stück weit auch ich selbst – „tot" anfangs als gruselig. Es ist wichtig, sich der eigenen Interpretationen bewusst zu sein und zu fragen, was ein Wort bedeutet, statt es bloß zu vermuten.

Achtsamkeit heißt, sich dem zu öffnen, was im jeweiligen Moment gerade geschieht. Wenn „tot" für die Kinder gruselig oder schwierig gewesen wäre, hätte ich ihnen gratuliert, dass sie so aufmerksam waren und bereit, ihr Erleben mit den anderen zu teilen. Und dann hätten wir die Erfahrung zusammen untersucht.

Die Erfahrungen müssen unbedingt angeleitet werden. Das Schöne am Unterrichten von Kindern ist: Obwohl es verlockend ist, können wir uns doch nicht auf Wörter und intellektuelle Begriffe allein verlassen, um die Praxis zu vermitteln. Im obigen Beispiel berichteten die Kinder von Gefühlen „wie ein Schwan", „wie ein Engel", „als würde man schweben". Ob wir Kinder oder Erwachsene unterrichten, idealerweise leiten wir sie zu einer Erfahrung der inneren Stille und Ruhe an und zeigen ihnen, wie ihnen diese Stille und Ruhe im täglichen Leben zugutekommen kann. Die einzelnen Achtsamkeitsübungen in diesem Buch bauen auf dieser Grundlage der Ruhe und Stille auf. Alles in allem bieten diese Übungen jüngeren Kindern Techniken, mit denen sie sich beruhigen können, und älteren Kindern die Fähigkeit, ihre Gedanken und Gefühle zu beobachten und – am allerwichtigsten – ihr Verhalten zu steuern.

Einführungsabend

An Grund- und weiterführenden Schulen, aber auch in der Sozialarbeit, bei Forschungsprojekten oder in der Gesundheitsvorsorge biete ich gewöhnlich einen Einführungsabend für Eltern an. Der wichtigste Teil dieses Abends ist, die Eltern Achtsamkeit tatsächlich *erleben* zu lassen, vor allem das achtsame Essen. Das verschafft ihnen einen unmittelbaren, persönlichen, sinnlichen Eindruck, was Achtsamkeit ist, dieses „im gegenwärtigen Moment freundlich und neugierig aufmerksam zu sein". Typisch ist, dass Eltern, wenn sie diese kurze Übung machen, intuitiv die potenziell wohltuenden Wirkungen von Achtsamkeit erkennen. Außerdem erkennen sie, dass sie und ihre Kinder genau so üben können, wie sie sind, und dass Achtsamkeit ihrer Lebensweise (und ihren religiösen Anschauungen) nicht in die Quere kommt, sondern sie vielleicht sogar bereichert. Auf diese Weise begegnet diese einfache geführte Übung einer möglichen Unklarheit, was Achtsamkeit ist und was nicht.

Zum Einführungsabend gehört auch eine Zusammenfassung des aktuellen Forschungsstandes hinsichtlich der positiven Auswirkungen von Achtsamkeit bei Kindern und Jugendlichen; ein Blick auf einige der interessantesten Studien mit Erwachsenen; ein Überblick über die Struktur des Kurses, dabei auch das Thema des Übens zu Hause; Erläuterungen zu Forschungsmethoden; und schließlich – am allerwichtigsten – die Gelegenheit, reichlich Fragen zu stellen. Ein Hinweis: In Schulen in sozial schwachen Gegenden sind solche Einführungsabende oft schwach besucht, deshalb kann es sinnvoll sein, über die üblichen Kommunikationswege der Schule den Eltern einen kleinen Flyer (in der Sprache der jeweiligen Zielgruppe) zukommen zu lassen.

Den Raum herrichten

Man kann mit fast jedem Raum etwas anfangen. Ein relativ schlichter, ruhiger Raum ist zwar am besten, aber ich habe auch schon in lauten, engen oder überfüllten Räumen unterrichtet. Arrangieren Sie die Sitzgelegenheiten so, dass eine Erfahrung von Ruhe und Stille möglich wird. Je nach Situation kann es passend sein, wenn eine Gruppe im Kreis auf einem Teppich auf dem Boden sitzt; eine andere wieder im Kreis auf Stühlen; wieder andere Gruppen brauchen vielleicht die klaren Grenzlinien von Stuhlreihen. Versuchen Sie, so gut wie möglich, eine bequeme und sichere Umgebung zu schaffen. Das Gefühl der Sicherheit muss umfassend sein und physische, mentale, emotionale und soziale Aspekte einschließen. Die gemeinsamen Absprachen der Teilnehmer (aufgeführt in der ersten Sitzung) sind enorm wichtig, weil sie die Grundlage für den geschützten Rahmen des Kurses bilden.

Am Anfang

Versuchen Sie, so gut wie möglich, eine Balance zu finden zwischen einer lockeren Atmosphäre, bis alle Teilnehmer angekommen sind und ihren Platz gefunden haben, und einem beispielhaft pünktlichen Anfang. Begrüßen Sie jeden Teilnehmer persönlich, mit Fingerspitzengefühl, wie viel Aufmerksamkeit und Körperkontakt jemand verträgt. Ob Sie mit Einzelpersonen oder einer Gruppe arbeiten, als Therapeut, als Lehrer vor einer Klasse, als Multiplikator, der in der Klasse eines anderen Lehrers oder in einer sozialen Einrichtung Achtsamkeit unterrichtet: Es ist sinnvoll, ein paar einfache Routineabläufe zu etablieren, die signalisieren, dass die Zeit für die Sitzung etwas Besonderes ist, weil sie sich der Achtsamkeitspraxis widmet. Diesem Zweck dient in diesem Programm das achtsame Zuhören zum Beginn und Ende jeder Sitzung.

Zuhören

Typischerweise beginnt und endet jede Sitzung mit bewusstem Hören, wozu am besten Klangstäbe mit volltönendem, lang anhaltendem Klang benutzt werden, keine Gongs oder Klangschalen.[1] Diese Empfehlung ist besonders wichtig für den Unterricht im öffentlichen Rahmen, zum Beispiel in einer Schule, wo es enorm wichtig ist, dass der nicht-religiöse, für alle zugängliche, universale Charakter der Praxis deutlich gemacht wird. Die Einführung eines solchen Rituals für den Anfang und das Ende jeder Sitzung hebt klar hervor: Die Sitzung ist etwas Besonderes und für die Achtsamkeit da. Eine Hoffnung dabei ist natürlich, dass die Teilnehmer im Laufe des Kurses immer vielfältigeren Gebrauch von ihrer Achtsamkeit machen. Mit der Zeit dürfte Achtsamkeit ihr tägliches Leben immer mehr durchdringen, ihre Lebensqualität allgemein steigern, ihre Reaktionsweisen in verschiedenen Situationen beeinflussen und ihre Interaktionen mit anderen bereichern.

Übungen

Ich hatte viele Möglichkeiten, Ihnen die Kernelemente des Lehrplans zu präsentieren. In den Kapiteln 4 bis 11 vermittle ich diese Elemente auf verschiedene Art und Weise. Manche werden einfach nur beschrieben, so dass Sie die Variationen entdecken können, die Sie besonders ansprechen. Andere dienen als Formulierungsbeispiele. Diese Beispiele sind nicht als fertige „Drehbücher" gedacht, und falls Sie sie als solche benutzen, investieren Sie bitte viel Zeit in die Vertiefung Ihrer persönlichen Praxis, bevor Sie Ihre Version dieser Übungen an junge Menschen weitergeben.

---

1 Zum Beispiel „Vibra-Tone", „Tone Chimes" oder die Alu-Klangstäbe der Marke „TimeTEX", die bei dem Schulbedarfs-Verlag TimeTEX Hermedia erhältlich sind (Anm. d. Übers.).

Wie bereits erwähnt, sind manche Übungen in diesem Buch altbekannte Achtsamkeitsübungen, während ich andere wiederum eigens für Schüler, Patienten und meine eigenen Kinder erfunden habe. Die angeleiteten Übungen können heruntergeladen werden, sie sind als Audio-Download „Peaceful Quiet Place: Achtsamkeit für Teenager" und „Peaceful Quiet Place. Achtsamkeit für jüngere Kinder" verfügbar (siehe Anhang). Einige beschreibe ich in meinem Praxisbuch „Ein friedlicher, ruhiger Ort für Jugendliche".

Praktizieren, während Sie anleiten

Idealerweise werden Sie, wenn Ihre eigene Praxis gut etabliert ist, in der Lage sein, eine Übung auch selbst zu machen, während Sie andere dazu anleiten. Das heißt, Sie sind im Kontakt mit Ihrer eigenen Erfahrung und erspüren Ihren Weg durch die jeweilige Praxis, während Sie die Anleitung gleichzeitig altersgerecht formulieren. Viel wichtiger als die Verwendung spezifischer Begriffe ist es dabei, durch Tonfall, Rhythmus und Verbundenheit das Wesen der Praxis zu vermitteln. Nachdem das gesagt ist, gilt natürlich auch: Ihre Worte sollten eine bestimmte Erfahrung zugänglich machen. Ich möchte Sie ermutigen, zu praktizieren, bis es für Sie ein fließender Prozess ist und Sie über weite Strecken mit offenen Augen durch eine Übung führen können, in Fühlung sowohl mit der Praxis wie auch mit dem, was im Raum vor sich geht.

Gespräche

Die Kapitel zu jeder Sitzung enthalten Vorschläge zu Fragen, die die Selbsterkenntnis der Teilnehmer anregen sollen, und kurze Skizzen, die die dialogische Natur dieser Interaktionen zeigen. Dieser Austausch kann im Zweiergespräch, in der kleinen Gruppe oder mit der gesamten Gruppe begonnen werden. Natürlich können ähnliche Erkundungen auch mit einer Einzelperson im therapeutischen Rahmen begonnen werden. Ob Sie mit einer Einzelperson oder mit einer Gruppe arbeiten, der Prozess ist der gleiche: Auf das Gesagte und das Ungesagte hören, atmen und mit einem klärenden Kommentar, einer Frage oder einer Einladung an das Kind oder die Gruppe antworten, ob – und wenn ja, wie – ein bestimmtes Thema im Alltag eine Rolle spielt. Diese Beispiele sind, wie die Übungen, nicht als fertige Drehbücher gemeint, sondern sollen die dialogische, interaktive, fließende Qualität eines achtsamen Erkundens demonstrieren. Im Idealfall ist dieser Prozess sowohl mitfühlend kompromisslos (wir fordern unsere jungen Freunde wirklich auf, ihre Denk-, Gefühls- und Verhaltensmuster zu untersuchen) als auch kompromisslos mitfühlend (wir bringen diesen menschlichen Angewohnheiten Güte und Humor entgegen). Sie werden sicher bemerken, dass viele Themen, vor allem der Gegensatz zwischen „Reagieren" und „Erwidern", sich oft wiederholen. Mit der Zeit werden die Wiederholungen und die Anwendung im täglichen Leben unsere jungen Freunde befähigen, die positiven Wirkungen der Praxis selbst zu erkennen.

Wie Sie aus den gemeinsamen Absprachen im ersten Kapitel ersehen werden, haben die Teilnehmer das Recht, sich aus diesen Gesprächen herauszuhalten und nichts zu sagen. Diese Option ist am Anfang des Kurses vor allem für Kinder wichtig, die deprimiert, aggressiv oder schüchtern sind oder unter Sozialängsten leiden. Im Laufe des Kurses, wenn die Teilnehmer sich mit ihren Fremdheitsgefühlen allmählich anfreunden, kann man durchaus auch einmal stille Kinder ermutigen, mehr, und laute Kinder, weniger zu sagen. Kinder mit starker Sozialangst kann man ermutigen, sich im Laufe des Kurses mehr und mehr einzubringen. Ein Beispiel für eine solche schrittweise wachsende Beteiligung ist folgendes: Das Kind kann zunächst einmal in Ruhe zuhören, während die Gruppe eine Diskussion beginnt; danach wird es ermutigt, mit in einer Dreiergruppe zu sitzen und zuzuhören; es folgt eine Ermutigung, in einer Dreiergruppe ein oder zwei Fragen oder Kommentare beizusteuern; sodann der Schritt, mit einem vertrauenswürdigen Partner eine Zweiergruppe zu bilden; und schließlich teilt das Kind ein oder zwei Kommentare mit der ganzen Gruppe.

Sprache und Sprechweisen

In Übereinstimmung mit dem umgangssprachlichen Charakter sowohl des Buches wie auch der Lehrinhalte lesen sich viele Sätze in den Beispieldialogen eher wie gesprochene Sprache denn wie ein grammatikalisch korrekter Text.

Wie in meiner Unterrichtssprache oder der Umgangssprache variiere ich bewusst die Pronomina und wechsele zwischen „ich", „ihr" und „wir" hin und her. Mit „ich" kann ich mein Menschsein mit anderen teilen, womit ich zu kämpfen habe und wie ich die Praxis im täglichen Leben anwende. „Ihr" ermutigt die Teilnehmer, sich aktiv einzubringen, und „wir" demonstriert, dass wir alle im selben Boot sitzen.

In Achtsamkeitskreisen betonen viele Instruktoren das „languaging" – den Gebrauch des Partizips Präsens, um zu einer bestimmten Seins-Qualität oder Aktivität einzuladen, statt anzuweisen, zu instruieren oder zu befehlen. Zum Beispiel sagen wir oft: „Jetzt einatmend" statt „jetzt einatmen".

Wörter wie „einladen" oder „Da-Sein" sollen sowohl zu Körper und Herz wie auch zum Kopf sprechen. Sie sollen Sie ermutigen, Ihre natürliche menschliche Ganzheit zu erschließen, so dass Sie wiederum andere ermutigen können, dasselbe zu tun. Bitte behalten Sie diese Unterscheidungen im Sinn, während Sie lesen und unterrichten.

Der Begriff *Achtsamkeit* wird sowohl für die Übungen benutzt, die die Entdeckung des friedlichen, ruhigen Ortes fördern, wie auch für die universale menschliche Fähigkeit, neugierig und freundlich aufmerksam zu sein.

Und schließlich sind viele Sätze eher im Passiv als im Aktiv gehalten, um zum Ausdruck zu bringen, dass *vielleicht* nicht Sie oder ich es sind, die unterrichten, sondern dass vielmehr die Lehrinhalte durch uns sprechen.

Übergänge

Es ist hilfreich, die Gruppe zu ermutigen, während der Übergangsphasen zwischen Meditationen, Übungen und Diskussionen und schließlich bei der Rückkehr ins Alltagsleben weiterhin achtsam zu sein. Diese Übergänge können mit einfachen Stichwörtern begleitet werden, zum Beispiel so:

Schauen wir doch einmal, wenn wir jetzt zu sprechen anfangen, ob wir uns gegenseitig mit unserer gesamten, freundlichen Aufmerksamkeit zuhören können, so wie wir gerade dem Klangstab gelauscht haben.

Versucht, so gut wie möglich, eure Achtsamkeit beizubehalten, während wir jetzt zur Diskussion übergehen.

Schaut einmal, ob ihr mit dem Atem und der Ruhe und Stille in Berührung bleiben könnt, wenn wir jetzt mit der Übung anfangen.

Wenn ihr jetzt geht, dann schaut doch, ob ihr weiter achtsam für den Atem und den Körper bleiben könnt, während ihr diesen Raum verlasst und in euren Alltag zurückgeht.

Bewegung

Es ist wichtig, dass jede Sitzung wie auch der gesamte Kurs für die Individuen und Erfahrungen im Raum sensibel bleibt. Besonders wichtig ist es, auf den natürlichen Bewegungsdrang junger Menschen Rücksicht zu nehmen. Manchmal ist es klug, sie tanzen, trommeln, kichern, zappeln, gehen, Yoga machen oder sich wie eine Wasserpflanze im Ozean wiegen zu lassen. Ein andermal ist es geschickt, sie mit ihrer Rastlosigkeit sitzen und die begleitenden Gedanken, Gefühle und Körperempfindungen wahrnehmen zu lassen. Denken Sie daran, wir schlagen unseren jungen Freunden ja etwas ziemlich Außergewöhnliches vor: Wir laden sie dazu ein, inmitten ihres schnelllebigen, medienübersättigten Alltags ihr Tempo zu bremsen und ihre Aufmerksamkeit nach innen zu wenden. Es ist wichtig, dass wir sie da abholen, wo sie stehen, und sie gleichzeitig dabei unterstützen, mit einer gewissen Leichtigkeit in die Ruhe und Stille zu finden.

Signale

Als ich einmal Videoaufnahmen meines Unterrichts anschaute, bemerkte ich, dass ich viel öfter, als mir lieb war, „Moment mal" sagte. Für mich ist diese Formulierung keine gelungene Aufforderung zur Achtsamkeit. Elegantere Methoden wären, einfach zu schweigen oder den Klangstab oder ein einfaches Signal einzusetzen. Deshalb erkläre ich mittlerweile schon zu Anfang des Kurses: „Wenn ich merke, dass wir als Gruppe unsere Achtsamkeit verloren haben, werde ich nicht mehr weitersprechen, sondern den Klangstab anschlagen oder ein anderes Signal geben: Ich werde eine Hand heben, die andere auf den Bauch legen und langsam und tief atmen. Wenn ihr den Klangstab hört oder hört, dass ich nichts mehr sage, dann hört bitte auf zu sprechen. Wenn ihr das Signal bemerkt, hört bitte auf zu sprechen, hebt eine Hand, legt die andere auf den Bauch und atmet langsam und tief." Dieses Vorgehen unterstützt jeden dabei, die Aufmerksamkeit wieder auf den gegenwärtigen Moment zu lenken.

Die Praxis für zu Hause

Zum Ende jeder Sitzung bekommt jeder Teilnehmer ein Hand-out, das die Praxis-Hausaufgaben für die kommende Woche enthält. Es listet die geführten Audio-Meditationen und die Praxis im Alltag detailliert auf und beinhaltet auch einen Cartoon, der eines der Hauptthemen für die Woche illustriert, sowie gelegentlich auch passende Gedichte oder Lesetexte. Bevor ich die Sitzung mit einer Hör-Übung beschließe, gehe ich die Praxis-Hausaufgabe durch, indem ich das Hand-out laut vorlese und klärende Kommentare anbiete oder Fragen beantworte. Die Hand-outs führen nicht nur die Praxis-Hausaufgaben detailliert auf, sondern dienen auch der Rekapitulation und Verstärkung der Themen für die Woche. Das Hand-out für die letzte Sitzung beinhaltet auch eine Liste lokaler und regionaler Ansprechpartner. Als Alternative zu den wöchentlichen Hand-outs können Sie bei der ersten Sitzung auch ein Arbeitsheft mit allen Hand-outs anbieten.

Geführte Audio-Meditationen

Das wichtigste Element für die Praxis für zu Hause sind die geführten Audio-Anleitungen. Sie können diese selbst aufnehmen oder die Übungen von „Peaceful quiet place. Achtsamkeit für jüngere Kinder" und „Peaceful quiet place. Achtsamkeit für Teenager" herunterladen und verwenden.

Achtsamkeit im täglichen Leben

Jede Woche enthält die Praxis für zu Hause einen Vorschlag für die Achtsamkeit im täglichen Leben. Diese Vorschläge helfen den Teilnehmern, volle Aufmerksamkeit in ihren Alltag zu bringen, wobei sie mit grundlegenden täglichen Aktivitäten wie dem Zähneputzen oder Schuhe-Anziehen anfangen und sich allmählich auf komplexere Themen wie die Teilnahme an schwierigen Gesprächen oder die Bewältigung persönlicher Probleme verlegen. Wenn Sie die Praxis für zu Hause erläutern und dabei diese Übungen vorstellen, ist es hilfreich, die fünf Sinneswahrnehmungen zu betonen sowie die Sinne sechs, sieben und acht: Denken, Fühlen und Bewusst-Sein. Eine Beschreibung des achtsamen Duschens könnte sich zum Beispiel so anhören:

Wenn ihr in die Dusche steigt, versucht das einmal mit voller Aufmerksamkeit zu tun. Fühlt die kühlen Fliesen. Fühlt, wie ihr den Duschgriff in die Hand nehmt und wie ihr das Wasser aufdreht. Hört das Geräusch des Wassers. Fühlt die Nässe und die Temperatur des Wassers. Nehmt wahr, wie die Temperatur sich ändert. Fühlt, wie ihr nach der Shampoo-Flasche greift und sie zusammendrückt. Nehmt den Duft des Shampoos und der Seife wahr. Spürt eure Bewegungen, während ihr den Körper wascht. Ihr hört das Geräusch des Wassers und nehmt wahr, wie das Geräusch und die Empfindungen sich verändern, während ihr Shampoo und Seife abspült. Und natürlich nehmt ihr auch Gedanken und Gefühle wahr, die während des Duschens auftauchen.

Praxis-Tagebuch

In einem Forschungskontext ist es wichtig, nachvollziehen zu können, wie viel die einzelnen Teilnehmer praktizieren. Aber auch in jedem anderen Rahmen kann es sinnvoll sein, auf anonymer Basis eine Schätzung zu bekommen, ob und wie oft die Teilnehmer praktizieren. Bitte führen Sie Gespräche über die häusliche Praxis im Geiste achtsamer Neugier und Freundlichkeit, sonst wird Achtsamkeitspraxis nur ein weiteres der vielen „du sollst", das nächste, was ein Kind „lernen muss". Eine Anleitung, wie man solch eine Erkundung achtsam und geschickt führt, sowie ein Muster-Tagebuchblatt finden Sie in Kapitel 4. Für technikbegeisterte Jugendliche gibt es auch tolle Apps, um Praxiszeiten zu dokumentieren.

Die Praxis für zu Hause unterstützen: Achtsame Erinnerungshilfen

Die erste Version dieses Kurses habe ich für Eltern-Kind-Paare angeboten, im Rahmen eines offiziellen Forschungskonzepts in Stanford. In diesem Rahmen wurden die Kinder von ihren Eltern dabei unterstützt, sich auch zu Hause mit den Übungen zu beschäftigen. In sozial schwachen Familien genießen die Teilnehmer diese Art der Unterstützung oft nicht. Deshalb habe ich alle häuslichen Übungsaufgaben, die mit Stift und Papier zu tun haben, in die entsprechenden Sitzungen verlegt. Diese Änderung sorgt dafür, dass eine bestimmte Aufgabe wenigstens einmal gemacht wird, und reduziert Vergesslichkeit und Verdruss der Teilnehmer und die Frustration des Kursleiters. Am wichtigsten ist aber, dass dadurch der Schwerpunkt der Praxis für zu Hause auf die geführten Audio-Übungen verlagert wird. Modifizieren Sie die Übungen und den Lehrplan ruhig auf jede Art und Weise, wenn er den jungen Menschen, mit denen Sie arbeiten und spielen, dadurch besser gerecht wird.

Wenn ich reine Kindergruppen unterrichte, ohne dass die Eltern anwesend sind, rufe ich sie normalerweise nach der ersten Sitzung an, um Fragen zu beantworten und sie zu bitten, das Kind bei den Praxis-Hausaufgaben zu unterstützen. Unabhängig davon, ob die Eltern dabei sind oder nicht, schicke ich den Kindern Mitte der Woche immer eine E-Mail – an die persönliche E-Mail-Adresse, wenn sie eine haben, oder über die Eltern oder Bezugspersonen. Diese „achtsame Erinnerungshilfe" hilft ihnen, bei der Praxis zu bleiben. Die Mitteilung könnte aus einem Gedicht bestehen, einem Comic oder einer nachträglichen Antwort zu etwas, das in der Sitzung aufgekommen ist. Oft genügt es auch, eine E-Mail mit der Betreffzeile „Achtsame Erinnerungshilfe" und ein bis zwei einfache Sätze zu schicken, zum Beispiel: „Es ist sieben Uhr abends. Weißt du, wo deine Aufmerksamkeit ist?" – „Kannst du fünf Atemzüge lang deine Aufmerksamkeit auf den Atem legen?" oder „Wie fühlst du dich jetzt gerade?" E-Mails liefern auch eine Plattform für Kinder oder Eltern, Fragen oder Bedenken vertraulich zu äußern und die Antwort, so, wie es passend ist, über E-Mail, im Vier-Augen-Gespräch vor oder nach dem Unterricht oder auch im Unterricht zu bekommen. In sozial schwachen Familien, die vielleicht keinen Internet-Zugang haben, womöglich nicht einmal Telefon, ist es sinnvoll, sich für die achtsame Erinnerungshilfe Mitte der Woche einen anderen Weg einfallen zu lassen, zum Beispiel über eine Notiz im Korrespondenzbuch der Schüler oder einen Hinweis durch einen Lehrer. Bei Jugendlichen benutze ich oft Textnachrichten und experimentiere dazu gerade ein wenig mit Twitter.

Wie bei jedem anderen Routine-Ablauf, zum Beispiel beim Zähneputzen oder Hausaufgaben-Machen, brauchen Kinder und sogar Jugendliche die Hilfestellung von Erwachsenen, damit sie sich an die Praxisaufgabe für zu Hause erinnern. In Eltern-Kind-Kursen ist diese Hilfestellung automatisch gegeben. Wenn Sie regulären Schulunterricht geben, können Sie Achtsamkeit in Ihre normale Hausaufgaben-Routine aufnehmen. Wenn Sie in der Weiterbildung arbeiten und ein Klassenzimmer besuchen, können Sie den dortigen Lehrer bitten, in seinen normalen Unterrichtsabläufen auf Achtsamkeit hinzuweisen. Wenn Sie den Kurs im außerschulischen oder kommunalen Rahmen anbieten, bekommen manche Kinder, vor allem in sozial schwachen Gegenden, vielleicht nicht die nötige Unterstützung durch Erwachsene. Es ist gut, wenn Sie dann kreative Wege finden können, ihnen zwischen den Sitzungen zusätzliche Unterstützung zukommen zu lassen. Falls das nicht geht, müssen Sie darauf vertrauen, dass das ausreicht, was sie im Kurs mitbekommen. Wenn Sie als Therapeut arbeiten, gehen Sie am Ende einer Sitzung die Praxisaufgabe für zu Hause mit den Klienten individuell durch und, falls angebracht, auch mit den Eltern.

Nachbessern

Wenn Sie nach einer Sitzung merken, dass Sie etwas Wichtiges vergessen haben, dass etwas unklar geblieben ist oder dass Sie taktlos oder gar grob waren, können Sie das in der nächsten Sitzung ansprechen. Alternativ können Sie es auch in einem Anruf, einer E-Mail oder einer Textnachricht ansprechen, wenn Sie das Gefühl haben, dass das vorteilhaft wäre. Am besten ist es natürlich, wenn Sie es wahrnehmen und während der Sitzung auf geschickte Weise aufgreifen können. Manchmal brauchen wir aber Zeit, um etwas zu verarbeiten, bevor wir einen neuen Versuch starten.

Nachbereitung

Wie in vielen auf Wiederholung angelegten Studienplänen, bei denen die Lernenden gewissen Inhalten immer wieder begegnen, gehört zu jeder Sitzung eine angeleitete Nachbereitung, in der die Teilnehmer ihre

Erfahrungen mit den Übungen der vorangegangenen Woche, der Praxis, den Diskussionen und ihrer Praxis für zu Hause reflektieren können. Diese Nachbereitungen ermöglichen die Klärung und Erweiterung verschiedener Themen. Noch wichtiger: Sie nutzen die Erfahrungen der Teilnehmer im realen Leben und helfen ihnen dadurch zu erkennen, wie Achtsamkeit ihnen nutzen kann. Im Rahmen einer Gruppe haben die Teilnehmer auch die Möglichkeit, zu sehen, dass sie mit ihren Schwierigkeiten nicht alleine sind, und von ihren Mitstreitern zu lernen.

Die Kunst, eine Gruppe zu leiten

Für alle, die unterrichten oder Kurse leiten wollen oder es bereits tun: Eine Praxis zu haben bedeutet nicht nur, täglich formell Achtsamkeit zu praktizieren, sondern auch ständig die Momente zu hinterfragen, in denen wir gedanken- oder herzlos sind. Obwohl ich manchmal noch der Illusion anhänge, dass ich durch die Praxis gegen die allzu menschliche Neigung zum Urteilen, zur Arroganz, zum Abgrenzen, zum Vergleichen, zur Unsicherheit irgendwann immun sein werde, ist es in Wahrheit eben nicht so. Und jedes Mal, wenn ich mir dieser kontrahierten, egozentrischen Interaktionsweisen bewusst werde, öffnet sich die Tür zu Mitgefühl und Verbundenheit wieder.

Die Momente der Gedankenlosigkeit oder Herzlosigkeit können so winzig und subtil sein, dass vielleicht nur Sie selbst sie bemerken – oder sie sind für alle Anwesenden krass offensichtlich. Manchmal wird es einem direkt im Moment bewusst, manchmal erst im Auto auf dem Nachhauseweg, beim Sport oder beim Einschlafen. Manchmal hilft mir ein Teilnehmer oder ein vertrauenswürdiger Kollege, diese Momente zu sehen, und unglücklicherweise bleiben sie manchmal völlig unbemerkt. Wie mit allen anderen Aspekten der Praxis hilft es auch bei diesem, solche Momente neugierig und freundlich zu untersuchen und *dann* zu überlegen, was nötig ist. In manchen Situationen genügt es, das Verhalten einfach innerlich einzugestehen. Ein andermal wiederum ist es heilsam, es beim Namen zu nennen. Ich nenne das „laute Achtsamkeit", und es kann vor allem in der Gruppe hilfreich sein, weil wir so unseren jungen Freunden demonstrieren können, wie wir mit unserem eigenen Erleben arbeiten. Nur wenn wir unsere Menschlichkeit voll und ganz annehmen, können wir anderen helfen, das Gleiche zu tun.

Wenn ich auf Abwege gerate, tue ich das meistens auf zweierlei Art: Entweder lege ich eine Kombination aus Verurteilung und Arroganz an den Tag, wodurch ich die Weisheit eines Teilnehmers missachte, oder ich versuche, mich lieb Kind zu machen und es allen recht zu machen, und bin deshalb nicht in der Lage, Dinge klar zu kommentieren oder eine pointierte Frage zu stellen, die einen Teilnehmer vielleicht zu tieferem Verständnis führen könnte. Ihre Muster sind sicher anders als meine, es ist nur wichtig, dass sie Ihnen bewusst sind, auch in der Art und Weise, wie sie sich manifestieren. Bekommen Sie Kopfweh? Sprechen Sie zu laut oder zu schnell? Reden Sie die Dinge schön? Neigen Sie zu schablonenhafter Praxis, schablonenhaften Geschichten und Antworten? Schalten Sie ab?

Es folgt ein Beispiel für einen solchen verkrampften Moment, der in meinem zweiten Förderkurs für Schüler auftrat. Lassen Sie mich zuerst die Vorgeschichte schildern. In meinem ersten Förderkurs an der Henry-Ford-Grundschule (einer unterversorgten Schule, an der die Mehrheit der Eltern Spanisch spricht und 80 Prozent der Schüler Anspruch auf kostenfreies Mittagessen haben), waren sechs Jungs und zwei Mädchen zwischen neun und zehn Jahren. Die Schulleiterin teilte mir netterweise mit, dass alle acht Kinder dem Kurs zugewiesen worden waren, weil sie Probleme mit der Impulskontrolle hatten. Ich begriff das ganze Ausmaß dieser Probleme erst in der zweiten oder dritten Sitzung.

Ich hatte den gesamten Kurs über zu kämpfen. Sehr oft wird verhaltensauffälligen Kindern implizit oder explizit vermittelt, sie machten etwas falsch oder seien „böse", wenn sie hibbelig und unkonzentriert sind oder stören. Das Paradoxe ist: Das Verhalten, das auf unzureichend kontrollierte Impulse folgt, hat normalerweise Strafe zur Folge; leider aber hilft Strafe den Kindern nicht, die ursprünglichen Impulse, die überhaupt erst zu dem Verhalten führten, zu erforschen, von Verhaltensalternativen ganz zu schweigen. Achtsamkeit bietet hier eine Alternative. Achtsamkeit kann einem Kind helfen, die Signale zu erkennen, die Zerstreutheit oder Aggression ankündigen,[2] und dann Alternativen zu suchen. Mit der Zeit hat Achtsamkeit das Potenzial, das Muster von Impuls, Ausagieren und zwecklosem Bestrafen zu unterbrechen, und liefert damit eine Grundlage für Selbstwahrnehmung und bewusstes Handeln.

In diesem ersten nachunterrichtlichen Förderkurs verführte mich der Wunsch, dass die Schüler mich mögen und Spaß haben sollten, zu einem anfangs allzu permissiven Verhalten, und ihr problematisches Verhalten eskalierte. In der Rückschau wäre es bei dieser Gruppe geschickter gewesen, klarere Grenzen zu setzen und gleichzeitig den Gedanken, Gefühlen und Entwicklungsdefiziten, die ihrem Verhalten zugrunde lagen, mitfühlend zu begegnen. (Meine klareren, sich ständig weiterentwickelnden Verhaltensleitlinien und Gruppenregeln werden in der ersten Sitzung in Kapitel 4 vorgestellt.)

Im nächsten Kurs, der an derselben Schule und für ähnliche Schüler stattfand, brachte ich die Vergangenheit in die Gegenwart. Ich war überkorrekt und gab allzu strenge Verhaltensregeln vor. Obwohl 15 der 24 Schüler in dieser Gruppe von den Eltern oder Lehrern geschickt worden waren, weil sie Probleme hatten, aufzupassen, hatte die Gruppe insgesamt doch nicht dieselben dramatischen Schwierigkeiten mit der Impulskontrolle, wie sie die erste an den Tag gelegt hatte. In beiden Gruppen ließ ich die Kinder wissen, dass es ihre Entscheidung war, ob sie sich am Kurs beteiligten oder nicht. Ich erklärte ihnen, dass sie ihren Wunsch, sich zu beteiligen, durch ihr Verhalten zeigen müssten – durch ein Verhalten, das ihrem eigenen Lernprozess und dem ihrer Klassenkameraden förderlich sein würde.

---

2 Im Original „angry". „Anger" wird im Englischen als Oberbegriff verwendet, weshalb es hier generell als „Aggression" und nur vereinzelt als „Wut" oder „Zorn" wiedergegeben wird (Anm. d. Übers.).

Eines Tages entschied sich ein Mädchen immer weiter für ein störendes Verhalten, und ich bat sie in ruhigem Ton zwei Mal, das Klassenzimmer zu verlassen. In der Rückschau muss ich sagen, dass meine Reaktion in dieser Situation einfach nur ihre Grund-Emotion intensivierte: Aggression. Wenn ich es nochmals machen könnte, würde ich diese Gelegenheit nutzen, auf sanfte Weise die Gedanken und Gefühle zu untersuchen, die zu dem Verhalten führten. Heute, da ich solche Gespräche schon öfter geführt habe, kann ich einen überarbeiteten Dialog anbieten, der ungefähr so lauten würde:

ICH: Maria, weißt du, was du gefühlt hast, bevor du das Buch auf den Tisch geknallt und diesen Kommentar gemacht hast?
MARIA: Nein.
ICH Bist du bereit, eine Vermutung zu äußern?
MARIA: (schweigt)
ICH: (zur Klasse) Wenn ihr das nehmt, was ihr beobachtet habt und was ihr über eure eigenen Gefühle und euer Verhalten wisst – was würdet ihr vermuten?
KLASSE: (schweigt)
ICH: Nun, also ich selbst weiß von mir, dass ich normalerweise wütend bin, wenn ich so etwas mache. Wir Menschen sind manchmal wütend. Kann jemand sagen, wie wir es im Körper spüren, dass wir wütend sind?
ALEX: Es fühlt sich heiß und zum Zerreißen gespannt an, als würde ich gleich explodieren.
ICH: Ja. Für mich fühlt es sich auch oft so an. Wie geht es den anderen? Gebt doch mal ein Handzeichen, wenn sich für euch eine Wut schon mal so angefühlt hat. (Viele, auch ich, heben die Hand.) Wer von euch hat Wut im Körper auch schon anders gespürt?
STEVEN: Manchmal fühlt es sich kalt und hart an.

ICH: Ja, das hatte ich auch schon. Wie geht es den anderen? Hebt wieder die Hand, wenn ihr auch das kennt. (Wieder heben viele, auch ich, die Hand.) Warum könnte es sinnvoll sein, wenn man erkennt, dass man wütend ist, oder noch besser, gerade wütend wird?

TONY: Weil ich dann damit aufhören könnte und nicht so viel Ärger kriegen würde.

ICH: Gibt es noch jemanden außer Tony, der schon mal Ärger gekriegt hat, wenn er wütend war und schnell reagiert hat? Hebt die Hand, wenn euch das schon mal passiert ist. (Ich lächle und hebe die Hand.) Wenn wir Achtsamkeit üben, können wir unsere Gefühle wahrnehmen. Wir können wahrnehmen, wie sie sich im Körper anfühlen: heiß und zum Zerreißen gespannt oder kalt und hart. Und dann können wir wählen, zumindest manchmal, was wir als Nächstes tun wollen. Vielleicht können wir diese Woche alle mal schauen, ob wir merken, wie eine Wut sich im Körper anfühlt. Vielleicht könnt ihr sogar versuchen, die allerersten Anzeichen einer Wut zu bemerken, wenn sie im Körper auftauchen.

Auch wenn sie nur einfach dagesessen wäre und die Augen verdreht hätte: Die Chancen stehen gut, dass Maria – und ihre Klassenkameraden – erkannt hätten, dass wir alle wütend sein können und dass Wütend-Sein zum Mensch-Sein gehört. Wichtiger noch: Sie hätten eine Ahnung davon bekommen, wie Achtsamkeit ihnen beim Umgang mit intensiven Emotionen helfen könnte. Wie bereits erwähnt, ist es notwendig, in Sachen Aggression selbst ehrlich zu sein, um solch eine Diskussion leiten zu können.

Zur Klarstellung: Das heißt natürlich nicht, dass ich Maria nicht bitten würde, das Zimmer zu verlassen, wenn sie weiter stören würde. Aber idealerweise würde ich zuerst die oben geschilderte Erkundung anbieten.

Wenn wir Achtsamkeitslehrer sein wollen, heißt das, wir müssen die Praxis anwenden – vor allem wenn wir unterrichten und Gruppen leiten –, und wir müssen die Momente untersuchen, in denen wir unangemessen handeln. Unsere Arbeit verpflichtet uns dazu, zwischen Verdrängung einerseits und zwanghaftem Dauer-Analysieren im Nachhinein einen Mittelweg zu finden. Wenn wir bereit sind, diese Momente ehrlich anzuschauen, dann helfen sie uns zu wachsen, indem wir uns selbst, unseren Lehrern (den Gruppenteilnehmern) und allen menschlichen Wesen gegenüber entschiedenes Mitgefühl und mitfühlende Entschiedenheit kultivieren.

Es ist nicht so, dass wir Achtsamkeit lehren, sondern Achtsamkeit lehrt uns. Wenn wir mutig und offen sind, lehrt uns die Achtsamkeit, was es heißt, voll und ganz Mensch zu sein. Und soweit ich weiß, macht in diesem Fall Übung nicht den Meister, sondern Übung macht geübt. Lassen Sie die Praxis Ihr Leben durchdringen: Ihren Unterricht, ihre beruflichen und persönlichen Beziehungen, Ihre täglichen Interaktionen, Ihre E-Mails, Ihre Anrufe – und möglichst jeden Moment Ihres Lebens.

Wie die erste Sitzung im folgenden Curriculum waren die ersten drei Kapitel dieses Buches eine Hinführung zum friedlichen, ruhigen Ort und der Praxis der Achtsamkeit und haben einen grundlegenden Überblick über den Kurs gegeben. Die Kapitel 4 bis 11 beschreiben die acht Sitzungen im Detail. Jede Sitzung umfasst eine Kombination von Achtsamkeitsübungen, eine angeleitete Erkundung zur Selbstwahrnehmung, interaktive Spiele sowie Bewegungsübungen. Die meisten Sitzungen enthalten auch zusätzliches Material, zum Beispiel kurze Szenen, Beispiele, Geschichten und Gedichte. Auf die Kapitel zu den Sitzungen folgen angeleitete persönliche Erkundungen zur Selbstwahrnehmung, detaillierte Orientierungshilfen und wichtige Hinweise, die bei der Planung des Kurses für Kinder und Jugendliche berücksichtigt werden sollten. Beginnen wir nun mit der ersten Sitzung, die den Teilnehmern den friedlichen, ruhigen Ort und die Praxis der Achtsamkeit vorstellt und ihnen einen grundlegenden Überblick über den Zeitraum gibt, den Sie miteinander verbringen werden.

KAPITEL 4

Erste Sitzung:
Ein Bissen, ein Atemzug

Ziele

Das Ziel dieser ersten Sitzung ist, die Teilnehmer miteinander bekannt zu machen sowie mit dem friedlichen, ruhigen Ort und der Achtsamkeit. Um zu demonstrieren, dass die Sitzungszeiten etwas Besonderes, der Achtsamkeit Gewidmetes sind, beginnt diese Sitzung, wie jede nachfolgende, mit einer einfachen Übung zum Hören. Es folgt eine kurze Einführung in das Thema Achtsamkeit, die im Laufe der Sitzung und des gesamten Kurses immer wieder erweitert werden wird. Anschließend werden die Vereinbarungen und Regeln für die Teilnahme an der Gruppe aufgestellt oder durchgegangen. Sobald die Vereinbarungen festgelegt sind, stellen die Teilnehmer sich der Gruppe vor. Der Rest der Sitzung ist der *Erfahrung* gewidmet und soll eine Arbeitsdefinition für den friedlichen, ruhigen Ort und für Achtsamkeit liefern. Dazu wird eine Übung zum achtsamen Essen sowie eine altersgemäße Atemübung zum friedlichen, ruhigen Ort gemacht und besprochen. Die Sitzung (und alle Sitzungen) endet so, wie sie begonnen hat, mit einer einfachen Übung zum Hören.

- Überblick: Übungen, Aktivitäten, Diskussionen
- Übung zum achtsamen Hören
- Einführung in die Achtsamkeit
- Vereinbarungen und Regeln
- Teilnehmer stellen sich vor
- Übung zum achtsamen Essen
- Gespräch zum achtsamen Essen
- Atemübung zum friedlichen, ruhigen Ort
- Gespräch
- Vorlesen einer passenden Geschichte
- Überblick über die Praxis für zu Hause
- Abschluss: Übung zum achtsamen Hören

Übung zum achtsamen Hören (alle Altersstufen)

Laden Sie die Teilnehmer ein, ihren Körper ruhig werden zu lassen. Dann leiten Sie sie durch diese einfache Übung, wobei Sie langsam sprechen und ihnen Zeit für ihre Erfahrung lassen. Die Punkte in Klammern (…) in diesem und den folgenden Beispielen, Erläuterungen und Dialogen deuten eine längere Pause an, um der Erfahrung Raum zu geben.

Ich werde gleich diesen Klangstab anschlagen und ihr werdet einen Klang hören. Schaut einmal, ob ihr diesem Klang mit eurer ganzen Aufmerksamkeit lauschen könnt – mit den Ohren, mit dem Geist, mit dem Herzen, mit dem Körper. Wenn der Ton verklungen ist und ihr ihn nicht mehr hören könnt, hebt bitte still die Hand. Lasst die Augen zu und die Hand oben. Okay, bitte macht die Augen zu… (Schlagen Sie den Klangstab an und warten Sie dann, bis der Ton verklungen ist und jeder die Hand gehoben hat.) Bevor ihr nun die Augen aufmacht, nehmt euch noch einen Moment Zeit und lauscht der Stille hinter dem Klang… Jetzt nehmt einmal wahr, wie euer Körper, euer Geist, euer Herz sich anfühlen, nachdem ihr so gelauscht habt… Wenn ihr fertig seid, könnt ihr die

Augen aufmachen, und wir machen weiter, wobei wir unser Bestes geben, einander mit voller Aufmerksamkeit zuzuhören, wie wir gerade diesem Klang zugehört haben.

Auf die beschriebene Weise können Sie nun zu einem Gespräch übergehen, wie die Teilnehmer das Zuhören erlebt haben: „Wie war es, auf diese Art zuzuhören?"… „Wie fühlt ihr euch im Körper, im Denken, im Herzen, nachdem ihr so zugehört habt?" Auf der Grundlage Ihres Erlebens können Sie auch Fragen hinzunehmen wie „Hat jemand Schwierigkeiten gehabt, dem Klang die ganze Zeit bis zum Ende zu lauschen?" und „Was war das für eine Schwierigkeit?" Da dies die erste Sitzung ist und Sie ausreichend Zeit haben, weit verbreitete Schwierigkeiten mit verschiedenen Achtsamkeitspraktiken anzusprechen, ist es nicht nötig, das Thema an dieser Stelle zu vertiefen. Ein paar einfache Kommentare genügen: „Ja, sogar wenn wir nur kurz zuhören sollen, sind wir ganz schnell abgelenkt. Durch das Üben in den nächsten acht Wochen wird der Muskel unserer Aufmerksamkeit stärker. Lauschen wir noch einmal."

Einführung in die Achtsamkeit (alle Altersstufen)

Im Anschluss können Sie nun folgende Erläuterung anbieten:

Die Hör-Übung, die wir gerade gemacht haben, nennt sich Achtsamkeit. Achtsamkeit heißt, aufmerksam zu sein, hier und jetzt, neugierig und freundlich, so dass wir unser Verhalten steuern können. Als ihr eure Aufmerksamkeit auf das reine Zuhören fokussiert habt, habt ihr achtsam zugehört. Durch Übung könnt ihr diese sanfte, achtsame Aufmerksamkeit in alle Aktivitäten eures Lebens bringen – zuhören, essen, reden, singen, lesen, sogar streiten. Wenn wir jetzt weiter darüber reden, schauen wir doch einmal, ob wir einander mit derselben neugierigen, fokussierten Aufmerksamkeit zuhören können, mit der wir gerade dem Ton des Klangstabes gelauscht haben.

Mir ist es am liebsten, wenn die Teilnehmer Achtsamkeit erst einmal erleben, bevor ich ihnen eine Definition dafür gebe. Wenn dann nämlich die Definition kommt, ist sie nicht bloße Theorie, sondern ist mit der Erfahrung verbunden, sowohl den Klang wie auch die Stille *gehört* zu haben. Den gesamten Kurs über werden Sie wahrscheinlich häufig Variationen dieser Definition von Achtsamkeit wiederholen und dabei einen wichtigen Ausdruck betonen oder einen speziellen Aspekt veranschaulichen, *wie* man es macht: wie man aufmerksam ist, hier und jetzt, freundlich und neugierig, um sein Verhalten steuern zu können. Hier genügt es erst einmal, unsere jungen Freunde wissen zu lassen: Was sie gerade gemacht haben, das aufmerksame Lauschen, war achtsames Zuhören; und ihnen die Definition vorzustellen.

Vereinbarungen und Regeln für die Gruppe (alle Altersstufen)

Nachdem ich die Hör-Übung angeleitet und die Arbeitsdefinition der Achtsamkeit eingeführt habe, stelle ich mich vor. Ich sage meinen Namen und erwähne oft auch das Alter meiner Kinder, vor allem dann, wenn die jungen Leute in der Gruppe ungefähr dasselbe Alter haben. Ich erkläre, dass ich jungen Menschen Achtsamkeit beibringe, weil es mir in meinem Leben sehr geholfen hat – insbesondere im Umgang mit intensiven Gefühlen oder schwierigen Situationen –, und dass ich mir schon oft gewünscht habe, ich hätte Achtsamkeit gelernt, als ich so alt war wie sie. Gerne teile ich auch ein paar Geschichten über meine bisherigen Erfahrungen mit dem Unterrichten von Achtsamkeit an derselben Schule oder mit anderen jungen Menschen im selben Alter.

Dann werden die Vereinbarungen und Regeln für die Teilnahme an der Gruppe aufgestellt oder durchgegangen, damit wir einen Konsens haben, dass wir freundlich und respektvoll miteinander umgehen wollen. Je nach Alter der Teilnehmer, dem Grad ihrer Beteiligung und zeitlichen Einschränkungen kann ich entweder die Gruppe auffordern, eigene

Vorschläge zur guten Zusammenarbeit einzubringen (die ich notfalls ergänzen oder leicht abändern kann), oder ich kann einfach die nachfolgenden Leitlinien anbieten. Wenn es in dem Raum eine Wandtafel gibt, kann ich die Vereinbarungen anschreiben; falls nicht, gehen wir sie einfach verbal durch.

Vertraulichkeit
Fragen Sie, ob einer der Schüler erklären kann, was Vertraulichkeit bedeutet. Die einfachste Definition ist: „Was in diesem Raum gesagt wird, bleibt auch in diesem Raum." Konkret bedeutet das: nicht auf dem Schulhof, im Korridor oder per SMS, Twitter oder Facebook weiterzuerzählen, was jemand anderes gesagt hat. Ein Junge beschrieb Vertraulichkeit als „Vertrauen haben". Das ist eine wunderbare Definition, denn wenn wir wissen, dass nichts von dem, was hier gesagt wird, den Raum verlässt, fühlen wir uns sicher und haben Vertrauen, dass wir Erfahrungen mit anderen teilen können, die wir sonst vielleicht nicht aussprechen würden.

Das Recht zu schweigen
Zu jeder Zeit und aus jedem Grund kann jemand es vorziehen, zu schweigen. Besonders zu Anfang eines Kurses ist es wichtig, jedem Teilnehmer und jeder Teilnehmerin das Gefühl zu geben, in Sicherheit zu sein und akzeptiert zu werden, so wie er oder sie ist – vor allem dann, wenn jemand schüchtern, aggressiv oder deprimiert ist. In einem Kurs gab es einen Jungen namens Evan, der während der ersten drei Sitzungen den anderen den Rücken zukehrte und sich an keinem Gespräch beteiligte. (Sie werden über Evan in Sitzung 4 noch mehr erfahren.)

Respektvoller Umgang
Bitten Sie die Teilnehmer, Vereinbarungen und Leitlinien für einen respektvollen Umgang miteinander vorzuschlagen, der ihnen das Gefühl der Sicherheit gibt und ihnen und ihren Klassenkameraden das Lernen ermöglicht. Wenn sie fertig sind, sollten die Verhaltensregeln folgende Elemente enthalten:

Achtsames Zuhören
Jedem, der spricht, mit voller Aufmerksamkeit zuhören – mit Ohren, Geist und Herz, „so, wie wir dem Klangstab zugehört haben". (In der heutigen Zeit ist im Zusammenhang mit jungen Menschen besonders eine freundliche Mahnung wichtig, Handys und andere elektronische Geräte abzuschalten und wegzupacken.)

Achtsames Sprechen
Über das eigene Erleben sprechen; „Ich"-Aussagen machen; andere nicht unterbrechen; andere ausreden lassen, Zeit zum Sprechen lassen; wahrnehmen, wenn man den Drang hat, anzugeben, sich zu verstecken, Ratschläge zu geben, jemandem etwas zu befehlen, zu streiten oder gar albern, gemein oder aufdringlich zu sein; und dann entscheiden, wann und wie man etwas sagt.

Verantwortungsvolles körperliches Verhalten
In der eigenen „Raumblase" bleiben (dem persönlichen Nahbereich) – den Nachbarn nicht ablenken, schubsen, kitzeln oder sonst wie ärgern. Dazu könnten Sie ungefähr Folgendes sagen:
„Nehmt euch einen Moment Zeit und stellt euch eine ‚Raumblase' um euch herum vor. Manchmal, wenn wir so zusammensitzen wie jetzt, Seite an Seite, dann fühlen sich unsere ‚Raumblasen' sehr klein an und sind sehr nahe am Körper. Und ein andermal, wenn wir eine Bewegungsübung machen, dann bitte ich euch vielleicht, eure Raumblase größer zu machen und darauf zu achten, dass eure Raumblase nicht mit der von eurem Nachbarn zusammenstößt." Mit älteren Jugendlichen kann die Wortwahl mehr in Richtung von „Gespür und Respekt für den persönlichen Nahbereich jedes Menschen" gehen.

Ein Teamplayer sein
Ein Umfeld schaffen, das jeden bei unserem gemeinsamen Lernen unterstützt, indem wir alle Vereinbarungen einhalten, die wir jetzt treffen.

Wenn wir die Gruppe bei der Umsetzung dieser Vereinbarungen unterstützen wollen, müssen wir immer wieder schauen, ob Modifikationen nötig sind. Oft sind es die „schwierigsten" Kinder, die „Störenfriede", die von der Entdeckung des friedlichen, ruhigen Ortes am meisten profitieren. Diese Kinder bekommen so oft gesagt, entweder implizit oder ausdrücklich, sie seien „böse" oder „nicht in Ordnung", dass ich immer versuche, sie einfach in Ruhe zu lassen. Allerdings bin ich, wie bereits beschrieben, in meinem ersten Kurs mit dieser akzeptierenden Haltung ein bisschen zu weit gegangen. Die Schulleiterin der Grundschule teilte mir mit einem Lächeln mit, sie habe mir alle ihre Kinder mit ADHS und schlechter Impulskontrolle überwiesen. In dem Moment kapierte ich das gar nicht richtig, und am Anfang war ich zu permissiv. Ich brauchte einige Sitzungen, bis ich mit Grenzen aufwarten konnte, die der Zusammenarbeit förderlich waren, und um die Gruppe dahin zu bringen, sie zu akzeptieren. Die Grenzen, die ich ausgesucht habe, sind in den beschriebenen Vereinbarungen enthalten.

Derzeit ist meine unausgesprochene, innere Grenze die, dass Teilnehmer ruhig summen, miteinander flüstern, malen, schaukeln, herumhampeln, zappeln und so weiter dürfen, solange es den Unterricht nicht stört – entweder, indem es die Klassenkameraden ablenkt oder indem es meine Aufmerksamkeit auf sich zieht. Ich sage den Kindern ungefähr Folgendes:

Ihr braucht nicht mitzumachen, und wenn ihr euch entscheidet, nicht mitzumachen, könnt ihr auch still dabeisitzen (oder ins Sekretariat gehen). Wenn ihr hier sein wollt, müsst ihr das mit eurem Verhalten zeigen. Wenn euer Verhalten störend ist, werde ich euch an unsere Abmachungen erinnern. Dann werde ich euch bitten, euch von euren Freunden wegzusetzen und neben mich zu sitzen. Wenn euer Verhalten es anderen weiter schwermacht, zuzuhören und Ruhe und Stille zu erleben, werde ich euch bitten, euch draußen hinzusetzen (oder ins Sekretariat zu gehen).

In den meisten Fällen wollen die Schüler mitmachen. Sie mögen die Ruhe und Stille und die Möglichkeit, wirklich gesehen und gehört zu werden. Sie wissen die freundliche Aufmerksamkeit zu schätzen, die sie von Ihnen (dem/der Gruppenleiter/in), von den Klassenkameraden und von sich selbst bekommen. Denken Sie daran: Wenn Sie ein Kind bitten, den Raum zu verlassen, muss gewährleistet sein, dass es weiterhin unter Aufsicht ist.

Vorstellungsrunde (alle Altersstufen)

Nachdem die Vereinbarungen und Regeln durchgegangen worden sind, laden Sie die Teilnehmer ein, sich vorzustellen, indem sie ihren Namen sagen, eine Sache, die sie schwierig oder stressig finden, und eine Sache, die sie an sich selbst mögen. Sie werden überrascht sein, was da freiwillig geäußert wird. In einer Gruppe sagte ein mutiger Junge: „Meine Eltern haben gesagt, ich soll hingehen, und ich will an meinen Aggressionen arbeiten." Dann sagten zwei weitere Jungs sowie eine Mutter und ein Vater, sie wollten ebenfalls an ihren Aggressionen arbeiten.

Bei manchen Teilnehmern ist es wichtig, laut auszusprechen und anzuerkennen, dass sie eindringlich aufgefordert oder sogar gezwungen wurden zu kommen – von Vater, Mutter, Pflegeperson, Lehrer, Sozialarbeiter, Therapeut oder gar von einem Bewährungshelfer. In solchen Fällen werden die Gedanken und Gefühle dieser Personen bezüglich der Teilnahme zahlreicher und intensiver sein als gewöhnlich. Sie müssen unbedingt zeigen, dass Sie das wirklich verstehen und dass *alle* Gedanken und Gefühle willkommen sind. *Dann* können Sie zu der Definition von Achtsamkeit zurückkommen und anmerken, dass es in dem Kurs hauptsächlich darum geht, intensiven Gedanken und Gefühlen aufmerksam, einsichtig und akzeptierend zu begegnen und dann zu entscheiden, wie man sich verhalten will. Diese Art und Weise, bei allen Gedanken und Gefühlen zu sein, kann vor allem in schwierigen Situationen hilfreich sein, in Situationen, die wir nicht mögen.

Mit echtem Mitgefühl für die Jugendlichen und Twens, die gezwungenermaßen an der Gruppe teilnehmen, können Sie nach reiflicher Überlegung Folgendes anbieten:

„Wenn ihr diese Fähigkeiten schon früher entwickelt hättet, hättet ihr vielleicht nicht das Verhalten gezeigt, das jetzt der Grund dafür ist, dass ihr den Unterricht hier besuchen müsst. Als Menschen haben wir alle intensive Gefühle. Wenn wir nicht wissen, wie wir mit ihnen umgehen sollen, tun wir oft Dinge, die wir hinterher bereuen. Auch andere Kinder, die diesen Kurs gemacht haben, haben gemerkt, dass sich generell ihre zwischenmenschlichen Beziehungen verbessert haben, nachdem sie Achtsamkeit kennen gelernt hatten. Sie machen nicht mehr so oft Sachen, die ihnen Ärger einbringen, und sie sind mit sich mehr zufrieden. Achtsam sein heißt, sie haben gelernt, auf die eigenen, intensiven Gedanken und Gefühle zu achten, freundlich und neugierig, klar und respektvoll zu kommunizieren und ihr Verhalten bewusst zu steuern."

Auch hier, bei einer solchen Exploration, sind Mitgefühl und Takt wieder in größtmöglichem Ausmaß gefragt. Oft entstehen solche Reflexionen spontan, und dieses Gespräch darf ruhig auch auf einen späteren Zeitpunkt verschoben werden. Der Grund, es in einer Vorstellungsrunde zu erwähnen, wäre der, dass unsere jungen Freunde dadurch vielleicht überlegen, wie Achtsamkeit in ihrem täglichen Leben nützlich sein könnte. Normalerweise entdecken auch diejenigen, die anfangs Widerstände gegen den Kurs haben, darin etwas Wertvolles. Wenn es allerdings nach ein paar Sitzungen offensichtlich wird, dass ein Teilnehmer wirklich nicht mitmachen will, kann ich mit der Person sprechen, die die Teilnahme veranlasst hat. (Für einen hierzu passenden Dialog siehe Kapitel 14, „Kinder und Eltern gleichzeitig unterrichten") .

Nachdem sich alle Teilnehmer vorgestellt haben, stellen Sie sich noch einmal vor, und zwar auf dieselbe Weise, wie Sie es von ihnen verlangt haben: Sie sagen Ihren Namen (wie die Teilnehmer nenne ich nur meinen Vornamen), eine Sache, die Sie stressig finden, und eine Sache, die Sie an sich selbst mögen. Dass Sie sich selbst so mit einzuschließen, zeigt Ihr Engagement für die Achtsamkeitspraxis und Ihre Bereitschaft, wirklich dabei zu sein.

Übung zum achtsamen Essen (alle Altersstufen)

Fast alle Kinder und Jugendlichen mögen das achtsame Essen, und wenn es die Zeit und der Rahmen zulassen, beginne ich jede Sitzung mit ein paar achtsamen Bissen. Essen ist ganz entscheidend, wenn man einen Kurs unterrichtet, der nach der Schule beginnt, wenn unsere jungen Freunde besonders hungrig sind. Gewöhnlich halte ich Mandarinen, Äpfel und Früchteriegel bereit. Meiden Sie Snacks mit hohem Zuckergehalt und sprechen Sie vorher auf jeden Fall mit den Schülern, dem Lehrer oder den Eltern über eventuelle Nahrungsmittelallergien. Im Folgenden beschreibe ich eine Übung zum achtsamen Essen mit Äpfeln. Die Anweisungen sind für Kinder von fünf bis acht Jahren gedacht, wobei in Klammern ein paar alternative Begriffe für ältere Teilnehmer aufgeführt sind. Bitte denken Sie daran: Wenn Sie diese Übung – und alle Übungen in diesem Buch – anleiten, müssen Sie auf Ihre eigene, umfassende Praxis zurückgreifen können.

Nehmt euch einen Moment Zeit, und nehmt einfach wahr, wie ihr euch fühlt: neugierig, müde, hibbelig, unruhig...

Ich höre jede Menge Gedanken wie ‚Oh, ich liebe Äpfel' oder ‚Bäh, ich hasse Äpfel'. Registriert diese Gedanken, während die Äpfel herumgegeben werden... Fühlen wir mal einen Moment diesen Gegenstand in der Hand... Ist er schwer oder leicht?... Warm oder kühl?... Glatt oder rau?...

Was seht ihr? Einen Apfel? Na ja, nehmt mal diesen Begriff ‚Apfel' weg – was sehr ihr dann? Hat er überall die gleiche Farbe? Welche Form hat er, wie fühlt er sich an?

Um ein gewisses Bewusstsein für gegenseitige Abhängigkeit zu schaffen, können Sie die folgenden Fragen stellen. Idealerweise werden die Teilnehmer die meisten beantworten.

Was hat der Stiel gemacht? ... Ja, der Stiel hat den Apfel mit dem Baum verbunden. Habt ihr auch einen Stiel? ... Genau, euer Bauchnabel ist euer Stiel. Mit was wart ihr dadurch verbunden? ... Wie ist es gekommen, dass der Apfel, der zuerst durch den Stiel mit dem Baum verbunden war, jetzt in unserer Hand liegt? ... Genau, er ist abgefallen oder jemand hat ihn gepflückt. Und dann? ... Er wurde auf einen Lastwagen geladen und dann in eine Kiste getan, oder zuerst in eine Kiste und dann auf den Lastwagen. Jemand ist damit zu einem Laden gefahren. Jemand hat ihn abgeladen, ein Preisschild drangemacht und in ein Regal gestellt. Jemand – ich – hat ihn ausgesucht, bezahlt, mit nach Hause genommen, gewaschen, in eine Tasche getan und hierher mitgebracht. Euer Sitznachbar hat ihn euch gegeben und jetzt liegt er in eurer Hand und möchte gegessen werden (lächeln).

Lasst uns nun Achtsamkeit üben, wenn wir diese Gegenstände essen. Fangen wir einmal damit an, ganz bewusst, freundlich und neugierig, zu riechen. Wie riecht dieser Gegenstand? ... Was passiert im Mund und im Kopf, während ihr diesen Gegenstand riecht? ... Macht jetzt einmal die Augen zu und wendet eure Aufmerksamkeit nach innen, nur noch ihr und diesem Gegenstand...

Den nächsten Teil dieser Übung machen wir in Stille, und die Anweisungen kommen ganz langsam, wie in „Simon says"[3] (Diesen Hinweis können Sie bei älteren Teilnehmen weglassen). Gebt Acht, dass ihr mich nicht überholt! Führt den Gegenstand zum Mund und beißt einmal ab. Lasst den Bissen im Mund ruhen.

Noch einmal der Hinweis: Es ist wichtig, dass Sie die Übungen mit den Schülern *machen*, während Sie sie anleiten. Sonst sprechen Sie rein theoretisch, statt gemeinsam mit ihnen im Hier und Jetzt die Erfahrung zu

---

[3] Bewegungsspiel ähnlich dem deutschen „Kommando Pimperle" (Anm. d. Übers.)

machen. Und die Theorie gibt eben nicht unbedingt das – im Hier und Jetzt überraschend unangenehme – Erlebnis wider, in eine säuerliche Orange zu beißen. Zum Beispiel saß ich eines Nachmittags mit vierzehn Viertklässlern in einer Schulbücherei auf einem Teppich mit der Weltkarte darauf und wir bissen in extrem saure, pappige Orangen. Wenn ich das mit den Schülern nicht zusammen gemacht hätte, hätte ich keine Ahnung gehabt, wie absolut schrecklich diese Orangen tatsächlich schmeckten. Überflüssig zu sagen, dass dieses Erlebnis natürlich Anstoß zu einer kurzen Diskussion gab (die im Verlauf des Kurses vertieft wurde), wie man mit unangenehmen Erlebnissen umgehen kann. Noch ein Hinweis: Es ist in Ordnung, mit vollem Mund zu sprechen. Die Kinder finden es lustig, und sie spüren, dass wir alle im selben Boot sitzen.

Lasst den Bissen von dem Apfel in eurem Mund ruhen, und passt auf, was in eurem Mund passiert... Schön langsam ... Jetzt kaut ihr ein einziges Mal und achtet auf den Geschmack ... Fahrt jetzt fort, immer nur einmal kauen ... und darauf achten, wie sich der Geschmack verändert, wie eure Zähne und Zunge arbeiten ... Versucht, so gut wie möglich, eure ganze Aufmerksamkeit in den Mund zu legen, auf den Apfel und das Kauen und Schmecken zu richten ...

Schaut einmal, ob ihr den Drang zu schlucken bemerkt ... bevor ihr tatsächlich schluckt und fühlt, wie der ganze Bissen die Kehle hinuntergleitet ... Nehmt euch Zeit ... Seid neugierig darauf, was ihr erlebt ... Bevor ihr die Augen wieder aufmacht, fühlt, wie ihr euch im Körper, im Geist, im Herzen fühlt, jetzt, in diesem Moment.

Einen einzigen Bissen achtsam zu essen dauert ein bis zwei Minuten. Diese Übung ist ein ganz konkretes Beispiel, wie Schüler üben können, ihre Aufmerksamkeit in den gegenwärtigen Moment zu bringen.

Gespräch über das achtsame Essen (alle Altersstufen)

Denken Sie daran: Wenn über die verschiedenen Übungen gesprochen wird, überlegen Sie gut, wie tief schürfend die Diskussion sein soll; lassen Sie sich von den Beiträgen und Kommentaren der Person oder der Gruppe leiten, mit der Sie arbeiten. Bei kleineren Kindern ist es am besten, die Diskussion auf eine oder zwei einfache Fragen oder Aussagen zu begrenzen. Trotzdem ist auch ein so kurzes Gespräch wirkungsvoll, weil es die Grundlage für das weitere Verständnis bildet.

Sagen Sie den Schülern: Diese Übung mit dem Essen *ist* Achtsamkeit, genauso wie die Hör-Übung – hier und jetzt aufmerksam sein, freundlich und neugierig. Bevor die Kinder zu sprechen anfangen, erinnern Sie sie daran, dass während der Diskussion jeder bitte das achtsame Sprechen und Zuhören fortsetzt. Dann laden Sie sie ein, mit den anderen zu teilen, was sie bei der Übung erlebt haben. Fragen Sie: „Wie war das, auf diese Weise zu essen? Was habt ihr bemerkt?"

Sie können die Kommentare der Teilnehmer dazu nutzen, um auf die Schnelllebigkeit unserer Kultur hinzuweisen, wie oft wir von der Schule nach Hause hetzen, von zu Hause ins Fußballtraining oder in die Klavierstunde und dann wieder nach Hause. Sie können die Möglichkeit erkunden, auf die Bremse zu treten und nicht nur das Essen zu kosten, sondern auch das Leben. Nach solch einer Gesprächsrunde ermutigen Sie die Teilnehmer, noch einmal einen achtsamen Bissen zu essen (mit ein bisschen weniger Anleitung und mehr Stille).

Achten Sie darauf, auch diejenigen zu Kommentaren einzuladen, die den kleinen Happen oder gar die ganze Übung nicht mochten, und ihnen zu bestätigen, dass manche Erfahrungen im Leben unangenehm sind. In den späteren Sitzungen werden die Gedanken und Gefühle, die mit unangenehmen Erfahrungen einhergehen, eingehender erforscht. Für den Moment genügt es, das Unangenehme anzuerkennen und darauf hinzuweisen, dass es vielleicht neue Wege gibt, mit unangenehmen Ereignissen im Leben umzugehen. Ein paar einfache Fragen oder Kommentare können für spätere Gespräche den Boden bereiten. Sie könnten zum Beispiel Folgendes sagen:

Ja. Manchmal laufen die Dinge nicht so, wie wir es gerne hätten, oder wir kriegen nicht, was wir wollen. Wie geht man damit um, wenn etwas nicht wunschgemäß läuft? Im Laufe des Kurses werden wir verschiedene Möglichkeiten ausprobieren, mit schwierigen, unangenehmen oder schlimmen Dingen umzugehen – Kleinigkeiten (beispielsweise einen Apfel zu bekommen, wenn man Äpfel nicht mag) oder große Sachen (wie seinen Rucksack zu verlieren) oder noch größere Sachen (etwa die Scheidung der Eltern).

Übung mit dem Atem und Gespräch: Juwel oder Pause (alle Altersstufen)

Nachdem jedes Kind etwas gesagt – oder abgelehnt – hat, fahren Sie nun mit einer SQP-Atemübung fort. Mit kleineren Kindern im Alter von 4 bis 10 Jahren beginne ich normalerweise mit einer Übung, bei der ich einen Stein verwende und die ich „Juwel" nenne. Mit Jugendlichen oder Twens beginne ich mit einer Übung, die ich „Pause" nenne. Wichtig ist, die Kontinuität der Aufmerksamkeit zu unterstützen, indem betont wird, dass die Gruppe sich nun im Übergang von der Praxis achtsamen Sprechens zu einer anderen angeleiteten Praxis befindet.

Im Folgenden skizziere ich beide Übungen. Audioversionen für Kinder bzw. Jugendliche sind zum Download verfügbar.

Juwel (4 bis 10 Jahre)

Für diese Übung brauchen Sie einen Korb oder eine Schale mit großen Kieselsteinen oder Glasmurmeln. Sie sollten so groß sein, dass es sehr unwahrscheinlich ist, dass sie von kleineren Geschwistern verschluckt werden, und klein genug, um gut in eine Handfläche zu passen. Sie können solche Steine auf Spaziergängen sammeln oder eine Großpackung mit Steinen oder Glasmurmeln im Bastelgeschäft kaufen. Planen Sie für diese Übung von dem Moment an, wo die Kinder ihre Steine in Händen halten, drei bis fünf Minuten ein.

Lassen Sie jedes Kind einen Stein oder eine Murmel aussuchen. Fordern Sie sie auf, auf ihre Gedanken und Gefühle zu achten, während sie warten, bis sie an die Reihe kommen. Sie könnten zum Beispiel fragen: „Wartet ihr darauf, einen Stein auszusuchen? Wie fühlt sich im Körper dieses Warten an? ... Was für Gedanken habt ihr beim Warten? ..." Sobald die Kinder ihre Steine haben, leiten Sie sie an, diese im Detail zu untersuchen: „Jetzt nehmen wir uns einen Moment, um dem Stein ganz still unsere neugierige, freundliche Aufmerksamkeit zu widmen. Welche Farbe oder Farben hat er? ... Ist er glatt oder rau oder vielleicht glatt und rau? ... Ist er schwer oder leicht oder irgendwas dazwischen? ... Ist er warm oder kühl? ..."

Wenn jeder einen Stein hat und die Situation es zulässt, können die Kinder sich hinlegen und die Steine auf den Bauchnabel legen, unter oder über der Kleidung. Wenn es zu eng wird, können sie auf Stühlen sitzen und den Stein gegen den Bauchnabel halten. Manchmal ist es notwendig, kleine Umgruppierungen vorzunehmen oder besondere Anweisungen zu geben, zum Beispiel: „Augen und Mund dürfen geschlossen bleiben", „Keinen Körperkontakt, bitte" oder „Alex, komm doch rüber zu mir."

Obwohl es sicher das Beste ist, wenn Sie sich ebenfalls hinlegen und die Praxis mit den Kindern machen können, so dass sie total im Moment verankert ist, kann es doch sein, dass die Umstände und Dynamiken bestimmter Gruppen es erfordern, dass Sie beim Anleiten der Übung die Augen offen halten und nicht nur auf Ihren Atem achten, sondern auch auf die Vorgänge im Raum. Ich kenne Achtsamkeitslehrer (besonders die, die mit bekanntermaßen gravierend traumatisierter Klientel arbeiten), die ihre Augen immer offen halten und dazu etwa sagen: „Damit ihr euch hier sicher fühlt, verspreche ich, die Augen offen zu halten. Wenn ihr wollt, könnt ihr sie zumachen. Wenn nicht, richtet den Blick auf eine Stelle des

Schreibtisches oder auf den Fußboden." Ein Mittelweg, der in vielen Situationen ganz gut funktioniert, besteht darin, die Übung für einen Großteil der Zeit mit geschlossenen Augen anzuleiten, dazwischen aber immer wieder den Blick kurz durch den Raum schweifen zu lassen (und den Teilnehmern, die die Augen offen halten, ein Lächeln zu schenken).

Sobald jeder zur Ruhe gekommen ist, laden Sie die Kinder ein, ihren Atem zu fühlen oder zu spüren, indem sie fühlen, wie der Stein sich mit dem Einatem nach oben und mit dem Ausatem wieder nach unten bewegt. Wenn die Schüler sitzen, laden Sie sie ein zu fühlen, wie sich der Stein mit der Expansion des Einatems nach außen und mit dem Ausströmen des Ausatems wieder zurückbewegt. Fordern Sie sie auf, den natürlichen Rhythmus des Atems zu fühlen – den ganzen Einatem von Anfang an, wenn der Stein sich gerade zu bewegen anfängt, die gesamte Dauer bis zum Ende des Einatems, wenn der Stein einen Moment lang stillsteht. Ermutigen Sie sie, den ganzen Ausatem von Anfang an zu spüren, wenn der Stein sich gerade zu bewegen anfängt, die gesamte Dauer bis zum Ende des Ausatems, wenn der Stein wieder stillsteht. Laden Sie sie auch ein, die kurze, ruhige Lücke zwischen Ein- und Ausatem und die andere kurze, ruhige Lücke zwischen Aus- und Einatem zu fühlen. Laden Sie sie ein, ihre Aufmerksamkeit in diesen natürlichen, ruhigen, kurzen Lücken zwischen den Atemzügen *ruhen* zu lassen.

Die vorgeschlagene Dauer für jede Praxis beträgt *maximal* eine Minute pro Altersjahr. Zu Anfang dürfen die Übungen sogar noch kürzer sein. Die Kinder müssen nicht komplett zur Ruhe kommen, aber Sie sollten Ihnen auf jeden Fall die Zeit dazu lassen, und am Ende sollten sich die *meisten* ruhiger und stiller fühlen als am Anfang. Wenn Einzelne – oder alle! –während der Übung unruhig und hibbelig werden, können Sie ganz freundlich etwa Folgendes sagen: „Nehmt wahr, wenn der Körper hibbelig wird. Es ist in Ordnung, wenn der Körper hibbelig wird; nehmt es einfach nur wahr."

Wenn Sie die Übung abschließen, fordern Sie die Teilnehmer auf zu spüren, wie es sich im Körper, im Denken, im Herzen anfühlt, nachdem sie nur ein paar Minuten lang auf den Atem und die Bewegung des

Steines aufmerksam waren. Dann können sie sich im eigenen Rhythmus sanft zu bewegen anfangen, Finger, Zehen, sich strecken, die Augen aufmachen und sich langsam aufsetzen, ohne dabei andere zu schubsen.

Pause (11 bis 18 Jahre)

Hier ist die parallele Einführungsübung für Jugendliche. Planen Sie für diese Übung vier bis sechs Minuten ein. Wieder hängt es von der Situation ab, ob sie im Sitzen oder im Liegen gemacht werden kann.

Macht mal Pause. Macht die nächsten paar Minuten einfach mal Pause – mit Hausaufgaben, Eltern, Klatsch und Tratsch im Korridor, Klatsch und Tratsch in euch selbst, was es Neues gibt ... Lasst alles so sein, wie es ist ... und ruht aus.

Lasst den Körper ausruhen. Wenn alles bequem ist, den Augen erlauben, sich zu schließen. Wenn nicht, nehmt eine neutrale Stelle vor euch in den Blick. Fühlt, wie der Körper vom Stuhl getragen wird, von der Couch, vom Fußboden. Lasst die Muskeln im Körper und im Gesicht ausruhen. Vielleicht kommt sogar ein langer, langsamer Seufzer aus euch heraus...

Lasst Eure Aufmerksamkeit auf dem Atem ruhen ... dem Rhythmus des Atems im Bauch. Fühlt, wie der Bauch sich bei jedem Einatem weitet und bei jedem Ausatem wieder zusammenzieht. Bleibt mit der Aufmerksamkeit jetzt ganz nah beim Rhythmus des Atems und lasst alles andere in den Hintergrund verschwinden ... atmen, ausruhen ... Ihr müsst nirgendwo hin. Es gibt nichts zu tun. Es gibt nichts zu beweisen. Einfach sein.

Den natürlichen Rhythmus des Atems fühlen, vom ersten winzigen Schlückchen bis dahin, wo er stillsteht, und den Ausatem, vom ersten Flüstern bis dahin, wo er stillsteht. Ohne irgendetwas daran zu ändern, schaut einmal, ob ihr eure Aufmerksamkeit in diese kleine, ruhige, stille Lücke zwischen Einatem und Ausatem legen könnt ... Und dann ausruhen in der kleinen, ruhigen, stillen Lücke zwischen Ausatem und Einatem ...

*Atmen, ausruhen, da sein ... das genügt vollkommen ...
einfach abhängen, mit dem Atem und in der Stille...*

Die Ruhe und Stille fühlen, die immer in euch ist.

Und wenn eure Aufmerksamkeit abschweift (tut sie garantiert), bringt sie ganz sanft zurück zum Atmen – den Rhythmus des Atems im Bauch spüren...

*Bewusst ausruhen. Bewusst die Aufmerksamkeit auf den Atem richten. Die Dinge lassen, wie sie sind ... Euch selbst lassen, wie ihr seid ...
Es gibt nichts zu ändern, zu kitten, zu verbessern ...*

Atmen und ausruhen. Ausruhen und atmen.

Und während diese Sitzung sich nun dem Ende zuneigt, denkt vielleicht daran: In unserer hektischen, mediengetriebenen Welt ist Ausruhen fast etwas Radikales. Mit ein bisschen Übung könnt ihr lernen, jederzeit und überall auszuruhen: Wenn ihr die Schuhe anzieht ... Wenn ihr im Unterricht nicht mitkommt ... Wenn ihr mit Freunden abhängt ... Selbst dann, wenn ihr mit jemandem streitet ... Diese Art des Ausruhens und Atmens ist vor allem hilfreich, wenn ihr nervös seid, deprimiert, gelangweilt oder wütend ... Also, gebt euch die Erlaubnis – und ruht aus.

Gespräch zur Übung mit dem Atem

Als Überleitung zum Gespräch über die vorangegangene Übung mit dem Atem können Sie den Teilnehmern sagen, dass das oft der einfachste Weg zum friedlichen, ruhigen Ort ist: dem Atem zu folgen und auf die Lücken zwischen den Atemzügen Acht zu geben. Wenn man die Übung anleitet, aber auch beim nachfolgenden Gespräch, sollte betont werden, dass der natürliche Atemrhythmus beibehalten wird. Sehr wichtig ist, dass Kinder mit Atemwegsproblemen nicht versuchen, die Lücke zwischen den Atemzügen zu verlängern oder gar den Atem anzuhalten. Wiederholen Sie in der Diskussion, dass die Ruhe und die Stille in uns immer lebendig sind – wenn wir einatmen; wenn der Atem stillsteht; wenn wir ausatmen; wenn der Atem stillsteht; wenn wir glücklich oder traurig sind, wütend oder begeistert, selbstbewusst oder ängstlich, wenn wir tanzen, lesen oder mit etwas zu kämpfen haben.

Dann lassen Sie diejenigen, die wollen, ihre Erfahrung mit der Übung mitteilen. Während Sie das tun, achten Sie bitte auf Ihre eigenen Reaktionen. Es kann sehr verführerisch sein, wenn man zu hören bekommt, die Teilnehmer hätten sich entspannt oder ruhig gefühlt. Und es ist wichtig, dass Sie sich möglichst *alle* Erfahrungen anhören, ohne Wertung und ohne Parteinahme. Seien Sie sich der Tendenz bewusst, die wir Gruppenleiter haben: „gut" zu sagen oder „toll", wenn ein Teilnehmer bemerkt, er oder sie habe sich ruhig gefühlt. Solche Kommentare können beim Thema „Achtsamkeit" irreführend sein. Es ist wichtig, keine Missverständnisse aufkommen zu lassen oder zu verstärken, etwa, bei der Achtsamkeit gehe es darum, ruhig und entspannt zu sein. Betonen Sie stattdessen, dass es darum geht, alles wahrzunehmen, was im Moment auftaucht.

Vergessen Sie nicht, sich nach Problemen zu erkundigen – die Gedanken schweifen ab, der Körper ist zappelig. Wenn jemand ängstliche Unruhe oder Langeweile wahrnimmt, dann *ist* das Achtsamkeit. In späteren Sitzungen können Sie besprechen, wie das geht, dass man bei seiner Langeweile *sein* kann, bei seiner ängstlichen Unruhe, bei allem, was unangenehm ist – dass man wahrnimmt, aber sich nicht darin verstrickt. Falls jemand sich durch einen Nachbarn gestört gefühlt hat, können Sie das zum Anlass nehmen, die Gruppe an die gemeinsamen Vereinbarungen zu erinnern und den/die Betreffende/n gleichzeitig zu ermutigen: Darauf zu achten, wenn die Aufmerksamkeit von dem vorgegebenen Fokus abschweift – in diesem Fall, dem Atem –, und zu üben, die Aufmerksamkeit wieder dem Atem zuzuwenden.

Überblick über die Praxis für zu Hause

Im Anschluss an die Übung mit dem Atem verteilen Sie das Blatt mit den Infos für die kommende Woche und die Praxis für zu Hause. Ein Muster dafür finden Sie am Ende dieses Kapitels. Wenn ich das Thema „Praxis für zu Hause" anschneide, vermeide ich wegen all seiner Assoziationen und Konnotationen bewusst das Wort „Hausaufgaben". Lesen Sie die Übungen für zu Hause laut vor, und gehen Sie die Themen und Übungen des jeweiligen Tages durch, wobei Sie je nach Bedarf klärende Kommentare anbieten. Überlegen Sie sich, ob es Comics oder Cartoons gibt, die das Wochenthema altersgemäß illustrieren könnten. Vielleicht wollen Sie aber auch ein Arbeitsbuch für den gesamten Kurs entwerfen, in dem die Übungen für zu Hause, Kopien der Übungen im Kurs, Cartoons und Gedichte enthalten sind.

In der ersten Sitzung enthalten die Übungen für zu Hause das achtsame Zähneputzen, welches Sie folgendermaßen kurz beschreiben und pantomimisch vorführen können:

Wenn ihr jetzt mit dem Zähneputzen anfangt, dann richtet eure ganze Aufmerksamkeit darauf – freundlich und neugierig. Fühlt, wie ihr die Zahnpastatube nehmt, den Deckel abschraubt, die Zahnbürste nehmt, Zahnpasta draufdrückt und die Tube weglegt. Fühlt die Bewegungen der Hand, des Armes, der Zunge und der Wangen, während ihr bürstet. Nehmt den Geschmack der Zahnpasta wahr und wie ihr spuckt oder schluckt. (Dieser Kommentar ruft gewöhnlich Lacher und angeekelte Blicke hervor.) Wenn ihr bemerkt, dass euer Denken in die Vergangenheit oder in die Zukunft abgeschweift ist, bringt ihr es ganz sanft wieder zum Bürsten und Schmecken zurück. Lauscht dem Wasser, während ihr die Zahnbürste abspült. Fühlt Eure Bewegungen, während ihr Zahnbürste und Zahnpasta weglegt. Schaut einmal, ob ihr für die wenigen Minuten, die das Zähneputzen dauert, diesem Zähneputzen totale Aufmerksamkeit widmen könnt – und nichts anderem. Nicht euren Hausaufgaben, nicht einem Problem, das ihr im Laufe des Tages hattet, nicht einem tollen Event, auf das ihr Euch freut, nicht der SMS an einen Freund…

Geben Sie in der ersten Sitzung auch das Praxis-Tagebuch aus, das am Ende dieses Kapitels zu finden ist. Das Praxis-Tagebuch ist ein simples und wirksames Instrument, um zu dokumentieren, wie viel von den geführten Audio-Übungen und den Übungen im Alltag die Teilnehmer tatsächlich machen. Und während es im wissenschaftlichen Kontext unverzichtbar ist, kann es im Rahmen einer Therapie oder für die Arbeit an einer Schule oder im öffentlichen Rahmen einfach lehrreich sein. Vielleicht sichern Sie den Beteiligten Anonymität zu, um die Teilnehmer nicht zu beeinflussen. Das lässt sich leicht bewerkstelligen, indem Sie den Namen des Teilnehmers durch eine Chiffre ersetzen oder den Teilnehmern sagen, dass sie den Namen freilassen können, wenn sie wollen.

Falls noch Zeit ist, können Sie noch eine kurze Übung mit dem Atem anleiten.

Abschließende Übung Achtsames Hören (alle Altersstufen)

Einer Idee meiner Freundin und Kollegin Susan Kaiser Greenland folgend, der Begründerin des Kinder-Achtsamkeitsprogramms „Inner Kids", lade ich gerne ein oder zwei Schüler ein, die voll bei der Sache waren, aufrichtig, aufmerksam und neugierig, für die Hör-Übung, die die Sitzung beschließt, den Klangstab anzuschlagen. Diese Einladung baut einen Anreiz zu konstruktiver Teilnahme auf. Die Sitzung endet also, wie sie begonnen hat, und Sie laden alle ein, die Augen zu schließen, dem Klang zu lauschen und dann die Hand zu heben, wenn der Ton verklungen ist und sie ihn nicht mehr hören können. (Bis zum Ende des Kurses werde ich so jedem Teilnehmer einmal die Möglichkeit verschafft haben, zur Eröffnung oder zum Abschluss einmal die Glocke zu läuten. Schüler, die zum Stören neigen, sind meistens irgendwann begeistert, sich dieses Privileg zu verdienen.)

Wie in Kapitel 3 erwähnt, empfehle ich, Mitte der ersten Kurswochen per E-Mail, SMS oder Anruf die Teilnehmer zu kontaktieren. Die Kommunikation kann sehr schlicht sein, etwa so: „Hallo. Ich melde mich ganz kurz, um zu schauen, wie die Praxis für zu Hause läuft. Hast du irgendwelche Fragen? Kann ich dir irgendwie helfen?" Meistens vergessen unsere jungen Freunde die Praxis für zu Hause, und dieser Kontakt dient als freundliche Erinnerung. Gelegentlich erwähnt ein Teilnehmer eine spezifische Schwierigkeit, zum Beispiel, keine Zeit für die Praxis zu finden oder nicht zu wissen, wie man die Übungen macht. Es gibt verschiedene Wege, diese Schwierigkeiten anzusprechen, und ich werde sie in der zweiten Sitzung behandeln, nämlich beim Thema „Besprechung der Praxis für zu Hause ".

ZU HAUSE ÜBEN – ERSTE SITZUNG

Achtsamkeit ist einfach.
Es bedeutet, hier und jetzt aufmerksam zu sein, freundlich und neugierig, und dann zu entscheiden, wie man sich verhalten will.

Wenn möglich, hör' Dir mindestens einmal pro Tag die Übung „Schatz" auf „Peaceful Quiet Place: Achtsamkeit für jüngere Kinder" an.

Praktiziere im täglichen Leben Achtsamkeit.
- Putze dir achtsam die Zähne.

Fülle freundlich und neugierig, ohne schlechtes Gewissen, das Tagebuch für die Praxis für zu Hause aus. Du kannst in jedes Kästchen einfach einen Haken setzen oder den Namen der Übung hineinschreiben.
Wenn du einen achtsamen Moment hast (einen Moment, in dem du etwas bemerkst, was du vorher vielleicht nicht bemerkt hättest) oder wenn du Fragen oder Schwierigkeiten hast, die du mitteilen möchtest, schreib mir bitte eine E-Mail oder ruf an. Und lass mich bitte auch wissen, falls du nächstes Mal nicht zum Kurs kommen kannst.

PRAXIS-TAGEBUCH

Zu Hause: Erste Woche
Name: ....

	Geführte Audio-Übungen	Achtsamkeit im Alltag
Montag		
Dienstag		
Mittwoch		
Donnerstag		
Freitag		
Samstag		
Sonntag		

Die folgenden Zeilen kannst du nutzen, wenn du über deine Erfahrung mit dem Ausruhen am friedlichen, ruhigen Ort und mit der Praxis der Achtsamkeit etwas mitteilen möchtest: Schwierigkeiten, etwas, was dir aufgefallen ist, oder Fragen, die du in der Gruppe nicht stellen möchtest.

KAPITEL 5

Zweite Sitzung:
Neu anfangen

Ziele

Das primäre Ziel dieser Sitzung ist, die Teilnehmer beim Aufbau einer täglichen Praxis zu unterstützen. Dazu führen Sie mit der Person oder der Gruppe ein freundliches und neugierig-offenes Gespräch über ihre Erfahrungen mit den geführten Audio-Übungen und dem achtsamen Zähneputzen (und den eventuellen Hindernissen dabei). Dann können Sie diejenigen, die praktiziert haben, zu Vorschlägen auffordern und selbst Tipps anbieten, wie man es schafft, sich die Zeit für das Praktizieren tatsächlich zu nehmen. Die zweite Hälfte der Sitzung ist eine geführte Erkundung angenehmer Ereignisse. Das Ziel dieser Übung ist, den Teilnehmern Orientierung zu geben, wie sie den Details ihres Erlebens Aufmerksamkeit widmen und allmählich ihre Fähigkeit entwickeln können, ihre Gedanken, Gefühle und Körperempfindungen zu beobachten.

Überblick: Übungen, Spiele, Diskussionen
- Übung zum achtsamen Hören
- Übung zum achtsamen Essen
- Besprechung der Praxis für zu Hause
- „Wasserpflanze"-Bewegungsübung
- Atemübung: „Juwel" oder „Pause"
- Übung zu angenehmen Erlebnissen; Gespräch
- Lesung (fakultativ): „The Story of Ferdinand", Munro Leaf
- Überblick über die Praxis für zu Hause
- Abschluss: Übung zum achtsamen Hören

Übungen zum achtsamen Hören und achtsamen Essen (alle Altersstufen)

Nachdem Sie die Teilnehmer begrüßt haben, laden Sie alle ein, „neu anzufangen": Ihre Aufmerksamkeit in das Hier und Jetzt zu bringen, indem sie dem Klang des Klangstabes lauschen – und der Stille, die darauf folgt. Von da aus können Sie zur Übung des achtsamen Essens übergehen. Helfen Sie den Teilnehmern, sich zu entschleunigen und ihre volle Aufmerksamkeit den Farben, Berührungen, Gerüchen, Gedanken, Gefühlen, Klängen und Geschmacksqualitäten jedes einzelnen Bissens zu widmen.

Besprechung der Praxis für zu Hause

Nach der Übung zum achtsamen Essen gehen Sie über zur Besprechung der Praxis für zu Hause. Die meisten Kinder unter sechs Jahren werden beim Aufbau einer täglichen Praxis, wie bei fast jeder Hausaufgabe oder Routinetätigkeit zur Selbstfürsorge, die Unterstützung eines Erwachsenen benötigen. Deshalb betrifft das folgende Gespräch Kinder ab sechs Jahren aufwärts. (Wenn Sie mit kleineren Kindern arbeiten, können Sie einfach um ein Handzeichen bitten, wer die Praxis für zu Hause gemacht hat, und dann direkt zur „Wasserpflanze"-Bewegungsübung übergehen.)

Erinnern Sie die Gruppe daran, dass sie üben, freundlich und aufmerksam auf ihr Leben neugierig zu sein, und dass sie diese Qualitäten jetzt in die Besprechung der Praxis für zu Hause einbringen können. Beginnen Sie mit einer Besprechung der geführten Audio-Übung:

Wir wollen jetzt die Praxis für zu Hause besprechen. Bevor wir weitermachen, registriert einfach alle Gedanken und Gefühle, die hochgekommen sind, als ich „Praxis für zu Hause" gesagt habe. Habt ihr vielleicht gedacht: „Praxis für zu Hause? Was für 'ne Praxis?" (Lächeln Sie, wenn Sie das sagen.) Habt ihr Panik, Stolz oder Verlegenheit gespürt? (Habt ihr gedacht: „Diese Praxis für zu Hause ist mir egal"? Habt ihr euch verurteilt oder angefangen, euch mit anderen zu vergleichen?)

Hat jemand von euch mit der Audio-Aufnahme praktiziert? Hat jemand von euch die Audio-Aufnahme komplett vergessen? Es ist beides in Ordnung. Ob ihr praktiziert habt oder das Praktizieren vergessen habt: Wir gehen freundlich und neugierig daran, über eure Erfahrung zu sprechen.

Sorgen Sie während dieser Diskussion dafür, dass die Teilnehmer, die die Praxis für zu Hause nicht gemacht haben, sich wohlfühlen, wenn sie das mitteilen. Helfen Sie ihnen dann zu untersuchen, ohne Wertung, warum und weshalb sie es nicht gemacht haben:

- *Was ist euch dazwischengekommen?*

- *Was habt ihr stattdessen gemacht?*

- *Könnt ihr euch selbst herausfordern, euch für fünf Minuten pro Tag freundliche Aufmerksamkeit zu schenken?*

- *Was meint ihr, welche Tageszeit würde für euch am besten passen?*

- *Für diejenigen von euch, die die Praxis gemacht haben:
  Was könnt ihr uns darüber sagen?*

- *Welche Tageszeit hat am besten gepasst? Was habt ihr wahrgenommen, als ihr fertig wart?*

Besprechen Sie die häufigen Probleme mit der Tageseinteilung, die einen daran hindern, die geführte Audio-Übung zu machen, und machen Sie Vorschläge, wie diese Hindernisse beseitigt werden können. Normalerweise werden zumindest einige der Teilnehmer berichten, dass sie praktiziert haben und es ihnen gutgetan hat. Wenn niemand etwas in der Art berichtet, können Sie einfach anmerken, dass für die meisten Kinder die beste Zeit zum Praktizieren nach der Schule, vor den Hausaufgaben, zwischen einzelnen Hausaufgaben oder vor dem Zubettgehen ist. Kinder, die vor oder während der Hausaufgaben praktizieren, kommentieren, dass es ihnen sogar hilft, sich zu fokussieren und die Hausaufgaben leichter zu bewältigen. Und Kinder, die Schlafprobleme haben, berichten oft, dass sie besser schlafen, wenn sie vor dem Zubettgehen praktizieren.

Betonen Sie für die, die zu Hause nicht praktiziert haben, dass jeder Moment ein neuer Moment ist und sie mit der Praxis neu anfangen können – jetzt. Es hilft, die Teilnehmer daran zu erinnern, dass sie eine Fähigkeit oder eine Kraft entwickeln und dass Achtsamkeit geübt werden muss, genauso wie wenn man eine Sportart oder ein Musikinstrument lernt. Sie könnten das ungefähr so erklären:

> *Ob ihr's glaubt oder nicht: Wissenschaftler können mit einer speziellen Maschine, einem Magnetresonanztomographen, Bilder vom Gehirn machen, während es arbeitet. Und dabei haben sie festgestellt: Wenn Leute Achtsamkeit üben, dann werden die Bereiche im Gehirn, die mit Lernen und Gedächtnis zu tun haben, dicker, und die Bereiche, die mit Sorgen und Angst zusammenhängen, werden dünner! Also, wenn ihr Achtsamkeit übt, dann trainiert ihr eure „Gehirnmuskeln" und helft eurem Gehirn, besser zu arbeiten.*

Als Nächstes fragen Sie nach, was die Teilnehmer beim achtsamen Zähneputzen erlebt haben. Legen Sie wieder besonders Wert auf die fünf Sinne, aber auch auf Gedanken (die ja oft als sechster Sinn betrachtet werden) und Gefühle (ein siebter Sinn), die ihnen aufgefallen sind, als sie die Zähne geputzt haben. Hier sind ein paar Beispiele für Fragen, mit denen Sie ihnen helfen können, ihr Erleben zu untersuchen:

- *Konntet ihr das Gewicht der Zahnpastatube spüren, als ihr sie in die Hand genommen habt?*

- *Habt ihr gespürt, wie eure Muskeln beim Zusammendrücken der Zahnpastatube gearbeitet haben?*

- *Habt ihr den Geschmack der Zahnpasta wahrgenommen?*

- *Hat der Geschmack sich während des Putzens verändert?*

- *Sind eure Gedanken abgeschweift? Wenn ja, wohin?*

- *Habt ihr die Vorgänge des Ausspuckens und des Abspülens der Bürste wahrgenommen?*

„Wasserpflanze"-Bewegungsübung (alle Altersstufen)

Weil von unseren jungen Freunden häufig verlangt wird, die meiste Zeit des Tages unnatürlich still zu sitzen, ist es sinnvoll, in jeder Sitzung mindestens eine einfache Bewegungsübung unterzubringen. Wenn es regnet oder schneit und die Kinder sowieso nicht viel draußen sein können, kann es ratsam sein, sogar mehr als eine Bewegungsübung zu machen. Lassen Sie sich vom Verhalten der Gruppe und Ihrer eigenen Einsicht leiten. Im Laufe des Kurses können Sie später ausprobieren, die Teilnehmer auch einmal auf die Gedanken, Gefühle und Körperempfindungen achten zu lassen, die mit Unruhe oder Langeweile einhergehen.

Eine meiner liebsten Bewegungsübungen für Kinder ist, sie so tun zu lassen, als seien sie Wasserpflanzen im Meer. (Und ja, diese Übung funktioniert sogar mit „coolen", zugeknöpften Jugendlichen.) Jeder Schüler ist eine Wasserpflanze, die im Boden verwurzelt ist. Am Anfang stehen die Teilnehmer alle in einer starken Strömung und machen weit ausgreifende, schnelle Bewegungen (ohne mit dem Nachbarn zusammenzustoßen). Allmählich lässt die Strömung nach, und die Bewegungen werden immer kleiner, bis nur noch ein sanftes Sich-Wiegen da ist und schließlich Ruhe. Während der gesamten Übung erinnern Sie die Schüler sanft daran, ihr Erleben aufmerksam zu begleiten und ihre Körperempfindungen, Gedanken und Gefühle wahrzunehmen. Im Folgenden sehen Sie, wie Sie diese Übung anleiten können.

Bitte stellt euch hin und streckt sanft die Arme aus. Schaut, dass ihr genügend Platz habt, um die Arme kreisen zu lassen, ohne irgendwo anzustoßen oder jemanden zu stoßen. Wir tun jetzt so, als wären wir Wasserpflanzen. Unsere Füße stecken im Meeresboden, und wir stehen in einer starken Strömung. Lasst Euren Körper, Eure Arme, Euren Kopf von der Strömung bewegt werden (natürlich so, dass ihr niemanden anrempelt). Fühlt ihr, wie der Körper sich im Raum bewegt? Fühlt ihr die Anspannung und Entspannung der verschiedenen Körperteile, während die Strömung euch bewegt?

Jetzt wird die Strömung ein kleines bisschen sanfter. Lasst eure Bewegungen ein wenig kleiner werden, während die Strömung sanfter wird. Versucht, freundlich und neugierig zu euren Gedanken und Gefühlen zu sein. Ist es euch peinlich oder seid ihr begeistert und energiegeladen? Denkt ihr: „Ah, es fühlt sich so gut an, sich zu bewegen", oder denkt ihr: „Das ist doof"? Möchtet ihr euren Nachbarn necken oder ärgern? Könnt ihr diese Idee, diesen Drang einfach registrieren, ohne es wirklich zu machen?

Jetzt wird die Strömung wieder ein bisschen sanfter. Lasst eure Bewegungen auch kleiner werden… Stellt fest, wo eure Aufmerksamkeit ist. Ist sie hier beim Körper und der Bewegung oder irgendwo anders? Wenn ihr feststellt, dass eure Aufmerksamkeit irgendwo anders ist, bringt ihr sie sanft wieder zum Körper und der Bewegung zurück.

Jetzt steht die Strömung völlig still. Lasst auch euren Körper völlig still stehen… Was fällt euch auf, wenn ihr still steht? Könnt ihr hier euren Atem spüren? Wie fühlt sich euer Körper an, euer Geist, euer Herz, nachdem ihr euch so ein paar Minuten bewegt habt?

Atemübung: „Juwel" oder „Pause" (alle Altersstufen)

Von hier aus können Sie nahtlos zu einer Übung mit dem Atem übergehen. Bieten Sie einfach eine frische Version der Übung an, die Sie in der ersten Sitzung präsentiert haben. Während Sie die Übung leiten, können Sie eventuell anmerken, dass der Geist wahrscheinlich vom Atem abschweifen wird und dass das natürlich ist. Vermitteln Sie, dass das Herz der Praxis darin besteht, die Aufmerksamkeit immer wieder zum Atem zurückzubringen.

Übung zu angenehmen Erlebnissen: Gespräch (alle Altersstufen)

Diese Übung ermutigt die Teilnehmer, Ereignissen im täglichen Leben allmählich detaillierte Aufmerksamkeit zu widmen. Am besten eignet sie sich für Kinder von 8 bis 18 Jahren. Bei Kindern, die jünger sind, können Sie diese Übung auch weglassen. Wenn Sie sich dafür entscheiden, die Übung Vier- bis Siebenjährigen anzubieten, laden Sie sie ein, von einem angenehmen Ereignis oder einem einfach glücklichen Moment in den letzten Tagen ein Bild zu malen. Dann unterstützen Sie sie bei einer sehr kurzen, gesprochenen Reflexion (vielleicht zusammen mit einem

Partner) über das, woran sie sich erinnern, was während dieses Erlebnisses in ihrem Kopf passiert ist (Gedanken), im Herzen (Gefühle) und im Körper (körperliche Empfindungen).

Bei älteren Teilnehmern können Sie den Cartoon „Angenehmes Erlebnis" verwenden.[4] Bitten Sie die Teilnehmer, sich an ein angenehmes Ereignis aus den letzten Tagen zu erinnern. Erinnern Sie sie daran: Obwohl Fernsehen und Werbung oft etwas anderes behaupten, sind angenehme Ereignisse meist kurz und simpel: die Katze streicheln, mit einem Freund lachen, ein Matheproblem lösen, zur Lieblingsmusik „abrocken", mit vollem Genuss etwas essen, an einem frischen Morgen zur Schule gehen und so weiter. Nachdem sie sich an ein angenehmes Ereignis erinnert haben, können sie die dazugehörigen Gedanken in die Gedankenblase schreiben, die Gefühle (Emotionen) während des Ereignisses in die Gefühlsblase und die Körperempfindungen in die Körper-Blase des Cartoons. Geben Sie den Teilnehmern auch die Möglichkeit, die entsprechenden Blasen zu zeichnen, statt sie nur zu beschriften. Während die Teilnehmer den Cartoon ausfüllen, können Sie herumgehen und schauen, ob jemand nicht klarkommt. Ermutigen Sie alle, sich an die Wahrnehmungen der fünf Sinne zu erinnern, an ihren Gesichtsausdruck (vielleicht ein Lächeln), wie es sich im Körper angefühlt hat – und vielleicht auch dazu, das Angenehme dieses Ereignisses noch einmal zu erleben.

Manche Schüler glauben vielleicht, sie hätten nichts Angenehmes erlebt. Würdigen Sie ihre Lebenssituation, stellen Sie diese Auffassung aber auch freundlich in Frage. Wenn sie jetzt im Kurs anwesend sind, sind sie ausreichend gekleidet, in Sicherheit und werden von einem fürsorglichen Lehrer unterstützt. Vergessen Sie nicht: In vielen sozial schwachen Familien ist die Mehrheit unserer jungen Freunde oft hungrig, vernachlässigt oder Schlimmeres. Arbeiten Sie sanft daran, und helfen Sie den Schülern, in ihrem Leben etwas zu entdecken, was erfreulich ist, indem Sie vielleicht etwas in der folgenden Art sagen:

---

[4] Sie finden die Vorlage im Anhang.

„Vielleicht fällt es einigen von euch schwer, etwas Angenehmes zu finden. Wie ich schon erwähnt habe, wollen uns Fernsehen und Werbung gerne überzeugen, dass ein angenehmes Ereignis eine Riesen-Sache ist – dass man ein ganz besonderes Geschenk bekommt, dass man auf eine tolle Party geht oder die Wahnsinns-Ferienreise macht. Denkt bei dieser Übung mal an kleine Dinge. Habt ihr einen tollen neuen Song gehört oder einen guten Witz? Als ihr zum Kurs gegangen seid, habt ihr den Sonnenschein gespürt oder den Wind im Gesicht? Habt ihr im Korridor einen Freund gesehen? War das achtsame Atmen, was wir vorher gemacht haben, angenehm?"

Nachdem die Schüler ihre Cartoons ausgefüllt haben, laden Sie sie ein, ihre Erlebnisse und Gedanken, Gefühle und Körperempfindungen, an die sie sich erinnert und die sie in die leeren Blasen des Cartoons eingetragen haben, miteinander zu teilen. Während sie das tun, fügen Sie kurze Kommentare hinzu, um die Prinzipien der Achtsamkeit zu verdeutlichen. Solch ein Austausch könnte mit einem/einer Viertklässler/in zum Beispiel folgendermaßen ablaufen:

SCHÜLER: Mein angenehmes Erlebnis war mit meiner Katze. Ich war glücklich. Im Körper war ich entspannt.
KURSLEITER: Wie fühlt sich das an, entspannt?
SCHÜLER: Warm ... weich.
KURSLEITER: Hattest du irgendwelche Gedanken dabei?
SCHÜLER: „Das ist gut!"
KURSLEITER: Interessant. Das ist oft so, wenn etwas angenehm ist. Wir lassen es uns einfach gut gehen, und die Gedanken sind oft ganz einfach, so wie „Das ist gut!" Was hast du gesehen, gehört, gerochen, gespürt?
SCHÜLER: Ich hab den weichen Pelz gespürt und ihr Schnurren gehört.
KURSLEITER: Was hat dein Gesicht gemacht?
SCHÜLER: Gelächelt.
KURSLEITER: Und was macht dein Gesicht jetzt?
SCHÜLER: Lächeln!

Mit der Zeit schafft die Achtsamkeit auf angenehme Ereignisse eine solide Grundlage für die spätere Dankbarkeitspraxis. Formelle Dankbarkeitspraxis ist relativ simpel: Die Lernenden werden eingeladen, Dinge zu reflektieren, für die sie dankbar sind; entweder still für sich allein, mit einem Partner oder indem sie malen oder schreiben. Auch hier kann es wieder großen Spaß machen, an „kleine Dinge" zu denken, Dinge, die eigentlich groß sind, die wir aber gerne übersehen: jetzt gerade diesen Atemzug; Kleidung; fließendes Wasser, die Fähigkeit, zu hören. Wenn Sie gerade anfangen zu unterrichten, fühlen Sie sich vielleicht überfordert, all diese Meditationen, Übungen und Diskussionen abdecken zu müssen, die zu einer jeweiligen Sitzung gehören. Seien Sie freundlich zu sich selbst, während Sie sich mit dem Material vertraut machen. Mit der Zeit, wenn Sie mit dem Material vertraut geworden sind – oder wenn Sie in einem Rahmen arbeiten, wo Sie die Kinder öfter sehen oder mehr als acht Sitzungen haben –, können Sie eine formelle Dankbarkeitspraxis immer noch hinzunehmen.

Überblick über die Praxis für zu Hause (alle Altersstufen)

Vergessen Sie nicht, zum Ende der Sitzung ein wenig Zeit einzuplanen, in der Sie für die kommende Woche die Praxis für zu Hause laut vorlesen. Ermutigen Sie die Teilnehmer, die geführten Audio-Übungen *wirklich* zu machen, und erinnern Sie sie an die erarbeiteten Vorschläge für die geeignete Tageszeit. Im Idealfall ist so ein sanfter Anstoß motivierend und erzeugt keine Schuldgefühle oder Aversion.

Erklären Sie, dass ein Teil der Praxis für zu Hause in der kommenden Woche darin besteht, angenehme Ereignisse (egal, ob groß oder klein) wahrzunehmen. Zur informellen Praxis für zu Hause in dieser Woche gehört auch die Übung, achtsam die Schuhe anzuziehen. Das können Sie folgendermaßen demonstrieren und beschreiben:

Wenn wir achtsam die Schuhe anziehen, lenken wir unsere volle Aufmerksamkeit auf diesen Vorgang, genauso, wie wir es schon beim achtsamen Zähneputzen getan haben. Fühlt, wie ihr euch bückt und den ersten Schuh nehmt; fühlt, wie der Fuß hineingleitet. Wenn ihr Slipper tragt, fühlt, wie die Zehen an den richtigen Platz gleiten. Wenn ihr Schuhe mit Klettverschluss oder Schnürsenkeln habt, spürt ihr das in den Händen und ihr spürt die Bewegungen, die ihr macht, um den Klettverschluss zu schließen oder die Schnürsenkel zu binden. Und dann macht ihr natürlich dasselbe mit dem anderen Schuh.

Beantworten Sie die Fragen der Teilnehmer zur Praxis für zu Hause.

Abschluss: Übung zum achtsamen Hören

Schließen Sie die Sitzung mit einer Übung zum achtsamen Hören ab und lassen Sie dazu einen oder zwei Teilnehmer den Klangstab anschlagen.

PRAXIS FÜR ZU HAUSE – 2. SITZUNG

Achtsamkeit ist real.
Jetzt ist der Moment, in dem wir unser Leben leben.

Hör dir mindestens einmal pro Tag die Übung „Einleitung für die Kinder" auf der CD „Achtsamkeit für jüngere Kinder" an..

Übe im täglichen Leben Achtsamkeit.
- Nimm während der Woche angenehme Ereignisse wahr, große oder kleine. Versuche, das Angenehme und die damit verbundenen Gedanken, Gefühle und Körperempfindungen wahrzunehmen.
- Ziehe achtsam deine Schuhe an.

Fülle freundlich und neugierig, ohne schlechtes Gewissen, das Praxistagebuch für die Woche aus.
Wenn du einen achtsamen Moment hast, Fragen oder Schwierigkeiten, die du mitteilen möchtest, oder wenn du das nächste Mal nicht zum Kurs kommen kannst, schreib mir bitte eine Mail oder ruf mich an.

KAPITEL 6

Dritte Sitzung:
Gedanken beobachten und die „fiese Stimme"

Ziele

Ein wiederkehrendes Ziel in dieser Sitzung ist, die Teilnehmer beim Aufbau einer regelmäßigen täglichen Praxis weiter zu unterstützen. Ein neues Ziel ist die Ausbildung der Fähigkeit, Gedanken zu beobachten, vor allem solche, die in heiklen Situationen aufkommen, und unseren oft kritischen inneren Dialog – was ich liebevoll die „fiese Stimme" nenne. Wie Sie feststellen werden, liefert die bekannte „Neun-Punkte"-Denksportaufgabe eine ganz direkte, unmittelbare Erfahrung zu diesen Themen.

Überblick: Übungen, Aktivitäten, Diskussionen
- Übung zum achtsamen Hören
- Übung zum achtsamen Essen
- Gespräch über Vorlieben und Abneigungen
- Besprechung der Praxis für zu Hause
- Bewegungsübung „Action im Kreis"
- Achtsamkeit auf Gedanken: „Seifenblasen" oder „Gedanken angucken"
- Gespräch über das Gedanken-Beobachten
- Die „fiese Stimme"
- Übung und Gespräch: „Neun Punkte"
- Überblick über die Praxis für zu Hause
- Abschluss: Übung zum achtsamen Hören

Übungen zum achtsamen Hören und achtsamen Essen

Da die Teilnehmer sich untereinander und in der Gruppe insgesamt normalerweise schon wohler fühlen, dürfte es vor der Sitzung jetzt mehr Smalltalk geben. Eröffnen Sie wie gewohnt mit dem achtsamen Hören, wobei Sie einen Teilnehmer den Klangstab anschlagen lassen. Gehen Sie dann zum achtsamen Essen über.

Gespräch über Vorlieben und Abneigungen (alle Altersstufen)

An diesem Punkt rechnen die Teilnehmer gewöhnlich schon damit, dass sie eine Kleinigkeit zu knabbern bekommen, und machen keinen Hehl aus ihren Vorlieben: „Super! Äpfel!" oder „Bäh, ich hasse Fruchtschnitten!" Bei jüngeren Kindern kann eine einfache Frage oder Feststellung in solchen Momenten wieder Achtsamkeit erzeugen: „Ein neuer Apfel, ein neuer Moment." – „Was macht ihr normalerweise, wenn euch etwas nicht gefällt?" Nachdem Sie kurz auf die Kommentare geantwortet haben, können Sie vorschlagen, nun schweigend zu essen.

Bei etwas älteren Kindern oder Jugendlichen können Sie deren frühere Kommentare nutzen, um nun die innere Seite von Erwartungen, Haben-Wollen (Gelüsten, Begehrlichkeiten) und Nicht-Haben-Wollen (Abneigung) weiter zu erkunden. Hier ist ein Beispiel für so einen Dialog.

Ich: Ganz viel von unserer Unzufriedenheit und Gereiztheit kommt davon, dass wir uns oder die anderen oder eine Situation anders haben wollen, als sie ist. Wir wollen mehr von dem, was wir nicht haben (Mandarinen), oder weniger von dem, was wir haben (Äpfel). Wie würde das Leben wohl aussehen, wenn wir uns, die anderen, die Situationen so akzeptieren könnten, wie sie sind?

TEILNEHMER 1:	Nicht so stressig?
TEILNEHMER 2:	Lockerer.
ICH:	Wie würde sich dieses Akzeptieren wohl anhören?
TEILNEHMER 3:	Also, Becky hat gerade gesagt: „Ich mag Äpfel nicht, aber ich versuch mal einen."
TEILNEHMER 4:	Oder man könnte sagen: „Ich mag Äpfel wirklich nicht, also lehne ich ab."
ICH:	Wie fühlt es sich wohl an, wenn du das sagst?
TEILNEHMER 1:	Ich weiß nicht.
ICH:	Das nächste Mal, wenn es nicht so läuft, wie ihr erwartet habt – warum probiert ihr nicht einfach mal aus, wie es ist, wenn ihr die Dinge lasst, wie sie sind? Und dann berichtet ihr darüber.

Bei Jugendlichen und Twens möchten Sie das Ganze vielleicht ein wenig ausweiten und erklären, dass das Akzeptieren nicht bedeutet, etwas würde uns plötzlich gefallen oder wir würden nichts dagegen unternehmen.

Sondern: Wenn wir sehen, wie etwas wirklich ist, haben wir eine bessere Grundlage, um klug zu handeln. Diese Möglichkeit wird im Rest des Kurses immer wieder zur Sprache kommen.

Besprechung der Praxis für zu Hause (6 bis 18 Jahre)

Sie können hier Themen aus dem letzten Gespräch einflechten und Teilnehmer einladen zu berichten, ob sie zu Hause praktiziert haben und was sie entdeckt haben. Vor allem ist es wichtig, denjenigen Teilnehmern, die sich schwergetan haben, Zeit für die Übungen zu finden, und denjenigen, die Probleme damit haben, weiterhin Kommentare zu entlocken. Vielleicht möchten Sie nachfragen, was denn dazwischengekommen ist. Vergessen? Hausaufgaben? Internet, Facebook, Fernsehen, außerschulische Aktivitäten? Oder etwas ganz anderes? Oft kommt von einem Kind spontan die Aussage, es sei einfach viel zu viel los, und das bietet die Gelegenheit, über die Schnelllebigkeit unserer Kultur zu sprechen. Sie erinnern sich: Die meisten Übungen in diesem Buch sind, anders als die für Erwachsene üblicherweise empfohlenen 30 bis 45 Minuten, gerade mal 4 bis 7 Minuten kurz. Wir laden die Schüler also nur ein, sich selbst ein paar Minuten pro Tag freundliche Aufmerksamkeit zu schenken. Bei denen, die Schwierigkeiten mit den Übungen selbst haben, genügt ein simpler Hinweis: Wenn man Ablenkung, Ruhelosigkeit und Langeweile bemerkt, ist das schon Achtsamkeit! Ermutigen Sie sie, bei der Praxis zu bleiben und sich daran zu erinnern, dass sie diesem Geschehen, die Praxis zu machen oder nicht zu machen, freundliche und neugierige Achtsamkeit entgegenbringen können. Das ist ein Trick, sie zum Praktizieren zu kriegen, obwohl sie „nicht praktizieren".

Zur häuslichen Praxis motivieren

Um die Teilnehmer zu motivieren, sich auf die Praxis für zu Hause einzulassen, können Sie auch von einer weit verbreiteten Erfahrung von Erwachsenen berichten: Von denen, die erst als Erwachsene Achtsamkeit kennen gelernt haben, wünscht sich fast jede(r), er oder sie hätte die Praxis früher gelernt. In einem früheren Kurs hatte ich eine wunderbare Assistentin, Megan Cowan (sie ist mittlerweile Programmdirektorin von „Mindful Schools") . Und in diesem Kurs sagte Megan zu den Kindern: „Ihr habt ein Riesenglück. Ich habe diese Übungen gelernt, als ich zwanzig war, und zu der Zeit waren alle meine Lehrer schon in den Fünfzigern und Sechzigern und haben immer wieder gesagt, dass sie gerne schon mit zwanzig Achtsamkeit gelernt hätten. Und ich war um die zwanzig, als ich diese Praxis gelernt habe, und habe mir gewünscht, ich hätte sie schon mit zehn gelernt! Also habt ihr ein Mordsglück, dass ihr diese Übungen schon mit zehn lernen dürft!"

Umgang mit Klagen, die Praxis sei langweilig

Manchmal beklagen sich Kinder, die Praxis für zu Hause (oder die Praxis überhaupt) sei langweilig. Es ist nützlich, je nach Situation eine Reihe von möglichen Antworten darauf zur Verfügung zu haben. Im Folgenden habe ich ein paar mögliche Ansätze skizziert. Auch hier belassen Sie einerseits die Erfahrungen der Teilnehmer wieder so, wie sie sind, und untersuchen auf der anderen Seite ihre Gewohnheiten und Muster.

Eine mögliche Antwort auf die Klage, Praxis sei langweilig, könnte ungefähr folgendermaßen aussehen:

Sie ist auf jedenfalls ungewöhnlich! Unsere Kultur versucht uns dauernd beizubringen, dass wir uns auf die Außenwelt konzentrieren sollen und dass alles, was wir erleben, schnell gehen und neu und aufregend sein muss. In diesem Kurs lernen wir, unsere Aufmerksamkeit nach innen zu richten, einmal langsam zu machen und mit dem Moment in Frieden, „zufrieden" zu sein. Ich verstehe voll und ganz, dass ihr das langweilig findet. Aber mit der Zeit werdet ihr vielleicht überrascht sein, dass euch diese Übungen allmählich sogar gefallen. Trotzdem müsst ihr das nicht glauben, bloß weil ich es sage. In den kommenden Wochen versucht es einfach einmal. Probiert es aus und entscheidet dann selbst. Alle von euch, die denken, die Praxis sei langweilig, fordere ich diese Woche heraus: Schaut einmal, ob ihr nicht etwas Neues an eurem Atem entdeckt, an euren Gedankenmustern, und berichtet uns darüber. Ihr könnt jetzt schon damit anfangen und registrieren, was ihr jetzt gerade denkt, nachdem ich so viel geredet habe. (Lächeln.)

Zusätzlich – oder alternativ – können Sie, wenn von Teilnehmern Klagen kommen, die Praxis sei langweilig, die Atempraxis mit etwas anderem verbinden, um ihre Aufmerksamkeit wiederzugewinnen. Sie können sie zum Beispiel mit dem Ausatem Seifenblasen oder ein Windrädchen pusten, Kieselsteine von einem Häufchen auf ein anderes legen oder zu jedem Ausatem der Reihe nach mit dem kleinen, dem Ring-, dem Mittel- und dem Zeigefinger den Daumen berühren lassen. Sie können eine anstrengende Bewegungsübung anbieten oder eine Bewegungsübung vor der Atemübung. Sie können Sie herausfordern: Wir wollen einmal sehen, ob ihr eine, zwei, drei Minuten lang auf den Atem achten könnt.

Versuchen Sie, so gut es geht, einen Mittelweg zu finden, der sie bei der Aktivität und gleichzeitig der Erforschung ihrer Langeweile unterstützt. Um dieses neugierige Erkunden zu fördern, fragen Sie: „Wann und wo wird es euch sonst noch oft langweilig?" – „Was passiert, wenn euch langweilig ist?" – „Kriegt ihr deswegen manchmal auch Probleme?" und „Könnt ihr genau wahrnehmen, wenn die Langeweile anfängt? So wie beim Anfang des Einatems?"

Sie können den Kindern auch sagen (zumindest am Anfang), dass viele Erwachsene die Praxis der Achtsamkeit ebenfalls langweilig, schwierig oder beides finden. Geben Sie dazu Beispiele aus dem eigenen Leben oder aus Ihren Erfahrungen in den Achtsamkeitskursen für Erwachsene.

Dann erzählen Sie, ohne aufdringlich zu werden, ein, zwei Anekdötchen, wie Sie oder junge Leute, mit denen Sie gearbeitet haben, die Praxis als positiv empfunden haben. Ermutigen Sie sie, so gut es geht, das „Experiment" tatsächlich zu machen, indem sie für die Dauer des Kurses die Übungen machen, so dass sie selbst entdecken können, ob Achtsamkeit ihnen im täglichen Leben hilft. Seien Sie achtsam – es ist ein schmaler Grat zwischen Ermutigung und „ihr solltet" oder „ihr müsst".

Jugendliche und Twens sind oft fasziniert, wenn sie hören, dass viele Prominente diese Praxis nutzen. Das bis jetzt faszinierendste Beispiel dafür habe ich erlebt, als ich an der Menlo-Atherton-High-School bei einer zehnten Englisch-Förderklasse Achtsamkeit unterrichtet habe. Laut einem Artikel in der „Newsweek" war Menlo Atherton zu jener Zeit die sozio-ökonomisch heterogenste Schule im ganzen Land. Meine jungen Freunde waren schon in der neunten Klasse im Englisch-Förderkurs gewesen. Manche ihrer Mitschüler waren in der zehnten Klasse dann in den regulären Englischunterricht aufgerückt; die Schüler, mit denen ich arbeitete, waren im Förderkurs geblieben. Unglücklicher-, aber auch erstaunlicherweise gibt es in der elften und zwölften Klasse keinen Englisch-Förderkurs. Deshalb hatte der Direktor mich gebeten, mit diesen Schülern zu arbeiten, denn er hatte Angst, dass sie durch den Rost fallen würden, dass sie scheitern und die Schule abbrechen würden. Zufälligerweise war das auch das Jahr, in dem die San Francisco Giants die World Series gewannen.[5] Als die Schüler in ihrer Fan-Kleidung mit grau-orangenen Kappen und T-Shirts in die Klasse kamen, war es toll, dass ich ihnen einen Artikel austeilen konnte, in dem es darum ging, wie der Pitcher Tim Lincecum Achtsamkeit einsetzt (Kettmann 2010). Nicht nur verlockte das einige der etwas widerwilligeren Schüler, sich mit dem Gedanken anzufreunden, Achtsamkeit könnte vielleicht doch *cool* und zu etwas nütze sein, nein – es brachte sie sogar zum Lesen! Beachtliche Leistung! Nachdem Sie gemeinsam Langeweile und den potenziellen Nutzen der

---

5   US-amerikanische Baseballmannschaft (Anm. d. Übers.)

Achtsamkeit im täglichen Leben untersucht haben und bevor Sie zur achtsamen Bewegung übergehen, fragen Sie kurz nach, was die Teilnehmer beim achtsamen Schuhe-Anziehen erlebt haben.

Hat einer von euch sich an das achtsame Schuhe-Anziehen erinnert? … Was ist euch aufgefallen?

Falls ihr es vergessen habt: Was meint ihr, warum habt ihr's vergessen? … Ja, Hektik und Gewohnheiten sind starke Kräfte in unserem Alltag. Sie bewirken oft, dass wir gedankenlos handeln. Manchmal ist das nützlich, wenn man zum Beispiel wegen eines Autos automatisch zur Seite tritt. Aber manchmal sind Gewohnheiten auch weniger hilfreich, wenn man zum Beispiel wegen derselben Sache immer wieder denselben Streit hat.

Bewegungsübung „Action im Kreis" (alle Altersstufen)

Im Anschluss an das Gespräch über die Praxis für zu Hause schätzen Sie ab, ob die Gruppe zu einer eher stillen Übung bereit und in der Lage ist oder ob ihnen mit einer Bewegungsübung vorher mehr gedient wäre. Wenn ihr Verhalten darauf hindeutet, dass eine Bewegungsübung ihnen guttun würde, laden Sie sie ein, sich im Kreis aufzustellen. Erklären Sie, dass jetzt alle bei der folgenden „stillen", achtsamen Bewegungsübung mitmachen:

Der erste Schüler macht eine einfache, ungefährliche und respektvolle Bewegung, die sich für ihn oder sie gut anfühlt – zum Beispiel hüpfen, strecken, sich drehen oder schütteln. Dann macht der Rest der Gruppe diese Bewegung nach. Nachdem die Gruppe die Bewegung der ersten Person nachgemacht hat, weist diese mit einer eleganten Handbewegung („Bitte hier entlang") auf ihren Nachbarn. Dann macht diese zweite Person ihre einzigartige, respektvolle Bewegung vor. Nachdem die Gruppe diese Bewegung nachgemacht hat, verweist die zweite Person mit einer eleganten Handbewegung („Bitte hier entlang") auf ihren Nachbarn. Bestimmen Sie, wer beginnen darf, und lassen Sie jeden Teilnehmer einmal an die Reihe kommen. Während die Gruppe die Bewegungen macht, ermutigen Sie die Teilnehmer, ihre Gedanken und Gefühle wahrzunehmen – Stolz, Verlegenheit, Bewertungen, Vergleiche. Das Wahrnehmen von Gedanken bildet einen exzellenten Übergang zur „Seifenblasen"-Übung des Gedanken-Beobachtens und dem Thema der „fiesen Stimme".

Achtsamkeit auf Gedanken: „Seifenblasen" oder „Gedanken angucken" (alle Altersstufen)

Außer der oft gehörten, häufig zornigen Frage „Was hast du dir denn dabei gedacht?" wissen die meisten Kinder, Jugendlichen und sogar Erwachsenen nicht um die Möglichkeit – und noch viel weniger um praktische Methoden –, Denkvorgänge zu beobachten. Ohne diesen meta-kognitiven Ansatz jedoch folgen viele Menschen automatisch ihren Gedanken, derer sie sich nicht einmal bewusst sind, und handeln zu ihrem eigenen Nachteil oder dem anderer. Deshalb kann es hilfreich sein, Kinder und Heranwachsende mit der Möglichkeit des Gedankenbeobachtens – und einigen einfachen Methoden dazu – vertraut zu machen. Im Folgenden stelle ich zwei Übungen zur Achtsamkeit auf Gedanken vor: eine für alle Altersstufen und eine für junge Menschen vom Jugendalter an aufwärts. Beide Übungen finden Sie auch zum Download in „Peaceful quiet place. Achtsamkeit für jüngere Kinder" und „Peaceful quiet place. Achtsamkeit für Teenager".

Übung „Seifenblasen" (alle Altersstufen)

Für diese Übung bringen Sie bitte für jeden Teilnehmer ein kleines Fläschchen „Pustefix" oder ein ähnliches Seifenblasen-Produkt mit. Zu Anfang lassen Sie die Teilnehmer einfach mal Seifenblasen pusten und beobachten, was passiert. Manche Blasen platzen, manche schweben ein Weilchen, bevor sie platzen, manche kleben zusammen, manche sind groß, manche klein, manche sind schneller, manche langsamer.

Lassen Sie sie drei bis vier Minuten lang pusten und beobachten. Dann bitten Sie sie, die Fläschchen wieder zu verschließen und beiseitezustellen. Wenn alle damit fertig sind, stellen Sie den Kindern folgende Fragen.

Sind die Blasen vielleicht ganz ähnlich wie manches, was in unserem Kopf passiert? ... (Als Fingerzeig können Sie zusätzlich auch die nächste Frage stellen.) Kennt ihr die Blasen, die in den Comics immer über den Köpfen der Figuren zu sehen sind? Die mit den welligen Linien? Das sind die, in denen die Gedanken zu lesen sind – „Gedankenblasen".

Überlegt einmal: Wieso sind Gedanken und Seifenblasen irgendwie ganz ähnlich? (Es folgen mögliche Antworten.) Wir können zuschauen, wie Gedanken und Seifenblasen entstehen, manche sind größer, manche kleiner, manche bewegen sich schnell, manche langsam, manche Gedanken oder Blasen kleben mit anderen zusammen – und irgendwann platzen alle Blasen und alle Gedanken.

Mit ein bisschen Übung können wir unsere „Gedankenblasen" beobachten. Kann jemand mir eine Gedankenblase sagen, die ihr in den letzten zehn Minuten bemerkt habt? (Beispiele) „Gibt es bald Mittagessen?" – „Ich hasse Hausaufgaben!" – „Hoffentlich ist bald Wochenende."

Bei jüngeren Kindern genügt der einfache Hinweis auf die Möglichkeit, dass man seine Gedanken beobachten kann, ohne sie in die Tat umzusetzen.

Übung „Gedanken angucken" (8 bis 18 Jahre)

Bitten Sie die Teilnehmer, sich auf einen Stuhl zu setzen oder hinzulegen, und leiten Sie sie an, ihre Aufmerksamkeit im Atem zu verankern. Laden Sie sie dann ein, als Nächstes ihre Gedanken zu beobachten, als würden sie einer Parade zuschauen. Manche Gedanken sind schrill und bunt angezogen, manche sind scheu und lauern im Hintergrund und manche kommen immer wieder. Wenn sie ein paar Minuten geübt haben, bitten Sie sie, einmal darauf zu achten, ob sie mit der Parade mitmarschieren – mit anderen Worten, ob sie sich in den Gedanken verlieren. Erklären Sie: Wenn das passiert, könnt ihr einfach wieder auf den Gehsteig zurücktreten, indem ihr eure Aufmerksamkeit wieder auf den Atem zurücklenkt, und wenn die Aufmerksamkeit wieder stabil ist, könnt ihr wieder der Parade zuschauen.

Gespräch über das Gedanken-Beobachten (6 bis 18 Jahre)

Die Übungen „Seifenblasen" und „Gedanken angucken" führen die zentrale Praxis ein, sowohl den Prozess als auch den Inhalt des Denkens zu beobachten. Die einfachen Fragen, die in der „Seifenblasen"-Übung gestellt werden, ein wenig zu vertiefen, kann Teilnehmer ab sechs Jahren zu der Einsicht führen, dass Gedanken kommen und gehen. Bei älteren Kindern öffnet die Übung „Gedanken beobachten" die Tür für ein Gespräch darüber, dass manche Gedanken immer wieder kommen, dass Gedanken etwas Allgemeines und Unpersönliches haben, dass Gedanken oft unzutreffend sind und dass aus einem Gedanken manchmal eine ganze Räuberbande von Gedanken und Gefühlen wird.

Hat jemand Lust, einen einzigen Gedanken mit uns zu teilen, den er oder sie beobachtet hat? Hat jemand einen ständig wiederkehrenden Gedanken gehabt? Habt ihr bei eurem Denken irgendwelche Muster festgestellt? Sind Gedanken etwas Dauerhaftes? Hat jemand beobachtet, dass manchmal ein Gedanke zu anderen Gedanken und Gefühlen führt? Könnt ihr mir ein Beispiel sagen?

(Schüler/innen sagen vielleicht etwas wie „Ich darf mein Mathebuch nicht vergessen. Oh, und ich muss noch was lesen. Mann, ich hab so viel Hausaufgaben.")

Wer von euch hatte ähnliche Gedanken wie Rebecca? Ist es nicht interessant, dass wir fast alle die gleichen Gedanken haben? Und ist es nicht schön zu sehen, dass man damit nicht allein ist? Hat jemand von euch Gedanken gehabt, die vielleicht unzutreffend oder unwahr sind, zum Beispiel „Ich hab das Buch aus der Bücherei vergessen", und es stimmt gar nicht? Wie viele von euren Gedanken waren freundlich? Wie viele waren unfreundlich?

Diese letzte Frage kann zu einer Erkundung der „fiesen Stimme" überleiten.

Die „fiese Stimme"

Die „fiese Stimme" ist mein Schlagwort für alle negativen inneren Dialoge. Sie gehört zu einer Gruppe von Gedanken, die endlos sein können. Die fiese Stimme ist abwertend, herrisch und übellaunig. Sie sagt Dinge wie „Ich kann das nicht", „Ich bin dumm", „Mathe ist doof" oder „Ich fall bestimmt durch". Diese Stimme neigt auch dazu, alles schlimmer scheinen zu lassen, als es ist, indem sie übertreibt, dramatisiert und die Realität verzerrt – Dinge sagt wie „Das schaff ich nie", „alle hassen mich", „ich bin hässlich" oder „ich hasse euch alle". Die fiese Stimme wertet auch andere Menschen oder Situationen ab, mit Aussagen wie „Was für ein Trottel" oder „Rechtschreibung ist blöd".

Die Fragen „Wie viele von euren Gedanken waren freundlich?" und „Wie viele waren unfreundlich?" aus dem vorangegangenen Gespräch über das Gedanken-Beobachten liefern eine treffende Überleitung zum Thema der „fiesen Stimme". Wenn Sie zum ersten Mal darüber sprechen oder mit jüngeren Kindern, dann genügt es, wenn Sie ein paar kurze Beispiele wie die oben erwähnten geben oder solche, die Sie Kommentaren von Schülern entnommen haben. Für ältere Jugendliche kann das Thema der „fiesen Stimme" im Laufe des Kurses ausgeweitet werden.

Bei der Arbeit mit jungen Menschen ist es entscheidend, die Diskussionen auf ihre Interessen und Anliegen zu beziehen. In manchen Fällen pflegen unsere jungen Freunde eine sehr deutliche Aussprache, und es ist sehr leicht, ihre Gedanken ganz direkt zu erfassen. Manchmal sind unsere jungen Freunde aber auch sehr subtil und drücken ihre unbewussten Gedanken durch Schweigen, durch Augenverdrehen oder andere körpersprachliche Signale aus. Wenn Sie wachsam sind und auch auf das Ungesagte achten, werden Sie viel Gelegenheit haben, Ihre Präsentation ganz genau auf die Teilnehmer abzustimmen. Die beiden folgenden Skizzen illustrieren diesen Prozess.

„Ganz ins Spiel vertieft"

Es folgt das Beispiel einer Diskussion über das Gedanken-Beobachten, die sich mit einer Gruppe von Fünftklässlern ergab. Eines Morgens machten wir in einer Klasse, in der die Mehrzahl der Jungs in Sachen Achtsamkeit eher skeptisch war, die Übung zum Gedanken-Beobachten. Dabei bemerkten die Jungs, dass viele ihrer Gedanken sich um das Basketball-Match drehten, was nachmittags anstand. Sie hatten das Spiel davor verloren, und nun traten sie gegen ein Team an, das sie für überlegen hielten. Viele hatten Angst, sie würden verlieren, schlecht spielen oder ihre Mannschaftskameraden enttäuschen. Sie wollten gewinnen.

Während der vorangegangenen Sitzungen hatte sich vor allem ein Junge darin hervorgetan, besonders „cool" zu sein, „witzig" (also respektlos) und wenig kooperativ – so wie Fünftklässler eben oft sind. Ich fragte ihn: „Wenn du ans Gewinnen und ans Verlieren denkst und wie das Spiel ausgeht, bist du mit den Gedanken dann wirklich noch beim Spiel? Bist du dann wirklich voll und ganz bei dem, was im Moment passiert?" Seine Augen wurden ganz groß, die Kinnlade fiel ihm runter. Jetzt war er „drin". Jetzt war Achtsamkeit plötzlich wichtig für ihn. Es war auch eine Hilfe, dass ich der Klasse erzählen konnte, dass zwei der erfolgreichsten Teams in der Geschichte des Basketballs, die Los Angeles Lakers und die Chicago Bulls, Achtsamkeitstechniken nutzen, um ihre Aufmerksamkeit tatsächlich auf das *Spiel* zu konzentrieren – auf den Ball, den Korb, die Mitspieler und die Gegner. (Während Sie dies lesen, sind diese Namen für die meisten Youngster wahrscheinlich schon wieder überholt. Sie dürften aktuellere Beispiele benötigen: zum Beispiel Kobe Bryant, Tim Lincecum oder die Seattle Seahawks.)

Umgang mit „Sch..., was soll denn das?"

Wenn man Jugendliche – vor allem Jugendliche – anleitet, ihre Gedanken zu erforschen, ist es oft sinnvoll, „voll krass" vorzugehen, über das hinaus, was sie freiwillig zugeben würden. Dadurch lernen sie, ihre Gedanken, die sie ja für individuell und einzigartig halten, als normal menschlich einzuordnen.

Sie erinnern sich an meine Freunde im Englisch-Förderkurs? Eines Tages, als ich sie durch eine Übung zum Gedanken-Beobachten führte, zogen es zwei Mädchen vor, zu plaudern und ihre Nägel zu feilen. Während ich die Praxis anleitete, schlenderte ich durch die Reihen und stand irgendwann an ihrem Tisch. Ich fuhr mit meinen Anweisungen fort und sagte einfach: „Nehmt eure Gedanken wahr. Vielleicht denkt ihr an die Hausaufgaben oder an das Wochenende. Oder vielleicht denkt ihr: ‚Sch..., warum steht die denn jetzt an meinem Tisch?'" Die beiden hörten auf zu reden.

Nach der Übung fragte mich die Gesprächigere der beiden (die vorher aber wenig mitgemacht hatte) ungläubig: „Können Sie Gedanken lesen?" Ich sagte: „Nein, ich kann keine Gedanken lesen. Aber ich habe auch Gedanken im Kopf, und mein Kopf ist nicht viel anders als eurer. Ich habe viel Zeit damit verbracht, meine Gedanken zu beobachten, und deswegen habe ich eine ziemlich genaue Vorstellung von dem, was in eurem Kopf vorgehen könnte." Indem ich über das hinausging, was die Schülerin bereit war preiszugeben, ließ mein Kommentar ihre Gedanken normaler erscheinen, machte sie neugierig auf das Thema „Achtsamkeit" und weckte ihre Bereitschaft, zu praktizieren.

Übung und Gespräch: „Neun Punkte" (8 bis 18 Jahre)

Die „Neun-Punkte"-Übung ist ein sehr nützliches Werkzeug, um Denkgewohnheiten weiter zu untersuchen; sie hat ein paar sehr faszinierende Facetten. Verteilen Sie die Kopien mit der Denksportaufgabe (siehe dazu die Vorlage am Ende dieses Kapitels) und lesen Sie (oder ein Teilnehmer) die Anleitung laut vor. Während die Kinder die Aufgabe zu lösen versuchen, gehen Sie im Raum herum und stellen gelegentlich Fragen wie: „Was sagt ihr zu euch selbst, wenn ihr etwas Neues und Schwieriges ausprobiert?" – „Sind eure Selbstgespräche freundlich oder unfreundlich, konstruktiv oder eher entmutigend?" – „Kommt euch die Idee, aufzugeben oder zu schummeln, oder wollt ihr dranbleiben?" – „Ist euer Verhalten bei dieser Aufgabe ähnlich wie sonst, wenn ihr Schwierigkeiten bewältigen müsst, oder anders?"

Seien Sie achtsam, wenn Sie auf Fragen antworten wie „Ist es so richtig?" Ich wiederhole für gewöhnlich einfach die Anleitung: „Die Anleitung sagt ‚Vier gerade Linien'." – „Der Punkt in der Mitte fehlt bei dir." Versuchen Sie unbedingt, die Äußerung „Nee, das stimmt nicht" zu vermeiden. Unsere jungen Freunde hören diese Äußerung sowieso schon viel zu oft. Wenn sie ihr Bestes gegeben haben, können Sie die folgenden Punkte ansprechen, bevor Sie die vielfältigen Lösungen dieser Denksportaufgabe verraten.

Laden Sie zu einer Reflexion ein, wie viel von ihrem inneren Selbstgespräch freundlich war: „Wenn wir etwas Neues oder Schwieriges versuchen, wie hört sich dann ein freundliches Selbstgespräch an? Gebt mir mal ein paar Beispiele."

Viele Schüler konzentrieren sich darauf, die richtige Antwort zu finden – die Tatsache, dass sie die Aufgabe korrekt gelöst haben und es einfach war oder dass sie die richtige Antwort nicht gefunden haben. Lassen Sie sie wissen, dass es nicht darum geht, die richtige Antwort zu finden. Das macht sie meistens hellhörig, denn normalerweise dreht sich ihr Schulalltag genau darum. Erinnern Sie sie auch an Folgendes: Etwas, das für sie leicht ist, ist vielleicht schwer für einen anderen, und was dem anderen leichtfällt, ist vielleicht schwer für sie.

Machen Sie ein Brainstorming über verschiedene Möglichkeiten, die in Frage kommen, wenn man vor typischen alltäglichen Schwierigkeiten steht, zum Beispiel Probleme mit den Hausaufgaben oder Meinungsverschiedenheiten mit einem Freund. Helfen Sie Ihnen zu erkennen, dass es eine Vielzahl von Möglichkeiten gibt und dass es für die meisten einen richtigen Ort und einen richtigen Zeitpunkt gibt. Weisheit besteht darin, sich daran zu erinnern, dass man immer die Wahl hat, und dann die beste Option zu wählen, die einem zum gegebenen Zeitpunkt einfällt: Aufgeben? Pause machen und dann nochmal versuchen? Mit einem Partner arbeiten? Die Lösung im Internet suchen? Einfach weiter versuchen?

Sprechen Sie darüber, dass es zur Lösung nötig ist, das „Schubladendenken" hinter sich zu lassen. Weiten Sie dieses Thema aus, indem Sie darüber sprechen, dass unser Denken, unsere „fiese Stimme" oft Menschen in Schubladen steckt – uns selbst und andere; Sätze sagt wie „Ich bin einfach schlecht in Sport", „Sie ist gemein", „Dieser Unterricht ist sooo langweilig". Vielleicht können Sie hier innehalten und über einen Schüler, Klienten oder ein Kind nachdenken, das Sie selbst in eine Schublade gesteckt haben: „Sie ist hyperaktiv" oder „Er ist faul". Und ich möchte Sie dazu auffordern, in der kommenden Woche nach Momenten Ausschau zu halten (so kurz sie auch immer sein mögen), in denen diese Person sich außerhalb Ihrer Schublade bewegt.

Überblick über die Praxis für zu Hause

Schließen Sie, wie üblich, mit einer Besprechung der Praxis für zu Hause. Abgestimmt auf den Wochenschwerpunkt, ist die geführte Audio-Übung diesmal das Gedanken-Angucken. Ermutigen Sie die Teilnehmer, die Übung wirklich zu machen und die ganze Woche über die „fiese Stimme" wahrzunehmen.

Zur Praxis für zu Hause gehört auch die Alltagsübung des achtsamen Essens. Fordern Sie die Teilnehmer auf, ihr Essen und die Menge, die sie essen wollen, achtsam auszusuchen und zu bestimmen. Vielleicht möchten sie ausprobieren, einmal achtsam zu essen, was sie für ihr Lieblingsessen halten, sowie etwas, von dem sie meinen, dass sie es nicht so mögen.

Abschluss: Übung zum achtsamen Hören

Schließen Sie die Sitzung, indem Sie einem oder zwei aufmerksamen Schülern erlauben, zur abschließenden Hör-Übung den Klangstab anzuschlagen.

PRAXIS FÜR ZU HAUSE – DRITTE SITZUNG

Achtsamkeit ist wissbegierig.
Sie möchte, dass wir unsere inneren und äußeren Welten erforschen.

Hört euch mindestens einmal pro Tag die Übung („Seifenblasen")
oder „Gedanken beobachten" an.
Übt im täglichen Leben Achtsamkeit:
- Nehmt wahr, wann sich die „fiese Stimme" zeigt.
  Was sagt sie normalerweise?
- Esst irgendein Gericht achtsam.

Fülle freundlich und neugierig, ohne schlechtes Gewissen, das Praxistagebuch für die Woche aus.
Wenn du einen achtsamen Moment hast, Fragen oder Schwierigkeiten, die du mitteilen möchtest, oder wenn du das nächste Mal nicht zum Kurs kommen kannst, schreib mir bitte eine Mail oder ruf mich an.

DENKSPORTAUFGABE „NEUN PUNKTE"
Hier siehst du neun Punkte. Verbinde sie miteinander mit vier geraden Linien, ohne abzusetzen und ohne eine Linie zweimal zu ziehen. Die Linien dürfen sich kreuzen.

•   •   •

•   •   •

•   •   •

Hier folgt die häufigste Lösung für diese Aufgabe. Man beginnt beim Punkt links oben, zieht eine Linie senkrecht nach unten über den untersten Punkt hinaus, fährt diagonal nach rechts durch den mittleren Punkt der unteren Reihe und den rechten Punkt der mittleren Reihe, fährt in dieser Richtung weiter bis auf die Höhe der oberen Reihe, dann nach links, wobei man die Punkte der oberen Reihe verbindet, und schließlich vom Punkt links oben diagonal nach rechts unten. Bei der weiteren Erkundung der Lösungsmöglichkeiten lässt sich festhalten, dass es vier Varianten dieser Lösung gibt (eine für jede der vier Ecken) und damit mehr als eine „richtige" Antwort.

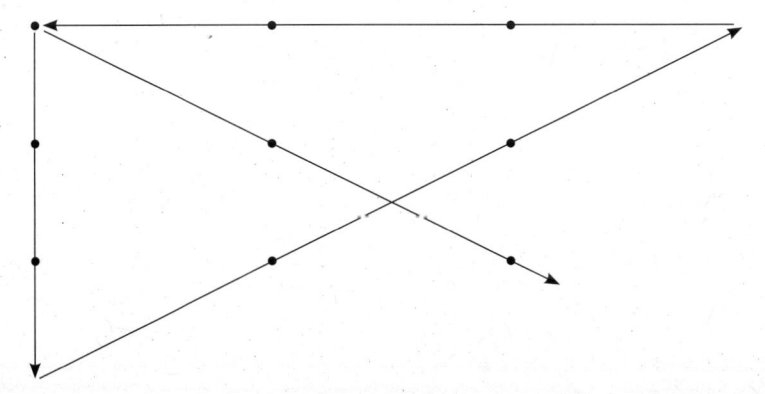

KAPITEL 7

Vierte Sitzung:
Gefühle und unangenehme Erlebnisse

Ziele

Diese Sitzung hat drei primäre Ziele. Das erste ist, die Erfahrungen der Teilnehmer mit „Seifenblasen" und dem Gedanken-Beobachten zu sichten. Diese Sichtung führt auf natürliche Weise zum zweiten Ziel: der Erforschung von Gedanken und Gefühlen, die mit unangenehmen Ereignissen zusammenhängen, und einem Gespräch darüber, wie viel von unserer Gereiztheit mit Widerwillen zu tun hat – damit, dass wir die Dinge anders haben wollen, als sie sind. Die Gleichung Leiden = Schmerz x Widerwillen liefert einen ansprechenden Einstieg, um diese Idee vorzustellen und zu erproben. Das dritte Element dieser Sitzung ist die Übung „Gefühle", mit der emotionale Intelligenz entwickelt wird – oder, wie ich zu unseren jungen Freunden zu sagen pflege: die Fähigkeit, „Gefühle zu haben, ohne dass die Gefühle uns haben". Die Sitzung schließt mit einem kurzen Gespräch darüber, dass nun die Hälfte des Kurses vorüber ist.

Überblick: Übungen, Aktivitäten, Diskussionen
- Übung zum achtsamen Hören
- Übung zum achtsamen Essen
- Besprechung der Praxis für zu Hause
- Übung und Gespräch über unangenehme Erlebnisse
- Diskussion: Leiden = Schmerz x Widerwillen
- Rekapitulation und Diskussion über die „fiese Stimme"
- Achtsame Tanzparty
- Übung und Gespräch „Finger-Yoga"
- Übung: Achtsamkeit für Gefühle
- Zeichnungen und Haikus über Gefühle: Übung und Gespräch
- Gespräch: Halbzeit des Kurses
- Überblick über die Praxis für zu Hause
- Abschluss: Übung zum achtsamen Hören

Übungen zum achtsamen Hören und achtsamen Essen (alle Altersstufen)

Beginnen Sie wieder mit achtsamem Hören und Essen. Obwohl es oft davon abhängt, was sich gerade anbietet, bringe ich manchmal doch ganz bewusst etwas anderes zum Knabbern mit – oder wieder das Gleiche! Zum Beispiel brachte ich nach den mehligen Orangen aus Kapitel 4 in der folgenden Woche absichtlich wieder Orangen mit, um den Begriff der Unbeständigkeit zu veranschaulichen, die Tatsache, dass die Dinge sich verändern. Glücklicherweise waren die Orangen dieses Mal lecker!

Während die Schüler mit diesen Übungen vertrauter werden, ist es wichtig, sie immer wieder zu ermutigen: Achtet auf *dieses* Geräusch, *diesen* Apfel, *diesen* Bissen, *diese* Erfahrung. Oft genügt hierzu eine beiläufige Bemerkung. Aber man kann diese Idee auch manchmal explizit ansprechen:

Manchmal, wenn wir menschlichen Wesen denken, wir würden etwas kennen – das achtsame Essen, achtsame Hören, unseren Schulweg, was unsere besten Freunde oder die Eltern als Nächstes sagen werden –, dann klinken wir uns aus. Und verpassen, was wirklich läuft – diesen Apfel hier, dieses Geräusch jetzt, das Erlebnis des Gehens, was unsere Freunde oder Eltern in Wirklichkeit sagen, unser Leben …

Besprechung der Praxis für zu Hause (alle Altersstufen)

Erforschen Sie, nach der Übung zum achtsamen Essen, die Erfahrungen der Teilnehmer mit den häuslichen Übungen: Seifenblasen, Gedanken beobachten, die „fiese Stimme" wahrnehmen. Das Niveau der Diskussion hängt vom Alter der beteiligten Personen ab. Bei kleineren Kindern genügen vielleicht schon die ersten der unten aufgeführten Stichwörter. Obwohl alle Stichwörter eine eingehende Untersuchung lohnen, denken Sie bei älteren Kindern daran, dass Sie diese Themen auch später noch aufgreifen können und nicht alle Stichwörter in einem Rutsch abarbeiten müssen. Wie immer werden Sie die Stichwörter und eventuelle Erklärungen dazu ein wenig anpassen müssen, um das sich entwickelnde Verständnis bei der betreffenden Person oder Gruppe bestmöglich zu fördern.

- *Was für Gedanken habt ihr bemerkt?*

- *Konntet ihr wahrnehmen, wie die Gedanken kommen und gehen?*

- *Waren eure Gedanken freundlich?*

- *Wisst ihr, dass viele Kinder oder Jugendliche ähnliche Gedanken, Wünsche, Ängste haben?*

- *Hatten eure Gedanken ein bestimmtes Muster?*

- *Waren eure Gedanken zutreffend?*
- *Habt ihr eure Gedanken geglaubt?*
- *Habt ihr eure Gedanken persönlich genommen?*
- *Konntet ihr wahrnehmen, ob (und wann) eure Gedanken, Gefühle und Körperempfindungen miteinander zusammenhingen?*

Obwohl die Sitzungen in der Gruppe die Gelegenheit geboten haben, über das achtsame Essen zu sprechen, kann es trotzdem lehrreich und unterhaltsam sein, ob (und wie) die Teilnehmer zu Hause das achtsame Essen geübt haben. Sie können das Gedanken-Beobachten und das Essen auch verbinden, indem Sie fragen: „Wart ihr euch eurer Gedanken bewusst, als ihr achtsam gegessen habt?"

Übung und Gespräch über unangenehme Erlebnisse (6 bis 18 Jahre)

Als Übergang zu dieser Übung können Sie möglicherweise den Kommentar eines Teilnehmers nutzen, der beim zwanglosen Smalltalk zu Beginn, während des achtsamen Essens oder beim Gespräch über die Praxis für zu Hause gefallen ist. So wie in der zweiten Sitzung die Übung zu angenehmen Erlebnissen, ist auch diese Übung für Kinder zwischen 8 und 18 Jahren am besten geeignet, und vielleicht möchten Sie sie bei kleineren Kindern lieber weglassen. Wenn Sie die Übung aber auch mit Kindern zwischen vier und sieben Jahren machen möchten, sollte sie kurz, einfach und unterhaltsam sein. Laden Sie die Kinder ein, ein Bild von einem unangenehmen Erlebnis aus den letzten Tagen zu malen. Besprechen Sie dann mit ihnen in einer kurzen Reflexion, an was sie sich erinnern: was während des Ereignisses im Kopf vor sich gegangen ist (Gedanken), im Herzen (Gefühle) und im Körper (physische Empfindungen). Noch besser: Singen Sie ein Lied mit ihnen; eine wunderbare Möglichkeit ist das englischsprachige „I am breathing" von der CD „Calm Down Boogie", die meine liebe Freundin und Kollegin Betsy Rose gemacht hat.[6]

Ältere Teilnehmer können Sie anleiten, sich an ein unangenehmes Ereignis zu erinnern, und dann den Cartoon vervollständigen, den Sie im Anhang finden. Verteilen Sie Kopien des Cartoons und leiten Sie die Teilnehmer folgendermaßen an:

Atmet ein paar Mal tief durch, und lasst euch zur Ruhe kommen, in der Ruhe und Stille ankommen. Wenn ihr soweit seid, dann erinnert euch an ein unangenehmes Ereignis aus der letzten Woche. Vielleicht ist euch sofort was eingefallen, als ich das gerade gesagt habe, vielleicht auch nicht. Ein paar ganz gewöhnliche unangenehme Erlebnisse für Kinder in eurem Alter sind zum Beispiel, dass man Probleme mit den Hausaufgaben hat, Auseinandersetzungen mit Freunden oder Familienmitgliedern, dass man seine Tasche mit allen Sachen verliert, einen Test vermasselt oder beim Fußball eine hundertprozentige Torchance vergibt. Manche haben sehr intensive, andere weniger intensive unangenehme Erlebnisse. Nehmt für diese Übung das Ereignis, an das ihr euch erinnert, oder, wenn ihr wollt, ein weniger intensives.

Nachdem ihr ein Ereignis ausgewählt habt, nehmt euch einen Moment Zeit, euch an eure Gedanken während des Ereignisses zu erinnern... Schaut, an wie viele konkrete Gedanken ihr euch erinnern könnt... Wenn ihr soweit seid, erinnert euch an die Gefühle, die ihr während des Ereignisses hattet... Vielleicht ist es ein Gefühl; vielleicht sind es mehrere... Schaut jetzt, ob ihr euch erinnern könnt, was während des Ereignisses im Körper vor sich ging... Wie war eure Körperhaltung? ... Wie war euer Gesichtsausdruck? ... Wie habt ihr euch innen im Körper gefühlt? ...

---

6   Für den deutschsprachigen Raum bietet das Buch „Es geht mir gut!" von Lore Kleikamp mit Liedern von Detlef Jöcker viele brauchbare Anregungen für die Arbeit mit Kindern (Anm. d. Übers.)

Macht dann nach eurem eigenen Zeitgefühl die Augen wieder auf und füllt den Cartoon mit euren Gedanken, Gefühlen und Körperempfindungen. Wenn ihr wollt, könnt ihr eure Gedanken, Gefühle und Körperempfindungen auch malen.

Gehen Sie, während die Teilnehmer den Cartoon vervollständigen, im Raum herum, und unterstützen Sie sie mit einem Kommentar oder einer Berührung auf der Schulter, wenn es angebracht scheint.

Wenn die Teilnehmer mit den Cartoons fertig sind, bitten Sie sie, ihre unangenehmen Ereignisse und die dazugehörigen Gedanken, Gefühle und Körperempfindungen mit der Gruppe zu teilen. Wie alle Gespräche, die in diesem Buch vorgestellt werden, kann die folgende Unterhaltung paarweise, in kleinen Gruppen oder mit der gesamten Gruppe beginnen. Wenn Sie mit einer Einzelperson arbeiten, kann der Austausch einfach aus einem Zwiegespräch bestehen. Hier nun ein Beispiel für ein solches Gespräch, ein Dialog mit einer Viertklässlerin in einem Kurs der Nachmittagsbetreuung:

AMY: Ja, Angela. Was war dein unangenehmes Erlebnis?
ANGELA: Ich wollte mit meiner Freundin spielen gehen, und Mama hat mich gezwungen, zuerst mein Zimmer aufzuräumen.
AMY: Ja, das kann unangenehm sein, wenn man in dem Moment, wo man etwas möchte, es nicht machen darf. Was waren deine Gedanken?
ANGELA: Ich hasse Mama. Mama ist gemein. Nie darf ich machen, was ich will. Sie ist so unfair.
AMY: Hervorragende Achtsamkeit, du hast viele Gedanken bemerkt. Und was ist mit Gefühlen?
ANGELA: Ich war wütend und traurig.
AMY: Noch etwas?
ANGELA: Ja. Eigentlich war ich sogar wütend auf mich selbst, weil meine Mama mir vorher schon gesagt hatte, ich soll mein Zimmer aufräumen, und ich hatte es vergessen.

AMY: Auch das ist sehr achtsam. Manchmal ist es viel einfacher, auf jemand anderes wütend zu sein, als Verantwortung für die eigenen Entscheidungen zu übernehmen. Und was ist körperlich passiert, als all diese Gedanken und Gefühle in der Luft rumgeschwirrt sind?

ANGELA: Äh… meine Arme und Hände waren irgendwie verkrampft, und ich hab' das Gesicht verzogen und böse geguckt.

AMY: Danke, Angela, dass du das so mutig mit uns teilst. Möchte noch jemand ein unangenehmes Erlebnis mit uns teilen?

Nachdem die Teilnehmer sich mitgeteilt haben, können Sie anmerken, dass da einerseits das Ereignis ist, die nackte Erfahrung (man muss das Zimmer aufräumen, die lange Autofahrt, die schwierige Mathe-Aufgabe, der Streit und so weiter) – und andererseits sind da die Gedanken und Gefühle, die wir zu dem Erlebnis hinzufügen: „Ich hasse diese Fahrt", „Ich kriege diese Aufgabe nicht hin, ich bin blöd", „Nie hört sie mir zu" oder sogar „Diese bescheuerte Lehrerin hat doch keine Ahnung" (lächeln). Die folgende Diskussion bietet eine spielerische Möglichkeit, die Unterscheidung zwischen nackter Erfahrung und unseren Hinzufügungen weiter zu erforschen.

Diskussion: Leiden = Schmerz × Widerwillen (8 bis 18 Jahre)

Wie vorhin schon angeklungen ist, hat sehr viel von unserem Ärger über unangenehme Erfahrungen mit den Gedanken und Gefühlen zu tun, die wir dem Ereignis hinzufügen. Viel von diesen Gedanken und Gefühlen hat mit der Vergangenheit oder noch öfter mit der Zukunft zu tun. „Meine Mama lässt mich heute nicht mit meiner Freundin spielen" wird zu „Meine Mama lässt mich NIE mit meinen Freunden spielen". „Ich bin gerade voll gelangweilt" weitet sich aus zu „Das ganze Leben ist langweilig". Und „Ich kapiere diese Aufgabe nicht" wird zu „Ich bin dumm und kapiere überhaupt NIE was". Ein großer Teil des Denkens und Fühlens, das uns aus der Fassung bringt, ist Widerwillen gegen die Realität – in der einfachsten Form: Wir wollen, dass es anders ist, als es ist.

Meine Freundin und Kollegin Gina Biegel (2009), die wissenschaftlich dokumentiert hat, welche positiven Wirkungen das Achtsamkeitstraining für Jugendliche hat, gibt uns dafür die folgende mathematische Gleichung von Shinzen Young.

Leiden ist Schmerz mal Widerwillen.

Eine kindgerechte Formulierung ist:

ÄRGER = UNANGENEHM mal ICH WILL DAS NICHT

Für diese Diskussion kann man Leiden als Ärger oder Stress, Schmerz als „unangenehm" oder „blöd" und Widerwillen als „ich will das nicht" übersetzen. Fast alle Kinder, die multiplizieren können (ab acht Jahren aufwärts), können mit dieser Gleichung etwas anfangen. Wenn Kinder mit dem Multiplizieren noch nicht klarkommen und es BLÖD finden (lächeln), können Sie das direkt als Beispiel nehmen (oder aber aufs Addieren ausweichen).

Die Gleichung zeigt den Schülern auf sehr konkrete Weise, wie Widerwillen (ich will das nicht) sehr häufig unser Leiden (unseren Ärger) steigert. Laden Sie die Teilnehmer ein, auf einer Skala von 1 bis 10 (wobei 10 der maximale Schmerzwert ist) einzuschätzen, wie groß das Schmerzhafte oder Unangenehme eines konkreten Ereignisses war. Lassen Sie sie dann (ebenfalls mit Hilfe einer Zehnerskala) auch einschätzen, wie groß ihr Widerwillen gegen das Ereignis war – wie stark sie die Dinge anders haben wollten. Lassen Sie sie dann ihren Stress- oder Ärger-Level berechnen. Ich mache das oft an einer Wandtafel und berechne zwei oder drei Beispiele aus den Reihen der Teilnehmer. Ich wechsele mit der Wortwahl oft ab oder kombiniere die Wörter neu, zum Beispiel: „Wie schmerzhaft oder blöd war das Ereignis, was du grade beschrieben hast, auf einer Skala von eins bis zehn?"

Erklären Sie, dass oft (aber nicht immer) der Schmerz- oder Unannehmlichkeits-Level eines Ereignisses feststeht und nicht verändert werden kann und der Teil der Gleichung, den wir beeinflussen können, darin besteht, wie sehr wir uns gegen das Ereignis sträuben. Dass man es nicht ins Fußballteam schafft, könnte zum Beispiel auf der Schmerz- oder Unannehmlichkeits-Skala eine 6 sein. Sich mit Gedanken wie „Der Auswahlprozess war unfair" dagegen zu sträuben könnte auf der Widerwillens-Skala ebenfalls eine 6 sein. In diesem Szenario wäre das Gesamtleiden also 36.

Fragen Sie, ob jemand als Beispiel eine Denkweise nennen kann, die das Leiden verringert. „Ich werde mehr trainieren und es nächstes Jahr wieder versuchen" könnte zum Beispiel mit einem Widerwillenswert von 2 angesetzt werden, wodurch sich das Leiden auf 12 verringert.

Weil es so weit verbreitet ist, hier nun ein Beispiel mit „blöden Hausaufgaben".

ICH: Ja, Tommy, was war dein unangenehmes Erlebnis?
TOMMY: Meine Mathe-Hausaufgaben.
GRUPPE: (stöhnt) Ja, bei mir auch.
ICH: Und auf einer Skala von 1 bis 10, wie unangenehm war es da?
TOMMY: 11.
GRUPPE: Mindestens 11!
ICH: Okay, also nehmen wir 11. Ihr müsst es ja wissen. Ich lass euch trotzdem mal überlegen, ob es wirklich 11 ist. Für mich wäre 11, wenn mein Kind einen schweren Unfall hat oder wenn mein Haus abbrennt oder jemand stirbt, der mir nahesteht.
TOMMY: Okay, vielleicht nicht 11. Vielleicht 7.
ICH: Okay, 7. Jetzt: Was hast du über die Hausaufgabe und über dich gedacht, als du sie gemacht hast?
TOMMY: Ich hasse diese blöden Hausaufgaben.
GRUPPE: Genau!
TOMMY: Ich kann die nicht. Ich bin dumm. Ich geb's auf.
ICH: Und was waren deine Gefühle?

TOMMY: Wütend, dumm, hoffnungslos.
ICH: Danke, dass du so achtsam und ehrlich bist mit deinen Gefühlen! Und was ist im Körper passiert?
TOMMY: Ich hatte Kopfweh und fühlte mich gestresst.
ICH: Und wie fühlt sich Stress körperlich an?
TOMMY: Voll verkrampft.
ICH: Wenn man jetzt auf einer Skala von 1 bis 10 alles zusammennimmt – deine Gedanken, deine Gefühle, dein Kopfweh –, wie viel Widerwillen ist das? Was schätzt du?
TOMMY: 8.
ICH: Wie hoch ist dann das gesamte Leiden?
TOMMY: 7 mal 8, das macht… 56?
ICH: Nehmen wir mal an, du kannst die Hausaufgaben nicht ändern, sie machen sich nicht von allein, du kannst sie nicht wie von Zauberhand verschwinden lassen. Wie könntest du dann dein Leiden verringern?
TOMMY: Indem ich meinen Widerwillen verringere?
ICH: Und wie könnte das gehen?
TOMMY: Indem ich nicht mehr „blöde Hausaufgaben" sage und meine Notizen anschaue?
ICH: Das wäre doch schon mal ein toller Anfang! Wenn du das sagst, was spürst du dann im Körper?
TOMMY: Nicht so verkrampft, entspannter.
ICH: Super! Wie wäre es, wenn jetzt alle, die Hausaufgaben als unangenehmes Ereignis hatten, kommende Woche mal ausprobieren, wie es ist, wenn man versucht, den eigenen Widerwillen zu verringern, und uns dann wieder berichten?

Ich habe festgestellt, dass für viele Kinder diese Gleichung ein Zugang ist zu dem Zusammenhang zwischen Schmerz (Lebensumstände und Ereignisse) und dem Leiden daran (was wir zu diesen Erlebnissen hinzufügen). Wieder ist es enorm wichtig zu erkennen, dass viele Teilnehmer in zutiefst schmerzhaften Lebenssituationen stecken: Krankheit, finanzielle

Probleme, Haftstrafen oder Todesfälle in der Familie. In diesen Fällen können Sie die Schmerz-Skala ausweiten und sagen: „Das ist absolut hart. Wenn mein Bruder ins Gefängnis müsste, wäre das 20. Lasst uns einen Moment schweigen und nachfühlen, wie schmerzhaft das ist…"

Eine wichtige Anmerkung: Das soll nicht heißen (und sollte auch nicht so rüberkommen), es sei schlecht oder falsch, wenn man etwas anders haben will, als es ist. Helfen Sie einfach den Teilnehmern zu erkennen, dass es oft unser Leiden und unseren Ärger noch verstärkt, wenn wir die Situation anders haben wollen, als sie ist. Wichtig ist auch die klare Ansage: Anzuerkennen, wie eine Situation ist, heißt nicht zwangsläufig, dass man resigniert oder nichts tut, um sie zu verändern. Im Gegenteil ist es meist so: Erst, wenn wir akzeptiert haben, wie die Lage wirklich ist, wird es möglich, eine „gute" (kluge) Entscheidung über den nächsten Schritt zu treffen – das Zimmer aufräumen, damit ich spielen gehen kann; mit dem Trainer reden, um eine Rückmeldung zu kriegen; nochmal meine Mathe-Notizen anschauen.

Rekapitulation und Diskussion über „Die fiese Stimme im Kopf" (8 bis 18 Jahre)

Die Diskussion über Gedanken, die mit unangenehmen Erlebnissen verknüpft sind, kann problemlos in eine kurze Besprechung des Themas „fiese Stimme" übergehen. Oft sind die Gedanken, die mit unangenehmen Erlebnissen verknüpft sind, unzutreffend und werden in die Zukunft projiziert: „Das wird jetzt immer so bleiben"; „Ich bin ein Versager"; „Nie spielt jemand mit mir in der Pause". Wir leiden, weil wir diese Gedanken glauben und sie persönlich nehmen. Eine Sechstklässlerin namens Rachel nannte die fiese Stimme „die Lästereien in meinem Kopf".

Interessant: Sobald Jugendliche einmal entdeckt haben, dass sie nicht jeden Gedanken glauben müssen, beginnen sie auszuprobieren, die abwertenden und unfreundlichen (manchmal unglaublich brutalen) Gedanken ihrer Mitschüler, Trainer, Lehrer und Eltern distanzierter zu betrachten – und auch die pausenlose Sturzflut aus den Medien, die ihnen sagen, wer sie zu sein haben, wie sie auszusehen und sich zu verhalten haben, was sie anzuziehen und zu kaufen haben. Mit den folgenden Fragen können Sie dieses Thema tiefgehender ergründen:

- *Wer, denkst du, solltest du sein?*
- *Was denken deine Eltern, wer du sein solltest?*
- *Was denken deine Freunde, wer du sein solltest?*
- *Was denken deine Lehrer, wer du sein solltest?*
- *Was sagt unsere Kultur, was sagen unsere Medien, wer du sein solltest?*
- *Verglichen damit, wer du bist – was bedeuten diese ganzen „du solltest so und so sein"?*
- *Fällt es dir manchmal ein, dass diese ganzen „du solltest" nur Gedanken sind und dass du sie nicht glauben oder persönlich nehmen musst?*

Zusammengenommen unterstützen diese Themen („fiese Stimme" und „unangenehme Erlebnisse") die Teilnehmer, ihre Denk- und Gefühlsmuster beobachten zu lernen und allmählich zu verstehen, wie diese Muster ihr Erleben beeinflussen.

Achtsame Tanzparty (alle Altersstufen)

Wenn die Gruppe unruhig wird, können Sie eine zwei- bis fünfminütige achtsame Tanzparty einschieben. Dazu ist es nützlich, wenn Sie ein bisschen rhythmische Musik auf Ihrem Handy gespeichert haben.

Ich habe das Gefühl, dass einige von euch ein bisschen hibbelig und unruhig werden. Wer fühlt sich hibbelig, unruhig? Danke, dass ihr achtsam seid und ehrlich antwortet. Stehen wir auf. Bitte sucht euch einen Platz, wo ihr euch frei bewegen könnt, ohne anzustoßen oder andere anzurempeln. Wenn ihr möchtet, könnt ihr die Augen zumachen. Wenn nicht, haltet bitte den Blick gesenkt. Ihr werdet gleich ein paar Töne hören. Lasst Euren Körper sich dazu bewegen. (Starten Sie die Musik.) Schaut, ob ihr eure Gedanken und Gefühle wahrnehmen könnt, während ihr zuhört und euch bewegt. Nehmt wahr, während ihr euch bewegt, ob ihr die Musik mögt oder hasst. Nehmt wahr, ob ihr euch peinlich findet oder cool oder dazwischen. Spürt nach, ob ihr es genießt, euch zu bewegen, oder ob es euch zuwider ist. Hören, bewegen, atmen, wahrnehmen. Während die Musik leiser wird, lasst ihr euch auch ruhiger werden… Ruht in der Stille… Nehmt wahr, wie Körper, Geist und Herz sich jetzt fühlen… Wenn ihr soweit seid, setzt ihr euch wieder hin (gehen Sie an Ihren Platz zurück).

Übung und Gespräch „Finger-Yoga" (alle Altersstufen)

Sobald die Gruppe wieder sitzt, können Sie nahtlos zum Finger-Yoga übergehen. Fordern Sie die Schüler auf, die linke Hand auf den linken Oberschenkel legen. Nun bitten Sie sie, mit der rechten Hand den vierten Finger der linken sanft anzuheben und die Grenze genau zu spüren – den Punkt, wo sie aufhören müssen, weil sie sich sonst wehtun oder verletzen.

Wenn genug Zeit ist, können Sie auch noch ein paar einfach Dehnungs- oder Yogaübungen machen. Sie können sich zum Beispiel hinstellen, beide Arme über den Kopf strecken und sich dann aus der Hüfte heraus nach links lehnen – dabei die Dehnung spüren … Dann dasselbe nach rechts … Ein weiteres Beispiel: Die Hände hinter dem Rücken verschränken und dann, so weit wie es geht, die Arme sanft anheben, während der Brustkorb aufrecht bleibt – dabei die Empfindungen in Brustkorb, Schultern und Armen spüren.

Sie können das Thema des An-die-Grenzen-Gehens auch ein wenig ausweiten und die Möglichkeit vorstellen, dass das nicht nur eine körperliche, sondern auch eine mentale und emotionale Bedeutung hat:

> *Ihr könnt auch ausprobieren, wie es ist, an die Grenze der eigenen Komfortzone zu gehen, sich ein bisschen weiter zu strecken als normal – nicht nur körperlich, sondern auch geistig und mit dem Herzen. Wenn ihr zum Beispiel eine wirklich anstrengende Hausaufgabe oder eine emotionale Krise habt, könnt ihr diese Art Stretching ebenfalls ausprobieren: sich zu dehnen und gleichzeitig zu entspannen, in diese Frustration oder Traurigkeit hinein. Vielleicht könnt ihr ja für drei Atemzüge bei eurer Frustration, bei eurer Traurigkeit sein? Wie mit dem körperlichen Stretching ist es auch hier wichtig zu merken, wann man aufhören muss, loslassen muss, um Hilfe bitten muss. Wir können darüber später noch reden. Für jetzt ist es vielleicht sinnvoll, schon einmal zu wissen: Mit Freundlichkeit und Neugier und Vorsicht können wir uns auch Dingen widmen, die ein bisschen unangenehm sind. Und so, wie der Körper stärker, flexibler, ausgeglichener wird, werden Geist und Herz es dadurch auch.*

In der nächsten Sitzung wird dieses Thema weiter behandelt und vertieft. Eine Art, sich in unbequeme Gefühle hineinzulehnen, ist die Übung „Achtsamkeit auf Gefühle".

Übung: Achtsamkeit auf Gefühle (alle Altersstufen)

Diese Übung soll emotionale Intelligenz kultivieren, und dazu gehört eine umfassendere Wahrnehmung des gegenwärtigen Gefühlszustandes oder einer gegenwärtigen Emotion. Bitten Sie die Teilnehmer, sich bequem hinzusetzen oder zu legen, im Bauch ihren Atem zu fühlen, in der Ruhe und Stille auszuruhen und dann einfach das Gefühl oder die Gefühle wahrzunehmen, die da sind. Laden Sie sie zu der Erkenntnis ein, dass manche Gefühle gewöhnliche Namen haben – so wie wütend, zufrieden, traurig oder aufgeregt – und andere wiederum ausgefallenere: aufwühlend, überschwänglich, hitzig, leer. (Spielerisch nannte ein Junge ein bestimmtes Gefühl „herb"). Es ist sinnvoll, anzumerken, dass es Schichten von Gefühlen gibt und dass Gefühle klein, subtil und irgendwie schüchtern, aber auch groß und mächtig (heftig) sein können.

Schlagen Sie nach diesem Wahrnehmen von Gefühlen vor, dass sie nun herausfinden sollen, wo die Gefühle in ihrem Körper „wohnen": Sitzen sie in der Brust? Rumoren sie im Bauch? Ruhen sie im großen Zeh? Laden Sie sie dann ein zu spüren, *wie* sich das Gefühl im Körper tatsächlich *anfühlt*. Ist es klein oder groß, schwer oder leicht, weich oder hart, warm oder kühl, zappelig oder ruhig? Achten Sie dabei darauf, diese Beschreibungen so anzubieten, dass sich keine Bevorzugung des einen gegenüber dem anderen daraus ableiten lässt.

Kommunizieren Sie auch Folgendes: Wenn irgendeine Anweisung die Teilnehmer vom Erleben des Gefühls weg und ins Nachdenken darüber führen sollte, können sie einfach atmen und zu ihren Gefühlen zurückgehen. (Diese Anweisung ist aber eigentlich eher wichtig für Erwachsene, denn wir neigen tatsächlich mehr dazu, ins Nachdenken zu hüpfen, statt Gefühle tatsächlich zu erleben.)

Zum geeigneten Zeitpunkt können Sie den Schülern neue Stichworte geben, zum Beispiel: Wahrzunehmen oder sich vorzustellen, dass das Gefühl eine oder mehrere Farben hat – vielleicht dunkelrot, blassblau oder leuchtend grün? –, und es zu belauschen, um herauszufinden, ob das Gefühl einen Klang hat, zum Beispiel kichert, stöhnt oder jammert… Schlagen Sie ihnen dann vor, das Gefühl zu fragen, was es von ihnen will, wobei Sie anmerken können, dass Gefühle für gewöhnlich etwas Einfaches wollen: Aufmerksamkeit, Zeit, Raum. Fragen Sie sie zum Schluss, ob sie bereit und fähig sind, dem Gefühl zu geben, was es möchte. Schließen Sie mit einem kurzen Ausruhen in der Stille und Ruhe ab.

Zeichnungen und Haikus über Gefühle: Übung und Gespräch

Laden Sie die Teilnehmer nach der Übung ein, ihr Gefühl zu malen oder ein Haiku darüber zu schreiben. Echte Haikus sind Gedichte mit siebzehn Silben, die folgendermaßen in drei Zeilen gruppiert sind: Erste Zeile fünf Silben, zweite Zeile sieben Silben, dritte Zeile fünf Silben. Wenn ich nicht mit einer Englischklasse arbeite, benutze ich allerdings meistens die folgende einfachere Anweisung: „Schreib auf, was du in einem Atemzug sagen kannst." Hier ist ein entzückendes Beispiel für ein Ein-Atemzug-Gefühls-Haiku, von einem Viertklässler namens Stephen: „Begeistert, golden, kitzelig."

Nachdem die Teilnehmer mit ihren Bildern oder Haikus fertig sind, laden Sie sie ein, die Wahrnehmungen zu ihren Gefühlen miteinander zu teilen. Stellen Sie sicher, dass Ihre Worte, Ihr Tonfall und Ihre Körpersprache ausdrücken, dass Sie das Erleben der Teilnehmer genau so akzeptieren, wie es ist. Wenn sie kein Gefühl haben – oder aber mehrere –, dann ist das völlig in Ordnung. Und es ist auch in Ordnung, wenn die Gefühle keine Farbe oder keinen Klang haben. Wenn sie wütend oder todunglücklich sind, dann gehört das auch zum Leben. Im Allgemeinen erlaubt dieser Prozess es den Kindern und Jugendlichen, ihre Gefühle wirklich zu *fühlen*. Im Gegensatz zu vielen Erwachsenen haben unsere jungen Freunde mit den Anweisungen selten zu kämpfen und müssen die Übung nicht durchdenken. Kinder und auch Jugendliche werden zum Beispiel sehr nüchtern berichten, dass ihr Gefühl Traurigkeit war; es war dunkelviolett und es stöhnte und brauchte Platz.

Gespräch: Schüchternes Yoga

Zwar haben die Teilnehmer immer das Recht, sich aus einer Diskussion herauszuhalten, auch bei dieser Erforschung von Gefühlen, aber die Nervosität bezüglich des Sich-Mitteilens könnte auch schlichtweg eine weitere Gelegenheit für die Gefühle-Übung sein. Wie bereits angeklungen ist, lässt sich die Gefühle-Übung sehr leicht mit den Dehnungsübungen des physischen Yoga verbinden. Kindern, die eher scheu sind, könnten Sie zum Beispiel vorschlagen, dass sie sich in die Richtung strecken und dehnen, wo sie irgendwann das Wort ergreifen und ihre Erfahrung mitteilen (wobei Sie gleichzeitig ihre Grenzen würdigen). Erinnern Sie sie daran: Wie beim körperlichen Stretching ändert sich ihre Fähigkeit, zu ihren Gefühlen freundlich zu sein, sich mit ihnen anzufreunden und sie auszudrücken, von Tag zu Tag und von Moment zu Moment. Erklären Sie, dass sie lernen, bei ihren Gefühlen zu sein, ohne sie zu ignorieren, sie zu verstecken (zu unterdrücken) oder aufzublasen (ihnen freien Lauf zu lassen).

Weiter vorne habe ich einmal Evan erwähnt, einen schüchternen Jungen, der die ersten drei Sitzungen der Gruppe den Rücken zuwandte. Nach der Gefühle-Übung fragte ich ihn, ob er bereit sei, „Sprech-Yoga" zu machen und sich sanft ein wenig zu strecken, um seine Erfahrung auszudrücken. Er stimmte zu und beantwortete dann drei einfache Fragen – für ihn ein kleines Wunder!

ICH: Was fühlst du jetzt?
EVAN: Nervös?
ICH: Wie fühlt sich nervös im Körper an?
EVAN: Zappelig.
ICH: Hat deine zappelige Nervosität eine Farbe?
EVAN: Orange.
ICH: Danke, dass du so tapfer warst und dich ein wenig angestrengt hast, um deine Gefühle mitzuteilen!

Dialog mit Emotionen

Gelegentlich will ein Gefühl etwas, was das Kind nicht bereit oder fähig ist zu geben. Oder das Gefühl will etwas, was zu geben für das Kind unklug wäre. In solchen Fällen kann es nützlich sein, einen Dialog mit dem Gefühl anzuleiten. Wenn Sie mit einer Gruppe arbeiten, kann diese individuelle, geführte Exploration vor der Gruppe und mit ihrer Unterstützung oder aber, falls das nicht ratsam scheint, unter vier Augen nach der Sitzung gemacht werden. So mag vielleicht ein Wutanfall von einem Kind verlangen, dass es „John eine in die Fresse haut", Traurigkeit verlangt vielleicht, dass das Kind sich ritzt und schneidet, oder die Angst möchte das Kommando übernehmen (siehe folgendes Beispiel).

Meine Tochter Nicole hat mir freundlicherweise erlaubt, als Beispiel für ein solches Gespräch hier ihren Dialog mit der Angst anzuführen. Die Situation war folgende: Es war am Abend vor der Talentshow ihrer vierten Klasse. Die Probe am Nachmittag war nicht gut gelaufen, sie hatte es „verkackt". Sie hatte Angst, dass es bei der Aufführung vor der ganzen Schule wieder schiefgehen würde. Während der Gefühle-Übung fragte Nicole die Angst, was sie wolle, und die Angst sagte: Ich will das Kommando übernehmen.

Mein erster Gedanke war: „Was, das ist doch nicht möglich; so geht die Praxis doch nicht. Ein Gefühl will doch normalerweise Zeit, Raum und Aufmerksamkeit!" Aber ich nahm die Angst beim Wort und fragte Nicole: „Wie fühlst du dich dabei?" Sie sagte: „Ich will nicht, dass sie das Kommando übernimmt." Ich sagte: „Okay, dann sag ihr das doch." Sie sagte es, und die Angst antwortete: „Ich will es aber trotzdem." Einen Moment später sagte Nicole zu ihr: „Du kannst da sein, aber du kannst nicht das Kommando übernehmen." Die Angst stimmte diesem Kompromiss zu. Als Symbol für diese Abmachung wählte Nicole eine kleine Sorgenpuppe aus Guatemala, die meine Mutter ihr geschenkt hatte, und steckte sie in die Tasche ihres Kleides. Also musste die Angst weichen und die Freude übernahm das Kommando.

Sich mit überwältigenden Emotionen anfreunden

Hier kann folgende Anmerkung sinnvoll sein:

Alle Menschen, Kinder und Erwachsene, haben ihre Gewohnheiten beim Umgang mit ihren Gefühlen. Ohne Achtsamkeit (untersuchen und verstehen) neigen jedoch die meisten dazu, innerhalb einer ziemlich schmalen Bandbreite entweder Gefühle zu ignorieren (zu verdrängen) oder von ihnen beherrscht (überwältigt) zu werden. Denkt mal einen Moment nach, was eure Tendenz im Umgang mit intensiven (heftigen) Gefühlen ist.

Wer normalerweise eher dazu neigt, Gefühle zu unterdrücken (zu verdrängen), dem kann die Gefühle-Praxis, die wir gerade gemacht haben, helfen, mit ihnen neugierig und freundlich umzugehen (wir lernen sozusagen die Sprache der Gefühle). Wer eher dazu neigt, von Gefühlen kontrolliert (überwältigt) zu werden, dem kann es helfen, sich am friedlichen, ruhigen Ort niederzulassen und zur Ruhe zu kommen, bevor er oder sie die Gefühle-Übung macht. Mit Hilfe der Praxis können wir „Gefühle haben, ohne dass die Gefühle uns haben". Gefühle zu haben, ohne dass die Gefühle uns haben, bedeutet: Wir sind uns unserer Gefühle bewusst, aber die Gefühle bestimmen nicht unser Verhalten. Wie wir ja alle wissen, tun wir, wenn ein Gefühl unser Handeln bestimmt, oft Dinge, bei denen uns nicht wohl ist oder die wir später bereuen.

Emotionen hinter der Langeweile

Wenn ein Kind wiederholt berichtet, es sei gelangweilt, laden Sie es ein, hinter die Langeweile zu schauen; oft verstecken sich dahinter Traurigkeit, Zorn oder Angst. Lee zum Beispiel, ein Junge in einer der ersten Eltern-Kind-Studien in Stanford, sagte oft, er sei gelangweilt. Weil es für diesen Kurs ein wissenschaftliches Prozedere gab, hatten Kinder und Eltern zuhauf Papierkram zu bewältigen. Aber dieser Papierkram ging an das

Forschungsteam. In der ersten Sitzung teilte ich den Teilnehmern mit, ich hätte keinen Zugang zu den Informationen, die sie in ihren Rückmeldungen festhielten, also sollten sie mir persönlich mitteilen, wenn ich ihrer Meinung nach über irgendetwas informiert sein sollte. Da Lee ein paarmal erwähnt hatte, ihm sei langweilig, beschloss ich, nach der Stunde bei ihm (und seiner Mutter) einmal nachzufragen. Um es kurz zu machen: Es stellte sich heraus, dass Lees Mutter beschlossen hatte, uns zu verschweigen, dass Lees Vater vor Kurzem mit einer anderen Frau eine Affäre gehabt und abrupt das Land verlassen hatte. Diese neuen Informationen bescherten mir natürlich einen völlig neuen Blick auf Lees Situation und gaben mir Anlass zu dem Vorschlag, er solle doch einmal genauer untersuchen, ob hinter der Langeweile nicht andere Emotionen stecken würden. Wenig überraschend, dass Lee Zorn, Traurigkeit und Verwirrung entdeckte. Mit der Zeit und mit Hilfe der regelmäßigen Gefühle-Praxis lernte Lee, seine komplexen, vielschichtigen Gefühle darüber, dass sein Vater ihn und die Mutter im Stich gelassen hatte, anzuerkennen und auszudrücken.

Wenn Sie mit den Gefühlen von Teilnehmern arbeiten, seien Sie selbstkritisch und überlegen Sie, womit Sie wirklich umgehen können. Je nach Ihrem eigenen Kompetenzniveau kann es nötig sein, bei Enthüllungen dieser Art zusätzliche Hilfe heranzuziehen. Dazu gehört auch, ein Kind in der Zeit, in der es eine Beziehung zu einem anderen kompetenten Helfer aufbaut, mental und emotional zu unterstützen. Ihre Fähigkeit, eine Person auf diese Weise zu unterstützen, hängt sowohl von Ihrer Praxis als auch Ihrer Fähigkeit ab, Ihre eigenen Gedanken, Gefühle, Wertungen und Besorgnisse zu beobachten und wohlüberlegt und nicht impulsiv zu reagieren. Wenn Sie keine therapeutische Ausbildung haben, geraten Sie vielleicht in Panik und urteilen vorschnell; wenn Sie therapeutisch ausgebildet sind, ziehen Sie sich womöglich auf Ihre Professionalität zurück. Geben Sie Ihr Bestes, wirklich bei dem Betroffenen und seiner Erfahrung zu sein und fürsorglich und klug zu handeln.

Gespräch: Halbzeit des Kurses (alle Altersstufen)

Erinnern Sie die Teilnehmer daran, dass diese Sitzung die Hälfte des Kurses markiert, und rekapitulieren Sie kurz die Hauptthemen. Bitten Sie ein paar Freiwillige, sich zu äußern und mit der Gruppe zu teilen, woran sie sich in Bezug auf die Hauptthemen, die bisher behandelt wurden, erinnern: die Gruppenvereinbarungen, den friedlichen, ruhigen Ort, die Definition der Achtsamkeit, Wahrnehmen des Atems, angenehme Ereignisse, Gedanken, die „Neun-Punkte"-Übung, die „fiese Stimme", unangenehme Ereignisse, Leiden = Schmerz mal Widerwillen, und Gefühle.

In diesem Kontext können Sie auch wieder nachfragen, wie die Praxis für zu Hause läuft, ob jemand Schwierigkeiten mit der Praxis hat oder keine Zeit dafür findet. Laden Sie Teilnehmer, die einen Rhythmus für ihre Praxis gefunden haben, wieder ein, sich zu äußern und mit der Gruppe zu teilen, was für sie funktioniert hat. Erinnern Sie daran, dass es in unserer Kultur ungewöhnlich ist, sich zu entschleunigen und die Aufmerksamkeit nach innen zu lenken, und dass sie eine ganz besondere Art und Weise des Daseins lernen, die die meisten Menschen nicht lernen. Helfen Sie ihnen, eine konkrete Zeit für die Praxis festzulegen, und ermutigen Sie diejenigen, die die Praxis für zu Hause nicht gemacht haben, in diesem neuen Moment, hier und jetzt, einfach wieder neu anzufangen.

Sinnvoll ist es auch, die achtsamen Tätigkeiten noch einmal durchzugehen, die die Kinder in den letzten drei Wochen zu Hause gemacht haben, und dabei zu erforschen: Was haben sie wahrgenommen, als sie die Zähne geputzt, Schuhe angezogen, achtsam gegessen haben? Auch hier wieder: Wenn sie diesen Aspekt der Praxis für zu Hause vergessen haben, können sie diese Woche einfach wieder *neu anfangen*.

Ein wichtiger Aspekt der Achtsamkeit ist, wahrzunehmen, wenn man abgeschweift ist, zurückzukommen und neu anzufangen:

Wenn wir bemerken, dass wir vom Atem abgekommen sind, kommen wir zurück und beginnen neu, auf den Atem zu achten.

Wenn wir bemerken, dass wir uns von Gedanken und Gefühlen haben mitreißen lassen, kommen wir zurück und beginnen neu, wieder auf das Hier und Jetzt zu achten.

Wenn wir bemerken, dass wir aufgehört haben, zu Hause zu üben, kommen wir zurück und beginnen neu mit dem Üben.

Überblick über die Praxis für zu Hause (alle Altersstufen)

Gehen Sie zum Schluss die Praxis für zu Hause durch. Abgestimmt auf den Wochenschwerpunkt der Achtsamkeit für Gefühle, wechselt die geführte Audio-Übung zum Thema Gefühle über. Ermutigen Sie die Teilnehmer, mit der Audio-Aufnahme wirklich zu üben, mindestens zwei kleine künstlerische Arbeiten zu ihren Gefühlen anzufertigen – zwei Zeichnungen, zwei Haikus oder eine Zeichnung und ein Haiku – und diese zur nächsten Sitzung mitzubringen.

Laden Sie auch alle ein, im Laufe der Woche wahrzunehmen, wie es Ärger und Leiden verstärkt, wenn man die Dinge anders haben will, als sie sind.

Zur Praxis für zu Hause für diese Woche gehört auch die Alltagspraxis des achtsamen Badens oder Duschens. Diese Übung ist in Kapitel 3 beschrieben.

Abschluss:
Übung zum achtsamen Hören (alle Altersstufen)

Schließen Sie die Sitzung, indem Sie einem oder zwei aufmerksamen Schülern erlauben, zur abschließenden Hör-Übung den Klangstab anzuschlagen.

Die Halbzeit des Kurses ist auch eine gute Gelegenheit, die eigene Praxis auf den Prüfstand zu stellen.

- *Wie läuft Ihre Praxis?*

- *Praktizieren Sie? Formell? Beim Unterrichten?*

- *Sind Sie achtsam bezüglich angenehmer Ereignisse?*

- *Sind Sie achtsam bezüglich Ihrer Gedanken, vor allem dann, wenn Sie sich und andere in Schubladen stecken? „Fiese Stimme"? Widerwillen?*

- *Bringen Sie Ihren Gefühlen Freundlichkeit und Neugier entgegen?*

- *Wenn Ihre Praxis nachgelassen hat: Sind Sie bereit, in diesem Moment neu anzufangen?*

PRAXIS FÜR ZU HAUSE – VIERTE SITZUNG

Achtsamkeit ist freundlich.
Sie ermutigt uns, uns selbst und andere freundlich und mitfühlend zu behandeln.

Hört euch jeden Tag die geführte Audio-Übung „Gefühle" an.
Fertigt mindestens zwei Haikus, Gedichte oder Bilder an, die die Gefühle zeigen, die ihr bei der Gefühle-Übung hattet, und bringt sie zur nächsten Sitzung mit.

Übt im täglichen Leben Achtsamkeit:
- Nehmt wahr, wie es euer Leiden verstärkt, wenn ihr euch gegen eine Situation sträubt.
- Duscht achtsam.

Fülle freundlich und neugierig, ohne schlechtes Gewissen, das Praxistagebuch für die Woche aus.
Wenn du einen achtsamen Moment hast, Fragen oder Schwierigkeiten, die du mitteilen möchtest, oder wenn du das nächste Mal nicht zum Kurs kommen kannst, schreib mir bitte eine Mail oder ruf mich an.

KAPITEL 8

Fünfte Sitzung:
Reagieren oder erwidern: Löcher und andere Straßen

Ziele

Ziel dieser Sitzung ist es, die Gefühle-Praxis sowie die Erfahrungen der Teilnehmer mit unangenehmen Erlebnissen im realen Leben und der Gleichung „Leiden = Schmerz x Widerwillen" zu rekapitulieren und mit einem theoretischen Blick auf Emotionen und, falls Zeit ist, einer Improvisation thematisch auszuweiten. Sanftes Stretching oder Yoga werden eingesetzt, um die Themen Selbstfürsorge, Balance (physisch, mental, emotional) und „Ausweiten der eigenen Grenzen" zu erforschen. Das Gedicht „Autobiographie in fünf kurzen Kapiteln" von Portia Nelson zeigt beispielhaft den Unterschied zwischen impulsivem Reagieren und achtsamem Erwidern. Die meisten unserer jungen Freunde verstehen dieses Beispiel sofort und finden es sehr hilfreich.

Überblick: Übungen, Aktivitäten, Diskussionen
- Übung zum achtsamen Hören
- Übung zum achtsamen Essen
- Kurze Runde im Kreis
- Besprechung der Praxis für zu Hause
- Gespräch über Emotionstheorie
- Improvisation über Emotionen
- Gespräch über unangenehme Ereignisse
- Yoga-Praxis
- Gespräch: Löcher und andere Straßen
- Lesung (fakultativ): „Alexander und der mistige Tag", Judith Viorst
- Atem-Übung (falls Zeit reicht)
- Überblick über die Praxis für zu Hause
- Abschluss: Übung zum achtsamen Hören

Übungen zum achtsamen Hören und achtsamen Essen (alle Altersstufen)

Beginnen Sie wieder mit achtsamem Hören. Gehen Sie dann über zum achtsamen Essen, vorzugsweise im Schweigen. Es reicht, einfach zu sagen: „Okay, wir werden die ersten drei Bissen von unserem kleinen Snack schweigend essen. Bevor ihr anfangt, nehmt euch bitte einen Moment Zeit, diese Birne anzuschauen und ihr Gewicht wahrzunehmen… ihre Temperatur… Form… Farbe… wie sie sich anfühlt… wie sie riecht… Und wenn ihr soweit seid, beißt ihr langsam und achtsam drei Mal ab und lenkt eure ganze Aufmerksamkeit auf den Mund, auf das Kauen und Schmecken. Bitte hetzt nicht; nehmt euch Zeit für das Schmecken."

Kurze Runde im Kreis

Nach dem letzten achtsamen Bissen und bevor die Teilnehmer die Augen aufmachen, bitten Sie sie, ihren momentanen Gefühlszustand wahrzunehmen: Müde? Entspannt? Nervös? Zufrieden? Wütend? Energiegeladen? Nachdem sie die Augen aufgemacht haben und ihre Aufmerksamkeit wieder den ganzen Raum umfasst, gehen Sie in der Runde herum und bitten der Reihe nach jede(n) Teilnehmer(in), mit einem Wort oder mehreren ihren Gefühlszustand auszudrücken. Das ist ein schneller und einfacher Weg, die Achtsamkeit auf Emotionen und Körperempfindungen zu verstärken, bringt jeden in den Moment zurück und gibt Ihnen einen Anhaltspunkt, wie es jedem Einzelnen geht. Kommentare dazu sind nicht nötig. Lassen Sie einfach jeden zu Wort kommen.

Nach einer kurzen, stillen Ruhephase kann es sehr lehrreich sein, noch einmal herumzugehen. Wenn, wie es oft der Fall ist, die Gefühle von einem oder mehreren Teilnehmern sich in diesem kurzen Zeitraum geändert haben, können Sie folgendermaßen darauf aufmerksam machen: „Interessant. Vorher warst du schlecht gelaunt, jetzt hast du dich beruhigt. Also, vor allem dann, wenn Gefühle sehr stark sind, kann es helfen, wenn man sich daran erinnert, dass Gefühle unbeständig sind, dass sie sich verändern."

Besprechung der Praxis für zu Hause (alle Altersstufen)

Laden Sie jetzt die Teilnehmer ein, ihre künstlerischen Arbeiten zu den Gefühlen, die sie die Woche über erlebt haben, auszutauschen. Wenn jemand Zeichnung oder Gedicht vergessen hat, kann er oder sie auch einfach ein Gefühl mitteilen, das er oder sie im Laufe des Tages wahrgenommen hat. Antworten Sie achtsam, während sie sich austauschen, kommentieren vielleicht ein individuelles oder Gruppenthema oder nicken einfach zur Bestätigung; aufmerksame Stille kann eine sehr kraftvolle Antwort sein.

Suchen Sie auch nach Gelegenheiten, verschiedene Prinzipien der Achtsamkeit zu unterstreichen. Vergänglichkeit können Sie zum Beispiel folgendermaßen beleuchten: „Fühlst du dich jetzt immer noch so?" – „Wenn du jetzt zurückblickst, kannst du schätzen, wie lang dieses Gefühl angehalten hat?" – „Gefühle kommen und gehen, so wie der Atem oder die Gedanken." Das Akzeptieren und Annehmen können Sie mit folgenden Fragen ansprechen: „Konntest du deinem Gefühl Freundlichkeit und Neugier entgegenbringen?" und „Hast du dein Gefühl ignoriert (unterdrückt) oder ausagiert (ihm freien Lauf gelassen)?" – „Warst du in der Lage, und wenn es nur einen Moment war, dein Gefühl zu haben und dir dessen bewusst zu sein, statt von ihm besessen und in deinem Verhalten von ihm gesteuert zu werden?"

Gespräch über Emotionstheorie (8 bis 18 Jahre)

Wenn die Zeit reicht, kann es sinnvoll sein, ein paar grundlegende theoretische Erkenntnisse über Emotionen heranzuziehen. Die folgende kurze Einführung in dieses Thema ist aus dem bereits erwähnten MBEB-Kurs übernommen („Mindfulness-based Emotional Balance", „Emotionales Gleichgewicht durch Achtsamkeit") . Der Abschnitt über Emotionstheorie beruht weitgehend auf der Arbeit von Paul Ekman (2003). Seit ich ausgebildet bin, MBEB-Kurse abzuhalten, biete ich immer wieder eine *vereinfachte* Version dieser theoretischen Grundlagen an. Die Grundbegriffe der Emotionstheorie werden im Folgenden aufgeführt, zusammen mit einigen Fragen als Anstoß für eine Diskussion und zentralen Informationen, die dabei behandelt werden sollten. Die Wortwahl in diesen Beispielen orientiert sich an Kindern im Alter von acht bis zehn Jahren. Wenn Sie die Wortwahl für ältere Kinder modifizieren möchten, benutzen Sie die Ausdrücke in Klammern.

Emotionen gehören zum Leben aller Säugetiere dazu.

Könnt ihr ein paar Säugetiere nennen?

Was haben alle Säugetiere gemeinsam?

Säugetiere ernähren ihre Jungen, indem sie sie säugen; sie leben meistens in Gruppen; und sie sind soziale Wesen.

Wissenschaftler, die Emotionen studieren, haben sieben universale Emotionen gefunden, die jeder hat.

Könnt ihr ein paar von diesen primären Emotionen erraten?

Die primären Emotionen sind Freude [7], Angst, Wut, Traurigkeit, Überraschung, Verachtung und Ekel. (Die meisten jungen Menschen kommen von allein auf die ersten vier.)

Emotionen helfen uns zu überleben (dienen einem evolutionären Zweck), indem sie uns helfen, Bedrohungen zu entdecken, Herausforderungen zu meistern und uns mit unseren Angehörigen zu verbinden.

Welche der genannten Emotionen helfen uns, Bedrohungen zu entdecken, Herausforderungen zu meistern und uns mit unseren Angehörigen zu verbinden?

Freude verbindet uns mit unseren Angehörigen.

Angst hilft uns überleben, weil wir Gefahren meiden.

---

7   im Original „happiness". Das ist ein bisschen schwächer als das monumentale „Glück", aber auch mehr als „Zufriedenheit". „Freude" trifft am ehesten den elementaren Charakter einer primären Emotion (Anm. d. Übers.)

Wut hilft uns überleben, weil wir Hindernisse überwinden.

Traurigkeit zeigt unseren Angehörigen, dass etwas uns erschüttert, damit sie uns trösten können.

Jede der primären Emotionen hat auch einen ganz spezifischen Gesichtsausdruck und eine spezifische körperliche Reaktion.

Könnt ihr mir ein überraschtes Gesicht zeigen? (Vielleicht können Sie das vormachen: Augen weit aufgerissen, Augenbrauen hochgezogen, Kinnlade hängt herunter.)

Zieht einmal die Mundwinkel hoch in Richtung der Ohren. Wie fühlt ihr euch? Was nehmt ihr im Körper wahr?

Zieht einmal die Mundwinkel herunter in Richtung Schultern. Wie fühlt ihr euch? Was nehmt ihr im Körper wahr?

Das sind ein paar kleine (unvollständige) Beispiele für all diese (spezifischen) Gesichtsausdrücke der Überraschung, der Freude und der Traurigkeit. Oft reicht es, nur einen Teil eines Gesichtsausdrucks für eine Emotion nachzumachen, und schon spüren wir, wie die Emotion anfängt.

Wenn Emotionen nicht kleiner gemacht (unterdrückt) oder größer gemacht (aufgeblasen) werden, haben sie einen natürlichen Ablauf oder Rhythmus.

Aus eurer Erfahrung heraus: Wie würdet ihr eine Emotion in ihrem zeitlichen Verlauf beschreiben oder grafisch darstellen? (Die typische Kurve ist eine einfache Welle oder Glockenkurve, die Sie an eine Wandtafel oder ein Flipchart malen können.)

Wie ist das in eurem täglichen Leben? Bemerkt ihr, wenn eine Emotion anfängt, wenn sie das Maximum erreicht und wenn sie aufhört?

Aus eurer Erfahrung heraus: Was passiert am Gipfelpunkt (Maximum) einer Emotion?

Am Gipfelpunkt einer Emotion gibt es etwas, was man die „Refraktärphase"[8] nennt. Während dieser Phase übernimmt die Emotion die Kontrolle und wir können nicht klar denken.

Könnt ihr einen Moment beschreiben, wo ihr euch in der Refraktärphase befandet?

Refraktärphase

Wenn wir uns in der Refraktärphase befinden, werden wir von unserem Eidechsen-(Reptilien-) Hirn gesteuert und sind der Kampf-Flucht-Totstell-Reaktion unterworfen. Das bedeutet: Wie eine Eidechse wollen wir entweder kämpfen, flüchten oder uns totstellen. Wenn die Refraktärphase vorüber ist, haben wir Zugang zu unserem ganzen wunderbaren menschlichen Gehirn (und Herzen), unter anderem auch den Teilen, die das Gesamtbild betrachten können, die überlegen können, was wir fühlen und wollen, die überlegen können, was andere fühlen und wollen (unterschiedliche Perspektiven), die kreativ sein und Probleme lösen können, und so weiter.

Achtsamkeit kann uns helfen, den Anfang, die Refraktärphase und das Ende einer Emotion wahrzunehmen.

---

8 „Refraktärphase" ist rein medizinisch-physiologisch die Zeit, die ein Neuron braucht, bis es nach einem Impuls wieder feuern kann. Der Begriff ist hier aber offensichtlich in einem erweiterten Sinne gebraucht (Anm. d. Übers.).

Ähnelt dieser Ablauf irgendwie anderen Abläufen, die wir kennen gelernt haben (zum Beispiel beim Atem, bei Gedanken, bei einem Klang)?

Wenn uns bewusst ist, dass uns eine Emotion im Griff hat, können wir eine Entscheidung treffen – zumindest manchmal (lächeln).

Manchmal ist die beste Entscheidung die, die mein Sohn „Klappe halten und stillsitzen" nennt. Das ist eine Fähigkeit, die er gegenüber einer bestimmten Person in seiner Fahrgemeinschaft sehr oft anwandte. (Diese Fähigkeit können Sie später mit dem Beispiel verknüpfen, in dem es darum geht, einen ganz anderen Weg zu gehen, um den mit einem großen Loch zu vermeiden.)

Nachdem wir einiges Theoretische über Emotionen gelernt hatten, beschrieb Alex, ein Zehnjähriger, mit dem ich individuell gearbeitet hatte, seine Aggressionen als „Zuschauen, wie die Zündschnur einer Bombe abbrennt". *Manchmal* könne er sie mit dem Wasser der Achtsamkeit löschen. Justin, ein anderer zehnjähriger Junge, mit dem ich individuell arbeitete, sagte Folgendes: Wenn er beginne, wütend zu werden, sei das, als wenn er auf dem Rummelplatz anstehe, um eine besonders rasante Achterbahnfahrt zu machen. Dazu merkte er an, wenn er aber aufmerksam sei, könne er aus der Schlange heraustreten und auf die Fahrt verzichten (normalerweise bestand die aus einem Riesenkrach mit seiner Mutter).

Ich benutze gerne das Wellen-Beispiel:

Oft werden wir von starken Emotionen förmlich mitgerissen wie von einem Tsunami. Achtsamkeit kann hier als Frühwarnsystem dienen. Wenn wir aufmerksam sind, können wir das erste Kräuseln einer emotionalen Welle bemerken und dann zuschauen, wie die emotionalen Wellen immer größer und mächtiger werden. Wenn wir sehen, wie die Wogen sich aufschaukeln, können wir beschließen, zurückzutreten und uns auf höher gelegenes Gelände zurückzuziehen, so dass die Wogen nicht über uns zusammenschlagen.

Um dieses Thema etwas zu erweitern, können Sie die folgenden Grafiken an eine Tafel oder ein Flipchart malen und folgendermaßen erläutern:

Im realen Leben ist es oft ein bisschen komplizierter, denn normalerweise treten unsere Wellen nicht separat (isoliert) auf. Normalerweise kombinieren sich unsere Wellen mit denen von anderen. Wenn zwei große Wellen zur selben Zeit ihren Gipfel erreichen, dann ergibt das eine extrem große, mächtige Woge. Wenn eine große Welle und eine kleine Welle (oder ruhiges Wasser) zusammenkommen, macht das die große Welle kleiner (minimiert oder neutralisiert sie) und die Wogen glätten sich. Manchmal – zum Beispiel in einer Familie, einem Klassenzimmer, einer Gruppe von Freunden – gibt es viele verschiedene Wellen.

Bei älteren Jugendlichen (auch mit Eltern und Lehrern) können Sie diese Erklärung mit Grundelementen der physikalischen Wellentheorie verknüpfen:

In der Physik ist es so: Wenn zwei Wellen zu einer großen Welle zusammenkommen, nennt man das „konstruktive Interferenz". Wenn eine Welle und eine Senkung (oder ein Wellental) aufeinandertreffen, löschen sie sich gegenseitig, und das nennt man „destruktive Interferenz". Manchmal ist es nicht so einfach – und das nennt man dann eine „gemischte Interferenz". Um die Sache noch komplizierter zu machen: Ein Mensch kann mehr als eine Emotion haben und es können mehrere Menschen beteiligt sein. Denkt das nächste Mal, wenn ihr Krach oder eine Meinungsverschiedenheit habt, einmal darüber nach!

Die folgenden Illustrationen stellen diese Wellenkombinationen grafisch dar, wobei jede Linie für die Emotionen eines Menschen steht. Diese Vergleiche können besonders nützlich sein, wenn man mit Freunden oder in der Familie schwierige Momente zu besprechen hat.

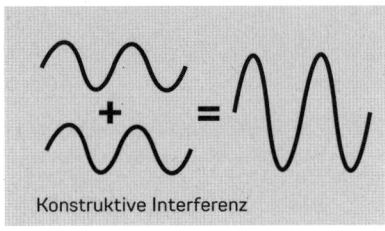
Konstruktive Interferenz

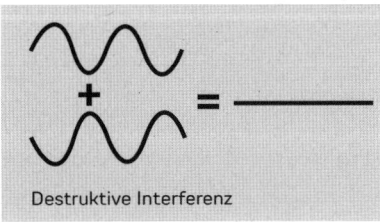
Destruktive Interferenz

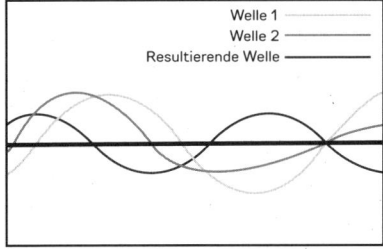
Gemischte Interferenz

Improvisation über Emotionen (alle Altersstufen)

In einem meiner Online-Kurse präsentierte mein Freund und Kursteilnehmer Curtis Cramblett ein wunderbares Emotions-Improvisations-Spiel, das der Emotionstheorie Leben einhaucht. Die Grundlage dieses Spiels ist folgende: Es wird ein rechteckiges Spielfeld festgelegt. Die

Entfernung zwischen den beiden Schmalseiten wird in vier Abschnitte unterteilt, die visuell irgendwie markiert werden und 25, 50 und 75 Prozent darstellen. Die Teilnehmer bewegen sich vorwärts und demonstrieren eine vorgegebene Emotion in der entsprechenden prozentualen Stärke.

Weil sie sehr weit verbreitet und häufig problematisch ist, beginne ich normalerweise mit Aggression. (Für kleinere Kinder können Sie „kleine Wut", „mittlere Wut" und „große Wut" sagen.)

Wir spielen jetzt einmal damit, wie es ist, wenn wir verschiedene Gefühle (Emotionen) im Gesicht und mit dem Körper ausdrücken. Wir nehmen das Rechteck von der Tafel bis zum Fenster; da, wo das Regal anfängt, ist eine kleine Menge (25 Prozent) eines Gefühls (einer Emotion), und wo es aufhört, eine mittlere Menge (50 Prozent). Und da, wo der Mülleimer steht, ist eine große Menge (75 Prozent). Haltet einen Moment still inne, geht dann schweigend bis zum Anfang des Regals vor und demonstriert im Gesicht und mit dem Körper eine kleine Menge (25 Prozent) Aggression. Fühlt, wie sich das im Körper, im Denken und im Herzen anfühlt… Jetzt rückt ihr wieder vor, bis zum Ende des Regals, und zeigt eine mittlere Menge (50 Prozent) Aggression. Fühlt, wie sich das im Körper, im Denken und im Herzen anfühlt…

Sie können kommentieren, was Sie beobachten, und Fragen stellen, was die Teilnehmer im Körper, im Gesicht, im Denken und im Herzen wahrnehmen. Hier sind ein paar Beispiele:

- *Ich sehe eine Menge zusammengebissene Zähne und geballte Fäuste!*

- *Was passiert in euren Gedanken, wenn ihr Aggression demonstriert (verkörpert)?*

- *Was passiert im Brustkorb?*

- *Erkennt ihr das Gefühl? Ist euch dieses Gefühl vertraut?*
- *Habt ihr dieses Gefühl oft?*
- *Ist es euch peinlich, fühlt ihr euch unwohl, wenn ihr wütend seid?*

Weil das eine sehr wirkungsvolle Übung ist, ist es oft klug, die Intensität des emotionalen Ausdrucks auf 75 Prozent zu beschränken. Im Gegenzug ist es unwahrscheinlich, dass die Teilnehmer während dieses Spiels in der Lage sein werden, 100 Prozent einer Emotion zum Ausdruck zu bringen.

Fahrt es jetzt einmal auf 5 Prozent zurück – nur ein Fitzelchen Wut. Ist es sinnvoll zu wissen, wie es sich im Körper anfühlt, wenn ihr nur ein winziges bisschen wütend seid? … Könnte das etwas mit der Refraktärphase zu tun haben? … Genau! Das ist wie das Frühwarnsystem, von dem wir vorher gesprochen haben. Manchmal, wenn ihr merkt, dass ihr gerade dabei seid, wütend zu werden, habt ihr mehr Wahlmöglichkeiten, als wenn ihr wirklich wütend seid oder euch in der Refraktärphase befindet.

Stehen wir jetzt doch einmal ruhig und still da und schauen, was mit dem Gefühl (der Emotion) passiert. Wächst es? (Intensiviert es sich?) Verschwindet es? (Flaut es ab?) Verändert es sich?

Wenn die Zeit reicht, können Sie das Spiel mit anderen Emotionen wiederholen: Traurigkeit, Angst, Eifersucht, Begeisterung. Und so, wie ich normalerweise mit Aggression beginne, schließe ich normalerweise mit Freude ab.

Gespräch über unangenehme Ereignisse (8 bis 18 Jahre)

Bitten Sie die Teilnehmer, vor allem diejenigen, die in den vergangenen Sitzungen nicht viel gesagt haben, um einen Beitrag zu den unangenehmen Ereignissen, die sie in der verflossenen Woche hatten. Ermutigen Sie sie zu der Einsicht, dass sowohl Angenehmes als auch Unangenehmes temporär und unbeständig sind. Verlocken Sie sie zu der Überlegung, wie viel von ihrem Ärger mit dem Glauben zu tun hat, die momentane Unannehmlichkeit werde nie mehr weggehen (Projektion in die Zukunft), und damit, dass man „es" (oder sich selbst oder die anderen oder die Situation) anders will, als es ist (Widerwillen).

Yoga-Praxis (alle Altersstufen)

Wenn das Gespräch über unangenehme Ereignisse, Leiden, Schmerz und Widerwillen seinen Lauf genommen hat, können Sie zu ein bisschen sanftem Yoga übergehen. Bei diesem Yoga geht es nicht darum, bestimmte Stellungen (oder Serien von Stellungen) zu „machen". Die Teilnehmer sollen dabei unterstützt werden, voll und ganz in ihrem Körper präsent zu sein. Wie bei den anderen Praxisformen ist es auch hier so: Wenn Sie selbst keine regelmäßige persönliche Yoga-Praxis haben, fangen Sie bitte damit an, eine solche zu entwickeln – aus Respekt vor der Praxis und den jungen Menschen, denen Sie dienen wollen. Mangelnde Kenntnisse in diesem Bereich können zu Verletzungen führen.

Es folgen ein paar grundlegende Anweisungen zu einigen einfachen Yoga-Stellungen. Bitte denken Sie daran, dass sogar in diesen allereinfachsten Anweisungen Kommentare enthalten sind, die die Sicherheit der Teilnehmer gewährleisten sollen, zum Beispiel bezüglich der Platzierung des Fußes auf der Wade oder dem Oberschenkel (nicht auf dem Knie!) bei der Baum-Stellung. Bieten Sie zusätzlich zu Ihrer Anleitung zu den einzelnen Stellungen auch Kommentare und Ermutigung, wie sie im Folgenden vorgeschlagen werden. Wie bei den anderen Übungen wird auch hier empfohlen, dass Sie die Stellungen selbst machen, während Sie sie anleiten, und dabei immer wieder in die Runde schauen und prüfen, ob Ihre Anweisungen bei den Teilnehmern auch klar genug ankommen, damit sie die Grundform der angestrebten Stellung verstehen.

Ihr wisst ja, wie ihr den friedlichen, ruhigen Ort in den Zwischenräumen zwischen den Atemzügen finden könnt, und vielleicht findet ihr ihn ja sogar schon beim Lesen oder Ausruhen. Jetzt suchen wir ihn innerhalb von ein paar einfachen, sanften Bewegungen. Bei dieser Praxis geht es darum, auf den Körper zu hören und ihn zu respektieren – und neugierig zu sein, wie wir etwas Neues und Ungewohntes angehen.

Stellt euch hin, die Füße beieinander. Fühlt eure Füße auf dem Boden, fühlt, wie eure Zehen den Boden berühren, fühlt, wie die Fersen den Boden berühren, fühlt, wie die Innenseite der Fußsohle den Boden berührt, fühlt, wie die Außenseite der Fußsohle den Boden berührt. Schaut einmal, ob ihr fühlen könnt, wie die Energie durch eure Füße und Beine hochsteigt. Fühlt, wie stark und lang eure Beine sind.

Geht nun zu eurem Atem im Bauch. Fühlt, wie er sich mit dem Einatem füllt und mit dem Ausatem leert… Streckt euch und richtet euch zu eurer ganzen Größe auf.

Zieht die Schultern bis zu den Ohren hoch… und lasst sie dann fallen und entspannt euch sanft.

Macht die Augen zu und geht wieder zu eurem Atem im Bauch… hier ausruhen.

Fühlt jetzt euer Gleichgewicht. Könnt ihr spüren, wie das, was wir Balance nennen, eigentlich ein dauerndes Wackeln und Auffangen ist? … Habt ihr gewusst, dass es auch im Leben ganz oft so ist? … Wir wackeln in der Schule, im Sport, bei Freunden, in der Familie. Und genauso, wie wir hier stehen, können wir das auffangen und auch in diesen Bereichen unseres Lebens unser Gleichgewicht wahren.

Wenn ihr soweit seid, öffnet die Augen.

Schaut irgendeinen Fixpunkt vor euch an, einen Lichtschalter oder einen Türknauf... Haltet euren Blick auf diesen Punkt gerichtet. Streckt die Arme aus, so dass euer Körper wie ein T aussieht. Verlagert das Gewicht auf den rechten Fuß, und fühlt, wie er den Boden berührt. Fühlt, dass euer rechtes Bein lang und gerade ist. Setzt jetzt die Sohle eures linken Fußes auf die rechte Wade oder den rechten Oberschenkel. Dreht nun euer linkes Knie sanft nach außen. Findet wieder zum Atem im Bauch. Schön! (Lächeln).

Es ist okay, wenn ihr wackelt und den Fuß absetzen müsst. Und dann versucht ihr's wieder. Seid sanft und freundlich zu euch. Mitten in dieser Herausforderung – freut euch! Das nennt man die „Baum"-Stellung. Fühlt ihr euch wie ein Baum? Hoch und stark? Vielleicht mit Ästen, die sich im Wind wiegen? Schaut einmal, ob ihr euer Denken und euer Herz still sein lassen könnt, auch wenn der Körper wackelt. Es hilft, wenn man ein bisschen Humor hat. Lasst jetzt Arme und Beine sinken. Schüttelt euch aus und genießt es.

Wir kommen zur Ruhe... Zieht jetzt den rechten Mundwinkel hoch zum rechten Ohr und den linken Mundwinkel hoch zum linken Ohr (lächeln). Was fällt euch auf, wenn ihr diese Pose macht?

Schaut jetzt wieder auf den Fixpunkt vor euch. Streckt die Arme zur Seite aus, so dass ein T entsteht. Verlagert das Gewicht auf den linken Fuß; fühlt, wie er den Boden berührt. Fühlt, dass euer linkes Bein lang und gerade ist. Setzt jetzt die Sohle eures rechten Fußes auf die linke Wade oder den linken Oberschenkel und dreht nun euer linkes Knie sanft nach außen. Findet wieder zum Atem im Bauch; gestattet euch ein Lächeln. Ihr macht das super! (Lächeln).

Nehmt wahr, wie ihr mit euch selbst redet. Seid einfach neugierig, was ihr zu euch selbst sagt, während ihr diese Position versucht. Ist es nett, was ihr sagt? Würdet ihr mit einem Freund genauso reden, wie ihr mit euch selbst redet? Könnt ihr üben, freundlich zu sein?

Das ist alles! Ihr macht das super! Fangt noch einmal an, wenn ihr wollt.

Lasst Arme und Beine sinken. Schüttelt euch aus.

Beugt jetzt ein kleines bisschen die Knie und berührt mit den Händen den Boden. Lasst den Oberkörper von der Hüfte ab einfach herunterhängen wie eine Stoffpuppe. Wenn es wehtut, beugt ihr die Knie ein bisschen mehr.

Arbeitet euch an euer Limit heran. Hört auf euren Körper und spürt den Punkt, wo er sagt: "Nicht weiter", so wie beim Finger-Yoga. Es ist nicht nötig, dass ihr euch über euer momentanes Limit hinaus pusht.

Nehmt wahr, wie es sich anfühlt, sozusagen auf dem Kopf zu stehen. Fühlt das Ziehen hinten in den Beinen. Fühlt die Schwere eures Kopfes. Nehmt wahr, wie es ist, in dieser Haltung zu atmen. Versucht so gut wie möglich, Eure Aufmerksamkeit in den Körper zu lenken, die Empfindungen zu fühlen…

Jetzt beugt ihr sanft die Knie und rutscht dann mit den Händen Stück für Stück nach vorne, so dass der Körper und der Fußboden eine Art Dreieck bilden. Fühlt das Ziehen hinten in den Beinen. Wenn es wehtut, beugt ihr die Knie ein bisschen mehr. Spürt, wie die Kraft eurer Arme euch stützt. Vergesst nicht zu atmen …

Nehmt auch wahr, ob ihr euch mit den anderen zu vergleichen anfangt, und kehrt mit der Aufmerksamkeit wieder zum Körper und zum Atem zurück.

Während wir nun darauf achten, wie wir von dieser Stellung zur nächsten übergehen, gehen wir mit den Händen wieder zurück und lassen uns herunter, bis wir im Fersensitz angelangt sind. Nun senken wir den Kopf und berühren mit der Stirn sanft den Boden. Wir führen die Arme in weitem Bogen nach hinten, bis sie fast die Füße berühren. Wir verweilen in dieser ovalen Form. Könnt ihr spüren, wie jetzt euer ganzer Körper atmet? Könnt ihr den Atem im Bauch fühlen? ... Im Rücken? ...

Richtet euch nun sanft wieder auf. Kreuzt die Beine vor euch, so dass ihr im Schneidersitz sitzt. Macht die Augen zu und legt die Hände auf die Knie. Das nennt man die „Berg"-Position. Berge sind ruhig und unbewegt, ob die Sonne scheint, der Wind heult oder der Schnee wirbelt. Manchmal sind unsere Gedanken und Gefühle wie heulender Wind und Schneegestöber. Durch Übung können wir lernen, ruhig und unbewegt zu bleiben wie ein Berg, auch wenn unsere Gedanken und Gefühle wie heulender Wind und Schneegestöber sind.

Findet wieder zum Atem im Bauch. Schaut nun, ob ihr den friedlichen, ruhigen Ort findet, während ihr ausruht und atmet. Konntet ihr die Ruhe und Stille innerhalb dieser sanften Bewegungen fühlen? ... Wenn nicht, ist es auch gut.

Zum Schluss machen wir drei tiefe Atemzüge. Denkt daran: Der friedliche, ruhige Ort ist immer bei euch – in der Ruhe, in der Bewegung, in der Freude, in der Traurigkeit. Und ihr findet ihn ganz einfach, indem ihr auf den Atem achtet, den Körper und auf alles, was ihr gerade tut.

Gespräch: Löcher und andere Straßen (8 bis 18 Jahre)

Dieser Lehrinhalt beruht auf dem Gedicht „Autobiografie in fünf kurzen Kapiteln" von Portia Nelson (1993). Bitten Sie zuerst die Person oder die Gruppe, mit der Sie arbeiten, ruhig zuzuhören, während Sie das Gedicht vorlesen.

KAPITEL EINS
 Ich gehe die Straße hinunter.
  Im Gehweg ist ein tiefes Loch.
  Ich falle hinein.
  Ich bin verloren… Ich bin hilflos.
   Ich kann nichts dafür…
 Es dauert ewig, wieder herauszufinden.

KAPITEL ZWEI
 Ich gehe dieselbe Straße hinunter.
  Im Gehweg ist ein tiefes Loch.
  Ich tu so, als würd ich's nicht sehen.
  Ich falle wieder hinein.
 Ich kann nicht glauben, dass ich wieder hier bin.
   Aber ich kann nichts dafür.
 Es dauert immer noch lange, wieder herauszufinden.

KAPITEL DREI
 Ich gehe dieselbe Straße hinunter.
  Im Gehweg ist ein tiefes Loch.
  Ich sehe es.
  Ich falle wieder… aus Gewohnheit… aber:
   Ich hab die Augen offen.
   Ich weiß, wo ich bin.
 Ich kann etwas dafür.
 Ich klettere sofort wieder heraus.

KAPITEL VIER
 Ich gehe dieselbe Straße hinunter.
  Im Gehweg ist ein tiefes Loch.
  Ich gehe außen herum.

KAPITEL FÜNF
 Ich gehe eine andere Straße hinunter.

Nachdem Sie das Gedicht gelesen haben, laden Sie die Teilnehmer ein, darüber zu sprechen und die Abbildung „Löcher und ganz andere Straßen" auszufüllen (im Anhang). Das „Loch" kann jede Schwierigkeit sein, mit der Teilnehmer zu kämpfen haben, aber der Schwerpunkt sollte auf Problemen liegen, die immer wieder auftreten. Die „andere Straße" steht für eine kreative Antwort auf das Problem. Ältere Jugendliche können auf der linken Seite der neuen Straße ein paar Stichwörter hinzufügen, mit denen sie ihre Gedanken und Gefühle über das Problem ansprechen.

Wenn sie älter als acht Jahre sind, können die meisten Kinder einem sagen, was ihre häufigen „Löcher" sind, und können andere Straßen erkunden (kreative, alternative Verhaltensweisen). Gängige „Löcher" sind etwa:

- Hausaufgaben: Aufschieben, chaotische Schulsachen, Verunsicherung durch die „fiese Stimme" im Kopf
- Geschwister: Gemeinheiten, Ärgern, dauernde Streitereien
- Freunde: Sich ausgeschlossen fühlen, Eifersucht, alles mitmachen, damit man „cool" ist, nicht sagen, was man will, gemein sein
- Eltern: Nicht zuhören, nicht angehört werden, Streit um Pflichten und Rechte, riskantes Verhalten

Wenn man mit den Teilnehmern diese Dinge durchgeht, ist folgende Anmerkung sinnvoll: „Manchmal fühlt es sich an, als wäre man in das Loch geschubst worden; manchmal sind wir selbst es, die jemanden ins Loch schubsen oder ziehen; und manchmal fallen wir ganz alleine hinein." Fragen Sie dann: „Könnt ihr mir Beispiele nennen?"

Eltern-Kind-Paare finden den „Loch"-Vergleich besonders hilfreich, und er wird oft zu einer Art „running gag". Das Gedicht liefert ein schnelles, leicht verständliches Kürzel für die Kategorien des impulsiven Reagierens (in das Loch zu fallen) und einer wohlüberlegten Erwiderung (eine andere Straße zu wählen). Älteren Jugendlichen können Sie auch die begriffliche Unterscheidung präsentieren: zwischen impulsivem

Reagieren – automatischem Handeln, aus Gewohnheit, normalerweise in der Refraktärphase – und der wohlüberlegten *Erwiderung* – innehalten, atmen und sich für ein Verhalten entscheiden.

Neulich beschrieb eine junge Patientin namens Rachel bei einem Besuch in meinem Büro, nachdem ich ihr das Gedicht vorgelesen hatte, ein typisches „Geschwister-Loch". Rachel ist eine Drittklässlerin, die unter anderem deshalb an mich überwiesen wurde, weil sie ziemlich jähzornig ist und ihre Wut heftige Formen annimmt. Sie spielt oft mit ihren zwei jüngeren Schwestern auf dem Hof. Sie beschrieb nun ein „Loch", das sie gut kennt. „Wenn ich mit meinen Schwestern im Hof spiele, renne ich gern und schlage Räder. Ich falle in das Wutloch, wenn meine Schwestern (langsamere) Saltos machen." Ich fragte sie: „Wie könnte eine andere Straße aussehen? Statt ins Wutloch zu fallen und mit den Schwestern zu streiten?" Sie kam auf ein paar verschiedene Ideen: „Meine Schwestern machen ihre Saltos woanders. Meine Schwestern könnten mit mir rumrennen und auch Räder schlagen. Oder wir könnten abwechseln." Ich erzählte ihr dann folgende Geschichte:

Als meine Tochter fünf Jahre alt war, baute mein Sohn Jason mit Legos ein sehr kompliziertes Star-Wars-Raumschiff zusammen. Meiner Tochter war langweilig, und sie hüpfte auf der Bauanleitung herum, nur um ihn zu nerven. Ich fragte sie: „Nicole, was machst du da? Was ist denn das für ein Benehmen?" Sie schaute mich neugierig an. Ich sagte: „Mein Wort dafür fängt mit l an." Ich dachte an das Wort „lästig sein". Sie schaute mich an und sagte gelassen: „Loch-Benehmen ist es."

Ausgehend von dieser Geschichte, sprachen Rachel und ich dann darüber, dass manchmal Geschwister sich gegenseitig in die Löcher zu ziehen versuchen. Vielleicht gefallen ihren Schwestern die Saltos teilweise auch deshalb, weil sie wissen, dass sie Rachel damit ärgern können und es Spaß macht zuzuschauen, wenn sie sich ärgert. Für Nicole war es unterhaltsam zu sehen, wie Jason sich ärgerte. Wir dachten dann über ein paar andere Straßen nach, die ihr noch nicht eingefallen waren: Vielleicht könnte sie auch Saltos machen. Oder sie könnte etwas ganz anderes machen. Zum Abschluss machten wir aus, dass es gut sein könnte, die neuen Straßen mit ihren Schwestern in einer ruhigen Minute zu besprechen, und nicht im Hof, wenn sie sowieso schon frustriert ist.

Atem-Übung (alle Altersstufen)

Nach dem Gespräch über Löcher und andere Straßen haben Sie vielleicht noch Zeit für eine kurze Atem-Übung wie „Friedlicher, ruhiger Ort", „Juwel" oder „Ausruhen". Meistens ist es schon Zeit für die Besprechung der Praxis für zu Hause und den Abschluss (wie immer mit achtsamem Hören).

Überblick über die Praxis für zu Hause (alle Altersstufen)

Gehen Sie zum Schluss die Praxis für zu Hause durch; eine kurze, angeleitete Yoga-Übung finden Sie zum Download bei „Peaceful quiet place. Achtsamkeit für Teenager". Sie hat den Titel „Dehnen und Balancieren". In Übereinstimmung mit dem Schwerpunkt dieser Woche – erwidern, statt reagieren – verlagert sich die Achtsamkeit im alltäglichen Leben dahin, häufige „Löcher" und andere Straßen wahrzunehmen.

Beantworten Sie auch alle Fragen, die die Teilnehmer zur Praxis für zu Hause haben.

Abschluss: Übung zum achtsamen Hören (alle Altersstufen)

Schließen Sie die Sitzung, indem Sie einem oder zwei aufmerksamen Schülern erlauben, zur abschließenden Hör-Übung den Klangstab anzuschlagen.

PRAXIS FÜR ZU HAUSE – FÜNFTE SITZUNG

Achtsamkeit ist offen für die Welt.
Sie unterstützt uns dabei, unser Verhalten zu steuern.

Macht jeden Tag die geführte Yoga-Übung.

Übt im täglichen Leben Achtsamkeit:
- Nehmt häufige „Löcher" wahr und probiert „neue Straßen" aus.
- Nehmt weiterhin die „fiese Stimme" wahr.

Fülle freundlich und neugierig, ohne schlechtes Gewissen, das Praxistagebuch für die Woche aus.
Wenn du einen achtsamen Moment hast, Fragen oder Schwierigkeiten, die du mitteilen möchtest, oder wenn du das nächste Mal nicht zum Kurs kommen kannst, ruf mich bitte an oder schreib mir eine Mail.

KAPITEL 9

Sechste Sitzung:
Erwidern und kommunizieren

Ziele

Die Ziele dieser Sitzung sind: Die Erfahrungen unserer jungen Freunde durchzusprechen, wie es ist, in „Löcher zu fallen" (impulsiv zu reagieren) und eine „andere Straße" zu wählen; schwierige Kommunikations-Situationen im Detail zu erforschen; und als Gegenmittel zur „fiesen Stimme" Herzensgüte vorzustellen. Außerdem werden Body-Scan und Gehmeditation eingeführt.

Überblick: Übungen, Aktivitäten, Diskussionen
- Übung zum achtsamen Hören
- Übung zum achtsamen Essen
- Besprechung der Praxis zu Hause
- Body-Scan-Übung
- Übung und Gespräch:
  Schwierige Kommunikations-Situationen
- Übung zum achtsamen Gehen
- Gespräch: Herzensgüte
- Lesung (fakultativ): „Weil Brian seine Mutter umarmte", David L. Rice
- Überblick über die Praxis für zu Hause
- Abschluss: Übung zum achtsamen Hören

Übungen zum achtsamen Hören und achtsamen Essen (alle Altersstufen)

Beginnen Sie wie immer mit achtsamem Hören und achtsamem Essen. In dieser Phase des Kurses genügen ganz einfache Kommentare von Ihrer Seite, um den Teilnehmern zu helfen, ihre Aufmerksamkeit in den gegenwärtigen Moment zu bringen („Lauscht mit voller Aufmerksamkeit…" – „Atmen, lauschen, sein…" – „Kauen, schmecken" – „Könnt ihr eure freundliche und neugierige Aufmerksamkeit in euren Mund legen?") . Oder Sie machen diese Übungen einfach im Schweigen.

Besprechung der Praxis zu Hause (8 bis 18 Jahre)

Sie können kurz nachfragen, was die Teilnehmer mit der Yoga-Übung erlebt haben. Der Haupt-Schwerpunkt der Diskussion sind jedoch ihre Gedanken zum Thema „Löcher und andere Straßen". Hier sind ein paar Stichworte, die Sie in Bezug auf das Yoga verwenden können:

- *Habt ihr die Yoga-Übung gemacht?*
- *Egal, ob ihr die Übung gemacht habt oder nicht: Was für Gedanken und Gefühle sind aufgekommen, als ich danach gefragt habe?*
- *Wenn ihr die Yoga-Übung gemacht habt: Wie war's?*
- *Wenn ihr die Yoga-Übung mehr als einmal gemacht habt, war es jedes Mal ähnlich oder jedes Mal anders?*
- *Hat jemand von euch dabei die Balance verloren? Und vielleicht auch in einem anderen Bereich des Lebens?*
- *Wie hängt das zusammen: dass wir bei den Hausaufgaben, mit Freunden, mit der Familie die Balance verlieren, und die „Löcher" und „anderen Straßen"?*

Falls Sie die letzte Frage nicht nutzen möchten, können Sie nun zu einer Erkundung übergehen, was die Teilnehmer in der zurückliegenden Woche in Bezug auf „Löcher" und „andere Straßen" (also das achtsame Erwidern, statt des impulsiven Reagierens) entdeckt haben.

Sie können mit offenen Fragen beginnen: „Ist jemand von euch diese Woche in ein ‚Loch' gefallen?" – „Hat jemand von euch einen neuen Weg gefunden?" – „Ist jemand von euch in ein ‚Loch' gefallen und hat wieder herausgefunden?" – „Steckt jemand gerade in einem Loch?" – „Ihr wisst ja, dass wir alle manchmal in ein ‚Loch' fallen." Antworten, kommentieren und fragen Sie nach, wie es hilfreich scheint.

Die folgenden Dialoge sind Beispiele aus Gruppengesprächen über „Löcher", die von einzelnen Teilnehmern eingebracht wurden. Sie werden hier angeführt, um einen Eindruck von solchen Gesprächen zu vermitteln.

Baseball-Vergleiche

In einer Eltern-Kind-Gruppe beschrieb der elfjährige Jacob ein „Loch", in das er und seine Mutter oft fielen. Er wollte Aufmerksamkeit und sie wollte ihre Ruhe. Wenn er dann weiter um Aufmerksamkeit bettelte, endete das gewöhnlich im Streit. Jacob liebte Baseball[9], und so verglichen wir das Verhalten seiner Mutter mit einem „angeschnittenen Ball" – sie wollte sich ihm verweigern.

Wir erkundeten dann als Gruppe, wie ein „home run", eine „Volltreffer"-Antwort aussehen könnte. Ein älterer Junge namens Jonathan schlug vor, Jacob solle mit seiner Mutter folgende Abmachung treffen: Er würde sich eine Viertelstunde lang selbst beschäftigen, und dann würde sie eine Viertelstunde lang mit ihm spielen. Jacob und seine Mutter hatten beide das Gefühl, das wäre ihrer normalen, unbefriedigenden Art und Weise der Interaktion auf jeden Fall vorzuziehen.

Wir fragten dann in der ganzen Runde nach, und alle Teilnehmer hatten Gelegenheit, einen „angeschnittenen Ball" (ein ‚Loch') in ihrem Leben zu beschreiben – Ehepartner, die zu spät zum Abendessen kommen, oder Eltern, die wollen, dass die Kinder wandern gehen, die Kinder wollen aber nicht. In den meisten Fällen wartete das Kind oder der Elternteil, der das Problem präsentierte, auch mit einem möglichen „Volltreffer" auf. Und wenn derjenige, der das Szenario präsentierte, keinen „Volltreffer" parat hatte, hatten wir jede Menge schlaue „Trainer" im Raum, denen etwas dazu einfiel.

Obwohl ich den Vergleich mit Baseball in gleicher oder abgeänderter Form in diesem Buch weiter benutze, möchte ich anmerken, dass er nur deshalb entstand, weil ich wusste, dass Jacob Baseball liebte und ich eine Sprache finden wollte, die für ihn aussagekräftig war. Da Jacob das Szenario

---

9 Die beiden Vergleichskategorien aus dem Baseball, die hier verwendet werden, sind der „curve ball" des Werfers (schwer zu parieren) und der „home run", bei dem die Gegenseite den Ball so weit wegschlägt, dass sie das Innenfeld komplett umrunden kann – ein „Volltreffer" (Anm. d. Übers.)

vorgestellt hatte, konzentrierte sich die Diskussion auf eine Erkundung, welches Spektrum an möglichen *Erwiderungen* es für ihn gab. Natürlich gibt es auch ein paralleles, sehr wichtiges Gespräch, das mit seiner Mutter zu führen ist, über ihren Anteil bei der Entstehung des „Lochs" und die „anderen Straßen", die sie in Erwägung ziehen könnte.

„Fast-Momente"

Michael, Viertklässler an einer Brennpunkt-Schule in einem Problemviertel, beschrieb folgenden unerfreulichen Moment: Seine neue Katze biss ihn, es tat weh und er wollte nach ihr schlagen. Ich fragte: „Und, hast du sie geschlagen?" Er sagte: „Nö. Aber fast!" In der Gruppe nannten wir das deshalb einen „Fast-Moment".

In den restlichen fünf Wochen des Kurses untersuchten wir dann weitere „Fast-Momente", zu Hause, in der Schule und im Leben: nicht nach der Katze zu schlagen und auch nicht nach dem Widerling auf dem Pausenhof; bei einem schwierigen Mathe-Problem oder nach einer Meinungsverschiedenheit mit einem Kumpel nicht aufzugeben. Auch für ältere Jugendliche gibt es jede Menge „Fast-Momente": nicht zu mogeln, um eine bessere Note zu kriegen; keine Drogen zu nehmen; keinen ungeschützten Sex zu haben; nicht zu einem betrunkenen Freund ins Auto zu steigen; nicht bei einer Gang mitzumachen; sich nicht vor einen herannahenden Schnellzug zu stellen. Das Leben unserer Kinder hängt buchstäblich davon ab, ob sie die Fähigkeit entwickeln, in solchen „Fast-Momenten", wo es schwierig wird, klug zu entscheiden und eine „andere Straße" zu gehen.

Tragisch: In Palo Alto, der Universitätsstadt südlich meines Wohnortes, nahmen sich 2010 innerhalb von sechs Monaten sechs Jugendliche das Leben, indem sie sich vor einen herannahenden Schnellzug stellten. Sehr wahrscheinlich hatten sie mit hartnäckigen Depressionen und Selbstmordgedanken zu kämpfen – mit einer aufgeputschten „fiesen Stimme" im Kopf: „Mein Leben ist sinnlos." – „Es wäre besser, ich wäre tot." – „Niemand mag mich." Wie anders hätte das ausgehen können, wenn nur einer von diesen Jugendlichen vorher gelernt hätte, solche Gedanken und Gefühle mit der Neugier, dem Überblick, der Freundlichkeit zu untersuchen, die Michael lernte? Wir werden es nie erfahren. Aber vielleicht wären sie heute noch hier und könnten auf die Frage „Bist du auf die Gleise gestanden?", lächeln und sagen: „Nö. Aber fast."

Ich sehe mich immer

In Michaels Kurs führte die Diskussion über „Fast-Momente" zu einem Gespräch darüber, wie es ist, wenn man erwischt (und oft bestraft) wird, weil man es nicht schafft innezuhalten und deswegen den „Fast-Moment" verpasst, impulsiv reagiert und in ein Loch fällt. Dies wiederum führte zu einer Diskussion über Schuld und die Schuldgefühle, die man sogar hat, wenn man nicht erwischt wird. Dieses Gespräch veranlasste mich, die folgende Geschichte in die Gruppe einzubringen. (Am Rande bemerkt: Kinder lieben es in jedem Alter, sich zurückzulehnen und entspannt einer Geschichte zu lauschen.)

Es war einmal vor langer Zeit, da stand am Rande einer großen Stadt eine alte Schule. Schon wenn sie noch ganz klein waren, kamen viele Jungen und Mädchen in diese Schule, um dort zu leben und von dem Lehrer zu lernen. Eines Tages beschloss der Lehrer, der diese Schule leitete, seinen Schülern eine Lektion zu erteilen. Er rief sie zusammen und sagte: „Meine lieben Schülerinnen und Schüler, wie ihr sehen könnt, werde ich allmählich alt und lahm. Ich schaffe es nicht mehr wie früher, all das Geld aufzutreiben, was die Schule braucht. Ich habe euch noch nicht beigebracht, durch Arbeit Geld zu verdienen, deswegen fällt mir jetzt nur eine Möglichkeit ein, wie wir die Schließung unserer Schule verhindern können." Mit weit aufgerissenen Augen drängten sich die Schüler um ihn.

„Wie ihr wisst, leben in der Stadt hier viele reiche Leute, die mehr Geld in der Tasche haben, als sie je ausgeben können. Ich möchte, dass ihr in die Stadt geht und diesen reichen Leuten folgt, wenn sie durch die dichtbevölkerten Straßen gehen oder in verlassene Seitenstraßen. Wenn niemand es sieht – und nur, wenn niemand es sieht! –, stehlt ihr ihnen den Geldbeutel. Auf diese Weise werden wir genug Geld zusammenbekommen, um unsere Schule am Leben zu erhalten." An dieser Stelle schnappten ein paar Schüler hörbar nach Luft und schüttelten die Köpfe.)

„Aber, Herr Lehrer", riefen die Mädchen und Jungen ungläubig, „Sie haben uns doch beigebracht, dass man nichts nehmen darf, was einem nicht gehört!" – „Ja, das stimmt", antwortete der alte Lehrer. „Es wäre Unrecht, zu stehlen, wenn es nicht absolut notwendig ist. Und denkt daran: Man darf euch nicht sehen! Wenn jemand euch sieht, dürft ihr nicht stehlen! Versteht ihr das?"

Nervös schauten die Schüler vom einem zum anderen. War ihr geliebter Lehrer verrückt geworden? Seine Augen leuchteten auf eine Weise, wie sie es noch nie an ihm gesehen hatten. „Ja, Herr Lehrer", sagten sie leise. „Gut", sagte er. „Geht jetzt und denkt daran: Ihr dürft nicht gesehen werden!" Die Jungen und Mädchen standen auf und verließen nacheinander still das Schulgebäude. Der alte Lehrer erhob sich langsam und schaute ihnen dabei zu. Als er wieder hineinging, sah er, dass eine Schülerin noch ruhig in der Ecke stand. „Warum gehst du nicht mit den anderen?" fragte er sie. „Möchtest du nicht mithelfen, unsere Schule zu retten?"

„Doch, Herr Lehrer", sagte das Mädchen ruhig. „Aber Sie haben gesagt, wir müssten stehlen, ohne gesehen zu werden. Und ich weiß, dass es keinen Ort auf der Erde gibt, wo ich nicht gesehen werden würde, denn ich selbst würde mich immer sehen."

„Ausgezeichnet!", rief der Lehrer aus. „Das ist genau die Lektion, die ich dir und den anderen erteilen wollte, aber nur du hast sie begriffen. Renn schnell den anderen nach und sag ihnen, sie sollen zurückkommen, bevor wir Schwierigkeiten kriegen." Das Mädchen rannte hinaus und traf auf ihre ratlosen Freunde, die sich alle außer Sichtweite der Schule versammelt hatten, um zu beraten, was sie tun sollten. Als sie zurückkamen, sagte der Lehrer ihnen genau die Worte, die das Mädchen gesprochen hatte, und alle verstanden die Lektion.

Diese Geschichte löst für gewöhnlich lebhafte Diskussionen aus, so dass Sie keine Fragen werden stellen müssen. Allerdings könnten Sie fragen: „Was hat das jetzt mit unserer Diskussion über Löcher und ‚Fast-Momente' zu tun und damit, wie man das eigene Verhalten steuert? Egal, was wir machen, da ist in uns immer dieser achtsame Teil, und wenn wir innehalten und zuhören, kann der uns leiten."

Wenn dieses Gespräch über Löcher und andere Straßen, über „Fast-Momente" und „Ich sehe mich immer" seinen natürlichen Verlauf genommen hat, können Sie zum Body-Scan übergehen.

Body-Scan-Übung

Viele Elemente des Kurses sollen die Teilnehmer dabei unterstützen, mehr in ihrem Körper anzukommen und eine gesteigerte Wahrnehmung für ihre Körperempfindungen zu entwickeln. Diese gesteigerte Wahrnehmung „innerer" Empfindungen liefert Teilnehmern lebenswichtige Informationen über den Zustand ihres physischen Körpers (Gesundheit und Krankheit, Funktionalität und Verletzung, Energie und Erschöpfung, Sättigung und Hunger usw.) Darüber hinaus verstärkt eine gesteigerte Körperwahrnehmung auch die Bewusstheit für komplexe, interdependente mental-emotionale Zustände, weil Gedanken und Gefühle sich im Körper ja als physische Empfindung manifestieren. Die Praxis des Body-Scan hilft den Teilnehmern, ganz im Körper zu Hause zu sein.

Wie bereits erwähnt, finde ich es vorteilhaft, den Body-Scan erst in der sechsten Sitzung einzuführen (im Gegensatz zur MBSR für Erwachsene, wo er in der ersten Sitzung eingeführt wird). Sogar ein ganz kurzer Body-Scan dauert ungefähr zwölf Minuten. Deswegen ist es sinnvoll, wenn die Kleinen erst einmal ein paar Erfahrungen mit Ruhe und Stille sammeln und auch einen Weg finden, mit Ablenkungen, Langeweile und Unruhe umzugehen, bevor sie sich auf diese „längere" Übung einlassen. Einen geführten Body-Scan für alle Altersstufen finden Sie bei „Peaceful quiet place. Achtsamkeit für jüngere Kinder".

Für diese Praxis können die Teilnehmer auf dem Boden liegen oder auf einem Stuhl sitzen. Beginnen Sie mit der Einladung, den Atem im Bauch zu fühlen und am friedlichen, ruhigen Ort zu verweilen. Dann laden Sie sie ein, die Empfindungen in den Zehen zu spüren und auszuprobieren, ob sie jeden Zeh einzeln spüren können, die Zehenzwischenräume, das Gefühl von Strümpfen und Schuhen oder wie die Luft die Zehen berührt. Lasst nun die Aufmerksamkeit entlang der Fußsohlen wandern, das Gewölbe des Fußes fühlen, dann weiter nach oben zu den Knöcheln gehen. Lasst mit dem Ausatem die Zehen, Füße und Knöchel weich werden, einfach sein. Beim Einatem atmet ihr die Aufmerksamkeit in die Unterschenkel … Gehen Sie im Körper langsam nach oben weiter, und geben Sie dabei für jeden Bereich Hinweise auf spezifische Empfindungen, um die Aufmerksamkeit der Teilnehmer zu verankern. Mit dem Ausatem wird der Bereich losgelassen und mit dem Einatem die Aufmerksamkeit auf den nächsten Bereich verlagert.

Wie Sie in der Audio-Version hören werden, benutze ich das Wort „Becken" und beschreibe es als die Stelle, wo die Beine in den Oberkörper übergehen. Manchmal ruft die Nennung des Wortes „Becken" bei Kindern oder Jugendlichen Kommentare oder verlegenes Gekicher hervor. Wenn das passiert, können Sie einfach sagen: „Richtet eure freundliche und neugierige Aufmerksamkeit auf die Gedanken und Gefühle, die auftauchen, während ihr eure Aufmerksamkeit auf diese Körperregion richtet. Ist das peinlich oder unangenehm? Möchtet ihr Witze reißen, cool sein, beweisen, dass es euch nichts ausmacht? Ist alles in Ordnung, nehmt es einfach wahr."

Schließen Sie mit der Atem-Praxis ab und einer Einladung, sich ganz dem Körper zu widmen, wahrzunehmen, zu empfinden, ihn sein zu lassen, wie er ist, und dann in der Ruhe und Stille zu verweilen. Bitte machen Sie die Übung auch selbst ausreichend oft, damit Sie beim Anleiten über genügend eigene Erfahrungen verfügen. Ermutigen Sie die Teilnehmer der Gruppe, im Schweigen und in der achtsamen Bewusstheit zu bleiben, während Sie den Cartoon zum Thema „Schwierige Kommunikation" erläutern.

Übung und Gespräch: Schwierige Kommunikations-Situationen (8 bis 18 Jahre)

Ob wir noch Kinder sind oder „Erwachsene": Viel von unserem Stress, unserer Unzufriedenheit und unseren Problemen entsteht aus ungeschickter Kommunikation mit anderen. Um die Sache weiter zu verkomplizieren, trägt unsere ungeschickte Kommunikation mit anderen oft auch zu deren Stress, Unzufriedenheit und Problemen bei! Viele der Grundkompetenzen, die in diesem Abschnitt präsentiert werden, helfen Kindern und Jugendlichen (und Erwachsenen) dabei, sich selbst und anderen eingehend zuzuhören und dann klarer und einfühlsamer zu kommunizieren.

Diese Übung soll unsere jungen Freunde bei schwierigen Gesprächen unterstützen, indem sie ihnen zu lernen hilft, wie man innehält und dann abwägt, was man fühlt und möchte, was ein anderer Mensch fühlt und möchte und wie man zu einer Lösung kommen könnte. Zusammengenommen stärken diese einzelnen Schritte Empathie und Mitgefühl für einen selbst und für andere und bilden die Grundlage für kreatives Problemlösen und echte Kooperation (wörtlich „zusammen operieren"). Wenn Konflikte auf diese Art gelöst werden, laufen Kinder weniger Gefahr, belastendes mentales und emotionales „Gepäck" ins Klassenzimmer und in die Beziehungen zu Gleichaltrigen und Familienmitgliedern mitzuschleppen. In der Folge sind sie auch besser vorbereitet, um sich aktiv auf die wichtigen Prozesse des Lernens und des Beziehungsaufbaus innerhalb und außerhalb des Klassenzimmers einzulassen.

Übung: Schwierige Kommunikations-Situationen

Sie finden im Anhang einen Cartoon zu schwieriger Kommunikation. Sie können die Übung vorstellen, indem Sie etwa Folgendes sagen:

Wenn wir uns ärgern, reagieren wir im Eifer des Gefechts und am Gipfelpunkt der Refraktärphase oft impulsiv und platzen mit unseren Gedanken und Gefühlen einfach heraus, wie sie gerade kommen. Wenn der Mensch, mit dem wir interagieren, dasselbe tut, finden wir uns sehr bald von großen Wogen der Impulsivität umhergeworfen und ertrinken im Tsunami unserer kombinierten Gedanken und Gefühle.

Also, benutzen wir doch den Cartoon, um ein wenig zu üben. Macht die Augen zu; atmet ein paarmal tief durch; lasst euch in der Ruhe und Stille nieder; und erinnert euch dann an eine schwierige Diskussion, die ihr diese Woche hattet – eine Meinungsverschiedenheit mit einem Klassenkameraden, einem Freund, einem Familienmitglied ... Arbeiten wir uns jetzt durch den Cartoon. Der erste Schritt im Prozess des geschickten Kommunizierens ist, sich zu fragen: „Was fühle ich?" – „Was möchte ich?" Wenn ihr euch erinnert habt, was ihr gefühlt habt und was ihr wolltet, dann schreibt das auf. Stichworte genügen.

Manchmal sind die Antworten auf diese Fragen klar und kommen schnell. Manchmal muss man sich auch Zeit nehmen und wirklich hinhören, was es eigentlich ist. Das erfordert Übung, und es ist wichtig zu verstehen, wie man sich fühlt (Emotionen) und was man möchte (Wünsche), bevor man zum nächsten Schritt übergeht.

Der zweite Schritt in diesem Prozess ist zu überlegen, was die andere Person fühlt und möchte. Ohne diesen Schritt ist es sehr schwierig, zu kommunizieren und zu einer Lösung zu gelangen. Also nehmt euch Zeit, lasst das, was ihr gefühlt und gewollt habt, los und überlegt ernsthaft, was die andere Person gefühlt und gewollt hat. Wenn ihr das Gefühl habt, dass ihr die andere Person verstanden habt, schreibt ihr ein paar Stichworte oder kurze Sätze auf.

Nun, da ihr besser versteht, was ihr gefühlt und gewollt habt und was die andere Person fühlte und wollte, wie könntet ihr jetzt aus diesem Loch wieder herauskommen? Wie könnte eine andere Straße aussehen? Eine kreative Lösung? Wenn ihr eine Idee habt, schreibt sie auf. Wenn ihr nicht weiterkommt, werdet ihr in ein paar Minuten Gelegenheit haben, euch mit einem Partner zu besprechen.

Das hilft uns in schwierigen Momenten, zu uns selbst und anderen freundlicher zu sein: die Kombination aus der Aufmerksamkeit auf unsere eigenen Gefühle und Wünsche und dem Nachdenken darüber, was andere fühlen und wünschen.

Bei älteren Jugendlichen ist eine ausdrückliche Aufforderung sinnvoll, sich Zeit zu lassen und wirklich jede Frage zu untersuchen, was Sie etwa folgendermaßen formulieren können:

Versucht, so gut ihr könnt, nicht zu hetzen. Nehmt euch wirklich Zeit, um zu verstehen, was für euch und für die andere Person stimmig ist. Nehmen wir zum Beispiel an, ein „Freund" verhält sich ablehnend, lässt euch abblitzen, und ihr versucht so zu tun, als wäre es euch egal. Die Wahrheit ist vielleicht: „Ich fühle mich verletzt, traurig, verunsichert und wütend. Und ich möchte eigentlich weiter mit ihm/ihr befreundet sein, obwohl er/sie unfreundlich zu mir ist." Es ist ein bisschen unheimlich, wenn man zugibt, wie man sich wirklich fühlt, was man wirklich möchte und dass man verletzlich ist.

Wenn ihr euch die Zeit nehmt, das herauszufinden, was wirklich für euch stimmt, erkennt ihr vielleicht, dass ihr mit der anderen Person gar nicht befreundet sein möchtet. Oder dass die Person, mit der ihr befreundet sein wollt, selbst unsicher ist und nicht weiß, ob sie mit euch befreundet sein möchte. Oder die andere Person möchte einfach nicht mit euch befreundet sein, egal, wie sehr ihr das wollt. Und auch, wenn es euch nicht gefällt, was ihr entdeckt: Anzuerkennen, was man fühlt und möchte, und dann abzuwägen, was die andere Person fühlt und möchte, liefert euch ganz wichtige Informationen und hilft euch abzuwägen, was eure Möglichkeiten sind. In dem genannten Beispiel, wenn ihr den Eindruck habt, dass ihr eine Freundschaft wollt und die andere Person eventuell nur unsicher ist, entscheidet ihr euch vielleicht dafür, auf sie zuzugehen. Oder ihr entscheidet, euch selbst Freund zu sein, indem ihr euch selbst liebe- und respektvoll behandelt. Oder ihr sucht euch einfach andere Freunde. Oder ihr erkennt, dass die andere Person tatsächlich mit Absicht verletzend ist, und sucht die Hilfe eines Erwachsenen, dem ihr vertraut.

Diskussion: Schwierige Kommunikations-Situationen (8 bis 18 Jahre)

Wenn die Teilnehmer mit ihren Cartoons fertig sind, sollten sie sich paarweise zusammentun – vorzugsweise nicht mit dem besten Freund –, um miteinander das Kommunikationsproblem zu besprechen, das im Cartoon festgehalten ist. Wenn sie das Gefühl haben, die beschriebene Situation sei zu privat (zu peinlich, zu intim, zu heftig), können sie sich auch eine etwas „weniger schwierige" Situation aussuchen. (Wenn Sie mit einer Einzelperson arbeiten, besteht die Diskussion über diese Übung natürlich einfach aus einem Einzelgespräch.)

Sobald jeder einen Partner hat, legen Sie – oder die Teilnehmer selbst – fest, wer jeweils Partner A und Partner B sein soll. Es gibt dazu einige einfache Methoden: Zum Beispiel ist der mit den kürzeren Haaren Partner A oder der jüngere von beiden ist Partner A oder der, dessen Name im Alphabet zuerst kommt.

Erläutern Sie nun, dass Partner A den Anfang macht und ein schwieriges Gespräch präsentiert, während Partner B achtsames Zuhören übt – mit ganzem Herzen und ganzer Aufmerksamkeit zuzuhören, nicht nur mit den Ohren. Um diesen Prozess zu unterstützen, ist es sinnvoll, wenn Sie die folgenden Leitfragen vorlesen, die Partner A jeweils innerhalb ungefähr einer Minute beantworten sollte. Anhand dieser Fragen arbeiten alle Paare in der Gruppe gleichzeitig.

- *Was war das Problem? Beschreibe es deinem Partner ganz kurz.*
- *Wie hast du dich in diesem schwierigen Moment gefühlt?*
- *Was hast du gewollt?*
- *Wie, denkst du, hat sich die andere Person gefühlt?*
- *Was, denkst du, hat die andere Person gewollt?*
- *Was ist im Endeffekt passiert?*

Wenn du jetzt zurückblickst: Welche anderen Straßen hätte es gegeben, Lösungen, Möglichkeiten, die Schwierigkeit zu beheben?

Wenn Partner A mit dem Präsentieren fertig ist, kann Partner B achtsames Sprechen üben – in Freundlichkeit und Neugier zu dem Gehörten etwas sagen, Fragen stellen und eigene Beobachtungen einbringen. Dann werden die Rollen getauscht.

Sobald der gesamte Austausch beendet ist, können Sie mit der ganzen Gruppe eine Diskussion anleiten: „Wer sein Problem und das, was er oder sie aufgeschrieben hat, in die Gruppe einbringen möchte, darf die Hand heben. Oder wer vergeblich nach einer kreativen Lösung gesucht hat und von der Gruppe Hilfestellung bekommen möchte."

In diesem Prozess kann es sinnvoll sein zu betonen, wie wichtig es ist, die Gefühle und Wünsche der anderen Person zu erkunden. Ermutigen Sie zu der Einsicht, dass auf der fundamentalsten Ebene das, was ein anderer möchte, sehr oft nichts anderes ist als das, was man selbst möchte – auch mitten in einem Problem oder einer Meinungsverschiedenheit.

Es klingt, als wenn er einfach nur happy sein wollte... dass es halt gut läuft... Wolltest du happy sein? Dass alles gut läuft? ... Wollen wir das eigentlich nicht alle? ... Ist das nicht interessant: Obwohl wir mit jeman-

dem ein Problem haben, haben wir doch den Wunsch gemeinsam, glücklich zu sein. Wenn ich wütend bin, hilft es mir jedenfalls, mich zu erinnern, dass der oder die einfach auch nur glücklich sein will.

Gruppenleitung und „politische Korrektheit"

Es ist wichtig, Kinder und Jugendliche beim Entdecken und Aussprechen ihrer Wahrheit zu unterstützen, auch wenn sie „politisch unkorrekt" ist: „Ich war so wütend, ich wollte nach ihm schlagen." (Oder bei manchen Jugendlichen: „ihn killen".) Halten Sie hier, Ihrer eigenen Praxis zuliebe, kurz inne, und nehmen Sie Ihre Gedanken, Gefühle und Körperempfindungen in Bezug auf diesen letzten Satz wahr…
Ist Angst aufgekommen? Haben Sie zu urteilen angefangen? Wollten Sie korrigieren oder zurechtrücken? Wenn ja, verurteilen Sie nun Ihre eigene Angst und Ihr Urteilen, und versuchen Sie zu korrigieren, dass Sie etwas zurechtrücken wollten? Denken Sie daran: Als Gruppenleiter und menschliche Wesen, die ihr Bestes geben, ist es unsere wichtigste Aufgabe, uns und anderen den Raum zu geben, in dem wir so sein können, wie wir sind. Sind Sie selbst bereit zuzugeben, dass Sie manchmal schon so wütend waren, dass Sie jemand anderem wehtun wollten?

Sie werden unweigerlich auf junge Menschen wie Michael treffen, die Ihnen im Gespräch über ihre „Fast-Momente" ganz ehrlich sagen: „Ich wollte ihn schlagen." (Das kann eine Katze, ein Bruder oder eine Schwester, ein Freund, der Rüpel auf dem Pausenhof oder das Mitglied einer rivalisierenden Gang sein.) Wenn ein junger Mensch so ehrlich ist, danken Sie ihm, statt ihn zurechtzuweisen. Holen Sie ihn da ab, wo er im Moment steht, und sagen Sie ungefähr Folgendes:

Danke, dass du so ehrlich bist. Ich verstehe das. Wie du bin ich auch schon manchmal so wütend gewesen, dass ich jemandem wehtun wollte. Sich diese Gefühle und Impulse ehrlich einzugestehen, kann einem helfen, das eigene Verhalten besser zu steuern. Wenn wir nämlich so tun, als wären wir nicht wütend, kommt die Wut manchmal heimlich heraus und wir tun etwas, was wir später gerne ungeschehen machen würden. Also, es ist sehr mutig und hilfreich, wenn wir uns selbst gegenüber ehrlich sind.

Kommentare dieser Art, die die Intensität von Aggression und den Impuls, anzugreifen oder sich zu verteidigen, anerkennen, entschärfen paradoxerweise diese sehr menschliche Regung und demonstrieren, dass es möglich ist, intensive Wut zu fühlen, losschlagen zu wollen – und sich doch anders zu entscheiden.

Nachdem das gesagt ist, muss natürlich auch betont werden, dass man die Teilnehmer mit ihren Gefühlen und Wünschen nicht allein lassen darf, sondern sie dabei unterstützen muss, alle Schritte des beschriebenen Prozesses zu durchlaufen: also die Perspektive eines Gegenübers zu berücksichtigen und dann das eigene Verhalten bewusst zu steuern. Und wir müssen unsere jungen Freunde unbedingt daran erinnern: Sich auf eine genaue Untersuchung von schwierigen Gesprächen und Begegnungen einzulassen bedeutet nicht, dass man dann bekommt, was man möchte (oder, genauer ausgedrückt, was man *denkt*, dass man es möchte – für gewöhnlich ein ganz bestimmter Gegenstand in der Welt der materiellen Dinge).

Manchmal durchlaufen sie den Prozess und stellen fest: Ich will eigentlich etwas anderes, als ich dachte. Das kann ein guter Moment sein, sie an die Formel „Leiden = Schmerz x Widerwillen" zu erinnern und daran, dass sie, wenn sie nur damit beschäftigt sind, eine Situation unbedingt anders haben zu wollen, als sie ist, alles nur noch schlimmer machen. Gleichzeitig sollte das aber nicht den Eindruck vermitteln, es sei falsch, zu wollen, was man will, oder dass man nichts unternehmen sollte, um das zu erreichen, was man anstrebt – solange man damit niemand anderem schadet. Letztendlich geht es bei diesem Prozess ja darum zu verstehen, was wir wirklich fühlen und wirklich wollen und was andere wirklich fühlen und wirklich wollen, so dass wir optimale Chancen haben, einen Weg zu finden, der uns und anderen Zufriedenheit bringen kann.

Älteren Jugendlichen kann man die Volksweisheit von den „drei Fingern" präsentieren, „die auf einen selbst zurückweisen, wenn man mit dem Finger auf jemanden zeigt". Dieses prägnante Sprichwort fordert uns auf, darüber nachzudenken, inwiefern das, was wir an anderen kritisieren, oft nur ein Spiegelbild unseres eigenen Verhaltens ist. „Er hatte nur seine Argumente im Kopf, er hat mir gar nicht zugehört." – „Und, kannst du auch sehen, ob vielleicht auch du nur deine Argumente im Kopf hattest, so dass du nicht zuhören konntest? Auch wenn es nur in deinem Kopf war?…"

Die positiven Wirkungen eines regelmäßigen Trainings in diesem Prozess der Arbeit mit problematischen Kommunikationsabläufen sind: gesteigerte Selbstwahrnehmung (manche Jugendliche sind sogar fähig, in ihrem Verhalten Muster zu erkennen); gesteigerte Empathie, Mitgefühl, Belastbarkeit und Fähigkeit zum Perspektivenwechsel; effizientere Kommunikation; gestärkte Fähigkeiten zu Konfliktlösung und Kooperation; und letztendlich mehr Energie für ein aktives Leben und Lernen.

Achtsame Gehmeditation (alle Altersstufen)

Nach dieser Diskussion sind die Schüler wahrscheinlich alle unruhig und wollen sich bewegen. Wenn das Energieniveau der Gruppe sehr hoch ist, können Sie mit einem flotten Gehen anfangen (Beschreibung folgt) und dann zu langsamerem Gehen wechseln. Wenn das Wetter es zulässt, wollen Sie mit der Gruppe vielleicht auch ins Freie gehen.

Ob drinnen oder draußen – achtsames Gehen geht so: Die Teilnehmer stehen, Füße nebeneinander, mit geschlossenen Augen da. Laden Sie sie ein, in der Ruhe zu verweilen und dann die Aufmerksamkeit auf das zu verlagern, was in den Füßen passiert. Fordern Sie sie auf, die ständigen kleinen Bewegungen wahrzunehmen, mit denen sie das Gleichgewicht halten. Lassen Sie sie dann die Augen öffnen und mit dem rechten Fuß einen sehr bedächtigen, langsamen Schritt machen, wobei sie ihre ganze Aufmerksamkeit in den Fuß lenken und die Empfindungen spüren, wie sie den Fuß heben, nach vorne schwingen und auf dem Boden aufsetzen.

Lassen Sie sie dann zehn *langsame*, bedächtige Schritte machen und dann anhalten. Wenn Leute sehr schnell oder ungeschickt gehen, können Sie einen Wettbewerb ausrufen, wer am langsamsten und aufmerksamsten gehen kann, *ohne* zu stolpern. Ermutigen Sie sie, wie bei der Atempraxis, aufmerksam zu sein, ob die Gedanken abschweifen, und die Aufmerksamkeit sanft wieder auf die Empfindungen beim Gehen zu richten. Wenn sie die Grundidee begriffen haben, kann die Praxis variiert werden. Man kann zum Beispiel jeden für sich in der eigenen Spur oder aber als Gruppe im Kreis gehen lassen.

Übung: Achtsames hastiges Gehen (8 bis 18 Jahre)

Legen Sie für eine Gruppengröße von 15 bis 20 Teilnehmern einen Gehbereich von ungefähr 5 mal 5 Metern fest, wobei Sie am besten im Raum vorhandene Markierungspunkte benutzen. Instruieren Sie die Teilnehmer, in diesem Bereich in einem natürlichen Tempo zu gehen und dabei die Richtung zu ändern und auszuweichen, *bevor* sie mit jemandem zusammenstoßen oder die Grenze des Bereiches erreichen. Vielleicht müssen Sie auch an Dinge wie Freundlichkeit, Sicherheit und rücksichtsvolles Verhalten erinnern. Stellen Sie ihnen die Aufgabe, aufmerksam zu bleiben und etwas schneller zu gehen.

Lassen Sie sie allmählich immer schneller gehen und alle sieben Schritte (oder früher, wenn eine Kollision vermieden werden muss) die Richtung ändern. Fordern Sie sie auf, den Körper wahrzunehmen und ihre Klassenkameraden und die Räume zwischen diesen (sie sind wie die Zwischenräume zwischen Atemzügen oder Gedanken). Lassen Sie sie dann sehr schnell gehen und alle fünf Schritte die Richtung ändern. Als Nächstes lassen Sie sie mit geballten Fäusten, hochgezogenen Schultern und zusammengebissenen Zähnen gehen, sehr schnell und alle drei Schritte die Richtung wechselnd. Bitten Sie sie wahrzunehmen, wie sich das anfühlt. Manchen Teilnehmern ist diese verkrampfte, hastige Gehweise vielleicht vertraut.

Zum Schluss laden Sie sie ein, wieder zur Ruhe zu kommen und einfach wahrzunehmen, wie sie sich nach diesen Geh-Experimenten fühlen. „Was passiert in Eurem Körper?" – „Wie ist Euer Atem?" – „Wie ist Euer Herzschlag?" – „Was passiert in Eurem Kopf?" Ermutigen Sie sie, beim Übergang vom Stehen zum Sitzen ihre Aufmerksamkeit aufrechtzuerhalten und ihre Gedanken, Gefühle und Körperempfindungen wahrzunehmen, während sie an ihre Plätze zurückgehen.

Gespräch: Herzensgüte

Laden Sie die Teilnehmer nun ein, im Sitzen still zu werden und zur Ruhe zu kommen. Als kurze Einführung – oder „Appetithappen" – für die Übung zur liebevollen Güte bitten Sie sie, sich selbst eine kleine Freundlichkeit zukommen zu lassen, und zwar in der Form des schlichten Wunsches: „Möge ich glücklich sein."

Wir machen jetzt eine neue, ganz kurze Übung. Ich werde euch gleich einladen, im Stillen etwas zu euch selbst zu sagen. Nehmt dabei eure Gedanken, Gefühle und Körperempfindungen wahr. Okay, schenkt euch jetzt, in eurem eigenen Tempo, eine einfache kleine Freundlichkeit, indem ihr sagt: „Möge ich glücklich sein." ... Wenn ihr euch diese kleine Freundlichkeit geschenkt und eure Reaktion wahrgenommen habt, öffnet wieder die Augen.

Leiten Sie nun eine kurze Diskussion, wobei Sie anhand der folgenden Fragen dazu ermutigen, wahrzunehmen: die Bereitschaft, sich Freundlichkeit zu schenken; ihre Reaktion auf diese Freundlichkeit.

- *Wart ihr bereit, euch Freundlichkeit zu schenken?*
- *Falls nicht: Was hat euch daran gehindert?*
- *Habt ihr die Freundlichkeit genossen – oder ignoriert?*
- *Was hat ihr gefühlt, als ihr euch Freundlichkeit geschenkt habt?*

Oft bemerken die Teilnehmer eine gewisse Sanftheit oder Erleichterung, aber auch Gleichgültigkeit oder Widerwillen. Erwähnen Sie zum Schluss einfach, dass es ein nützliches Korrektiv oder Gegengift zur „fiesen Stimme" ist, sich selbst Freundlichkeit zu schenken, und dass die Gruppe in der nächsten Sitzung diese Übung zur liebevollen Güte wieder machen wird.

Überblick über die Praxis für zu Hause (alle Altersstufen)

Denken Sie daran, genügend Zeit übrig zu lassen, damit Sie die Übung für zu Hause für die bevorstehende Woche laut vorlesen können. Die geführte Audio-Übung ist der Body-Scan. Die Teilnehmer können zwischen dem Body-Scan und dem achtsamen Gehen abwechseln. Sie können langsam gehen, wie in der Sitzung, oder sie machen einen Spaziergang in die Natur, wobei sie beim Gehen auf ihre *acht* Sinneswahrnehmungen achten. Die Übung für die Achtsamkeit im täglichen Leben besteht darin, auf schwierige Kommunikations-Situationen zu achten, innezuhalten, um die eigenen Gefühle und Wünsche sowie die des Gegenübers wahrzunehmen und dann ihr Verhalten bewusst zu steuern. Dieser Prozess ist ein Weg, den „Löchern" aus dem Weg zu gehen – oder aus ihnen herauszukommen – und „andere Straßen" zu entdecken.

Beantworten Sie alle Fragen, die die Teilnehmer bezüglich der Praxis zu Hause haben.

Abschluss: Übung zum achtsamen Hören

Schließen Sie die Sitzung, indem Sie einem oder zwei engagierten Schülern erlauben, zur abschließenden Hör-Übung den Klangstab anzuschlagen.

PRAXIS FÜR ZU HAUSE – SECHSTE SITZUNG

Achtsamkeit ist ehrlich.
Sie fordert uns auf, das eigene Erleben aufrichtig anzuschauen und das Erleben von anderen zu würdigen.

Praktiziere abwechselnd den Body-Scan und das achtsame Gehen.

Übe Achtsamkeit im täglichen Leben.
- Mache einen Spaziergang in der Natur und nimm das Sichtbare, das Hörbare, die Gerüche, die Qualität der Luft und deine Gedanken und Gefühle wahr.
- Erforsche schwierige Kommunikations-Situationen.
- Übe es, auf die „fiese Stimme" und die „Löcher" und auch in schwierigen Kommunikations-Situationen achtsame Erwiderungen zu finden, statt impulsiv zu reagieren.

Fülle freundlich und neugierig, ohne schlechtes Gewissen, das Praxistagebuch für die Woche aus.
Wenn du einen achtsamen Moment hast, Fragen oder Schwierigkeiten, die du mitteilen möchtest, oder wenn du das nächste Mal nicht zum Kurs kommen kannst, ruf mich bitte an oder schreib mir eine Mail.

KAPITEL 10

Siebte Sitzung:
Kommunikation und Liebe

Ziele

Die Ziele dieser Sitzung sind: Die Teilnehmer zur aktiven Beteiligung an einer Diskussion zu bewegen, in der sie die Anwendung von Achtsamkeit in schwierigen Kommunikations-Situationen reflektieren und demonstrieren; außerdem weiter an der Entwicklung der Fähigkeit zu arbeiten, achtsam zu erwidern, statt impulsiv zu reagieren. Verschiedene Impulse werden untersucht. Alles wird in einem leicht zu merkenden Schlagwort zusammengefasst und schließlich wird auch die Praxis der liebevollen Güte formell eingeführt.

Überblick: Übungen, Aktivitäten, Diskussionen
- Übung zum achtsamen Hören
- Übung zum achtsamen Essen
- Übung und Gespräch: Impulsivität
- Besprechung der Praxis zu Hause
- „Fluchvorstellung"
- Diskussion: „Achtsames Erwidern" versus „impulsives Reagieren"
- Lesung (fakultativ): Das Kapitel „Paul" aus „Sideways Stories from Wayside School", Louis Sachar
- Bewegungsübung: Wir machen Regen
- Übung und Diskussion: Achtsames Aikido
- Aufs Stichwort: Die Übungen AAA, STAR und PEACE
- Übung und Gespräch: Liebevolle Güte
- Überblick über die Praxis für zu Hause
- Abschluss:
  Übung zum achtsamen Hören

Übungen zum achtsamen Hören und achtsamen Essen (alle Altersstufen)

Beginnen Sie wie immer mit dem achtsamen Hören und vielleicht einer kurzen Atem-Erfahrung. An diesem Punkt des Kurses dürften sich, wenn Sie um freiwillige Meldungen bitten, ein oder zwei mutige Kinder finden, die eine einfache Übung anleiten. Es kann sowohl lehrreich als auch ermutigend sein, ihre Interpretation der Praxis zu hören. Wenn sich keine Freiwilligen finden, können Sie eine zusätzliche kurze Übung selbst leiten oder zum achtsamen Essen übergehen.

Übung und Gespräch: Impulsivität (alle Altersstufen)

Bei jüngeren Kindern, aber manchmal auch bei Jugendlichen, gehe ich zum Thema „Impulsivität" oft so über, dass ich das Kapitel „Paul" aus Louis Sachars Buch „Sideways Stories from Wayside School" (etwa: „Als etwas schiefging in der Schule") oder einem ähnlichen Buch aus dem eigenen Kulturraum laut vorlese, während sie weiter essen. In dieser Geschichte geht es um ein Gespräch zwischen Paul und „der Versuchung". Es geht darum, den impulsiven Drang zu etwas wahrzunehmen und zu entscheiden, ob man ihm nachgibt. Das liefert einen humorvollen Blick auf die „Fast-Momente", die „Löcher" und „anderen Straßen" (mit anderen Worten, auf das Thema Erwidern versus Reagieren).

Kurz zusammengefasst: „Die Versuchung" möchte Paul dazu verführen, dass er an Leslies Zöpfen zieht. Zuerst sträubt er sich. Dann zieht er sie erst am linken, dann am rechten Zopf. Bei jedem Ziehen schreit Leslie und beklagt sich, dass Paul sie an den Zöpfen zieht, und er bekommt an der Tafel einen Vermerk hinter seinem Namen. Schließlich schreit Leslie noch einmal (es ist nicht klar, ob Paul sie tatsächlich noch einmal an ihren Zöpfen gezogen hat), und Paul bekommt einen dritten Vermerk und wird nach Hause geschickt. Diese Geschichte bildet ein hervorragendes Sprungbrett für eine Diskussion über Impulse und Wahlfreiheit. Dazu können Sie folgende Fragen nutzen:

- *Habt ihr es schon mal erlebt, dass ihr den Impuls hattet, etwas Gemeines oder Hinterlistiges zu machen, zum Beispiel ein Mädchen am Zopf zu ziehen, Süßigkeiten zu klauen, über andere zu lästern oder bei einem Test zu schummeln?*

- *Habt ihr im Kopf eine Stimme gehört, die gesagt hat: „Nein! Was mache ich denn da? Das gibt doch bloß Ärger!"*

- *Habt ihr eine andere Stimme gehört, die gesagt hat: „Nur ein Mal"?*

- *Wie kann es uns helfen, wenn wir diese Impulse und Stimmen wahrnehmen?*

- *Warum ist es manchmal so schwer, auf die kluge, freundliche Stimme zu hören und eine andere Straße zu wählen?*

„Jucken"

Das folgende Beispiel zeigt, wie sich auf kurze, einfache, unterhaltende und anschauliche Art und Weise Impulsivität erforschen lässt. Beobachten Sie Ihr eigenes Erleben, während Sie die einzelnen Abschnitte durchlesen, um mit der Übung vertraut zu werden. In der Sitzung selbst verlassen Sie sich dann auf Ihre Erfahrung, um Ihre jungen Freunde durch die Erforschung eines alltäglichen, mächtigen Impulses zu führen:

Bitte macht die Augen zu. Ich werde gleich ein bestimmtes Wort sagen, und ich möchte, dass ihr wahrnehmt, was bei euch im Körper und im Kopf passiert. Versucht, so gut ihr könnt, einfach wahrzunehmen, ohne etwas zu machen oder euch zu bewegen. Okay, hier kommt das Wort: „Jucken"…

Was habt ihr wahrgenommen? …

Hebt die Hand, wenn ihr plötzlich ein Jucken bemerkt habt, das vorher noch nicht da war. Hebt die Hand, wenn ihr das Jucken wahrnehmen konntet, ohne euch zu kratzen. Wenn ihr euch gekratzt habt: Konntet ihr die Gedanken davor wahrnehmen? Was waren es für Gedanken? Habt ihr vielleicht gedacht: „Nur einmal kurz kratzen", „Die merkt das doch nicht", „Mir ist es egal, was sie gesagt hat" oder „Sie hat es bestimmt nicht ernst gemeint"? Es geht nicht um gut oder schlecht oder richtig und falsch; es geht darum, den Körper wahrzunehmen, Gedanken, Gefühle – und dann zu entscheiden, wie man sich verhält. Ist es nicht interessant, dass ein einziges kleines Wörtchen eine Körperempfindung hervorrufen kann, die dann zu Gedanken und Impulsen führt, die wiederum zu Handlungen führen?

Wenn genug Zeit ist, können Sie mit anderen Wörtern eine ähnliche Übung versuchen, zum Beispiel „Kekse" oder „Hausaufgaben". Mit älteren Kindern können Sie auch eine Diskussion über Werbung und mediale Bilder führen, beispielsweise mit folgenden Fragen und Kommentaren:

Was könnte diese Übung mit Werbung zu tun haben? ... Genau, die Werbung benutzt Wörter und Bilder, um Gedanken und Impulse zu erzeugen.

Was für Arten von Gedanken sind es denn, die die Werbung auslösen möchte? ... Yep. Gelüste, Habenwollen und Unsicherheit. Und die „fiese Stimme".

Warum könnte es nützlich sein, sich daran zu erinnern? Weil ihr dann eure Gedanken und Impulse beobachten und dann entscheiden könnt, ob ihr euer Geld wirklich für diese eine Jeansmarke ausgeben wollt.

Besprechung der Praxis für zu Hause (alle Altersstufen)

Nach dem Vorlesen der Geschichte können Sie zu der üblichen Besprechung der Praxis für zu Hause übergehen.

Im Körper sein

Fragen Sie nach den Erfahrungen der Teilnehmer mit dem Body-Scan und dem achtsamen Gehen. Bieten Sie wie immer klärende Kommentare oder Fragen an:

- *Hat jemand den Body-Scan gemacht?*

- *Wie war es für euch?*

- *Hatte jemand Probleme mit dem Body-Scan?*

- *Kein Thema! Wenn ihr merkt, dass ihr abgedriftet seid, bringt ihr eure Aufmerksamkeit einfach in den Körperbereich zurück, den die Audio-Aufnahme gerade beschreibt.*

- *Wenn ihr den Impuls verspürt, euch zu bewegen, schaut einmal, ob ihr ihn einfach wahrnehmen und drei Atemzüge lang dabei bleiben könnt, ohne euch zu bewegen. Wenn ihr euch bewegt, versucht, es achtsam zu tun.*

- *Hat jemand mit dem achtsamen Gehen experimentiert?*

- *Falls ihr es vergessen habt: Seid ihr bereit, es diese Woche zu versuchen?*

- *Was war mit dem Spaziergang in freier Natur?*

- *Wie war es, in freier Natur spazieren zu gehen und auf Bilder, Töne und die Empfindungen im Körper zu achten, wie er sich durch den Raum bewegt?*

Schwierige Kommunikations-Situationen: „Schluss jetzt mit dem Computer!" (8 bis 18 Jahre)

Bei älteren Teilnehmern können Sie jetzt weitermachen, indem Sie die Erfahrungen mit schwierigen Kommunikationssituationen aus der vergangenen Woche besprechen. Ich möchte Sie ermutigen, ein eigenes Erlebnis mit einer schwierigen Kommunikations-Situation aus der vergangenen

Woche einzubringen und sich die Beobachtungen und Vorschläge von Seiten der Teilnehmer dazu anzuhören. Erfahrungen auf diese Art miteinander zu teilen zeigt unseren jungen Freunden, dass Erwachsene oft mit ähnlichen Problemen zu kämpfen haben. Es ermöglicht den Teilnehmern auch, den Prozess in Bezug auf eine reale und trotzdem unpersönliche Situation zu verfolgen, und gibt ihnen Gelegenheit, ihre eigene, hart erarbeitete Weisheit einzubringen. Aus dieser Weisheit und unbefangenen Perspektive können auch Sie selbst wieder profitieren – was auch nicht unwichtig ist.

Die schwierige Kommunikations-Situation, die im Folgenden beschrieben ist, stammt von Henry, einem Sechstklässler in einem Eltern-Kind-Kurs in Stanford. (Die Arbeit mit Eltern-Kind-Paaren hält einzigartige Chancen und Herausforderungen bereit, die ich in Kapitel 15 ausführlicher untersuchen werde.) Das Beispiel stammt zwar aus einem Eltern-Kind-Kurs, es könnte aber auch ohne Weiteres aus einem Kurs nur mit Jugendlichen sein. Ich präsentiere es genau so, wie es sich ereignet hat, um Ihnen ein Gefühl dafür zu geben, welche Vorgehensweise ich wählte, um an einem ganz bestimmten Herbstnachmittag, mit einer ganz bestimmten Gruppe, eine ganz bestimmte schwierige Kommunikations-Situation zu untersuchen; es ist nur eine von zahllosen Möglichkeiten, auf einen gegebenen Moment zu reagieren. Der Grundprozess bei der Anleitung solch einer Analyse ist immer der gleiche, ob Sie nun mit einer Einzelperson, mit einer Gruppe von Kindern oder Jugendlichen oder aber mit einer Eltern-Kind-Gruppe arbeiten.

In dieser konkreten Gruppe war ein ganz heißes Thema für Kinder und Eltern, wie die Computer-Nutzung geregelt werden sollte. Oft wollten die Kinder weiterspielen, aber die Eltern wollten, dass sie aufhörten und stattdessen ihre häuslichen Pflichten oder Hausaufgaben machten. Oder die Eltern wollten selbst an den Computer. Nachdem Henry, der eloquenteste und aktivste Computernutzer der Gruppe, das Szenario präsentiert hatte, lud ich ihn ein, im Rollenspiel den Part eines Elternteils zu übernehmen. Ein zweiter Junge meldete sich freiwillig, um seine natürliche Rolle als kindlicher Computernutzer zu spielen. Wie Sie gleich sehen werden, war Henry in seiner Rolle als Elternteil sehr gewandt.

ELTERNTEIL: Schluss jetzt mit dem Computer, bitte!
KIND: Aber Mama, ich bin grade mitten in Level 37 von diesem Spiel!
ELTERNTEIL: Das verstehe ich, Schatz, aber ich muss jetzt selbst an den Computer.
KIND: Aber Mama, ich hab's bisher noch nie bis Level 37 geschafft. Lass mich doch fertig spielen.
ELTERNTEIL: Was meinst du, wie lange dauert das noch?
KIND: Fünf Minuten.
ELTERNTEIL: Okay, dann warte ich fünf Minuten. Ich stelle den Timer. Wenn es klingelt, bin ich dran.
KIND: Okay.

Die anschließende Diskussion machte klar, dass Kinder die Zeit, die sie für ein Level brauchen, manchmal nicht richtig einschätzen – und manchmal auch nicht aufhören zu spielen, wenn der Timer klingelt. Allerdings hatten sowohl Kinder wie Erwachsene das Gefühl, dass dieses Rollenspiel auf jeden Fall konstruktiver war als ihre gewöhnliche nervenaufreibende Kommunikation über das Thema und die zentralen Elemente von gegenseitigem Respekt und Vertrauen aufwies. Die Kinder wollten, dass die Erwachsenen verstehen sollten, wie wichtig ihnen das Spiel war. Und die Erwachsenen wollten die ewigen Diskussionen vermeiden.

Wir stellten auch fest, dass es vorteilhaft war, wenn die Familie in einem neutralen Moment die Situation besprach und Verabredungen traf, *bevor* jemand den Computer benutzen wollte (oder es gar schon tat). Die folgende Woche berichteten die Familien, dass die Kommunikation in Sachen „Computer" weniger stressig und viel angenehmer verlaufen sei.

Der Prozess ist für Teilnehmer in Partnerarbeit oder für Einzelpersonen, mit denen Sie in Ihrer Praxis arbeiten, ähnlich. Zum Beispiel: Wenn ein/e Jugendliche/r in die Gruppe oder in Ihre Praxis kommt und angibt, die Eltern würden ihn/sie wegen der Handy- oder Computernutzung dauernd nerven, könnten Sie die Situation im Rollenspiel bearbeiten:

Der/die Klient/in spielt einen Elternteil und Sie oder ein Gleichaltriger spielen den/die Klient/in. Nach dem Rollenspiel können Sie verschiedene Elemente aus dem Kurs einfließen lassen: Atmen, Gedanken und Gefühle wahrnehmen, emotionstheoretische Einsichten anwenden, sich selbst und anderen Beteiligten achtsam zuhören, „andere Straßen" suchen und so weiter.

„Fluchvorstellung" (8 bis 18 Jahre)

„Fluchvorstellung" ist ein Wortspiel, das für die Erkundung des Themas „impulsives Reagieren vs. achtsames Erwidern" eine hilfreiche Analogie liefert. Kinder zwischen 8 und 18 Jahren müssen nämlich in der Schule regelmäßig „Buchvorstellungen" verfassen. Eine „Fluchvorstellung" beinhaltet nun nichts anderes, als einen Moment, in dem das Kind sich „verflucht" fühlte, zu beobachten und festzuhalten. Wer waren die Hauptfiguren? Worin bestand der „Fluch"? Was ist passiert? Welche Gedanken und Gefühle steckten hinter dem Geschehen? Wie könnte die Geschichte noch ausgehen? Wo hätte man klüger entscheiden können? Ein Arbeitsblatt dazu finden Sie im Anhang. Sagen Sie, mit einem Lächeln im Gesicht, ungefähr Folgendes:

> *Ich werde euch nun eine Buchvorstellung schreiben lassen. (Unweigerlich werden hier einige Teilnehmer gequält aufstöhnen.) Nehmt wahr, welche Gedanken und Gefühle hochgekommen sind, als ich das gesagt habe. Habt ihr gedacht: „Äh, wieso lässt uns diese komische Achtsamkeitslehrerin eine Buchvorstellung schreiben?" Ich hätte an eurer Stelle wahrscheinlich das Gleiche gedacht (lächeln). Wie auch immer, diese kurze Buchvorstellung ist eher eine Art „Fluchvorstellung", nämlich zu einem Moment, in dem ihr von irgendjemandem oder irgendetwas einen „Fluch" abgekriegt habt. Kann mir jemand ein Beispiel sagen, wie er oder sie in den letzten Tagen so eine Art „Fluch" abgekriegt hat? ... Ja, als deine wirkliche Buchvorstellung weg war, weil dein Computer abgestürzt ist! Okay! Noch jemand? ...*

Als dein Freund sich über dein Äußeres lustig gemacht hat. Gut! Fällt jedem ein Beispiel ein? Wenn nicht, bitte die Hand heben. (Helfen Sie hier in einem kurzen Gespräch jedem, der kein Beispiel findet, sich an einen „Fluch"-Moment zu erinnern.)

Wenn jetzt jeder ein Beispiel hat, füllt bitte das „Fluchvorstellungs"-Blatt aus, mit ein paar Stichworten, die den „Fluch" beschreiben – das Ereignis, das schieflief –, die beteiligten Hauptfiguren, eure Gedanken und Gefühle, eure Handlungen, mögliche andere Endresultate oder „Straßen", was der klügere Teil in euch gemacht hätte und so weiter …

Diskussion: Achtsames Erwidern versus impulsives Reagieren (8 bis 18 Jahre)

An dieser Stelle ist es sinnvoll, den ganzen Kurs noch einmal unter dem Gesichtspunkt „Achtsames Erwidern versus impulsives Reagieren" Revue passieren zu lassen. Fragen Sie die Gruppe oder das Kind, mit dem Sie arbeiten, die Schritte aufzulisten, die zu einem solchen achtsamen Erwidern gehören. Natürlich können Sie Hilfestellung geben, wenn ein Schritt vergessen wird.

- Bemerken, dass es ein Problem gibt
- Mithilfe des Atems zum friedlichen, ruhigen Ort finden
- Auf Gedanken, Gefühle und Körperempfindungen achten
- Wenn andere Personen beteiligt sind: Bedenken, was ihre Gedanken und Gefühle sind und was sie wollen
- Eine „andere Straße" suchen, statt in ein „Loch" zu fallen

Bewegungsübung: Wir machen Regen
(alle Altersstufen)

„Wir machen Regen" ist eine erlebnisorientierte, spielerische Übung, in der die Teilnehmer ein kleines Orchester bilden und zusammen, mit Ihnen als Dirigent, akustisch ein Gewitter darstellen: wie es sich zusammenbraut, wie es zum Ausbruch kommt und schließlich wieder abzieht. Wenn Sie das noch nie gesehen oder gemacht haben, finden Sie im Internet unter dem Stichwort „Chor simuliert Gewitter mit den Händen" ein professionelles Beispiel (definitiv auch dafür, dass ein Video mehr sagt als zehntausend Worte).

Die Teilnehmer stehen im Halbkreis, in zwei Reihen hintereinander, mit dem Gesicht zu Ihnen. Bitten Sie sie, die Augen zu schließen, die Ruhe zu fühlen und der Stille und den Geräuschen im Raum zu lauschen. Dann laden Sie sie ein, die Augen zu öffnen und Ihre Bewegungen zu imitieren, während Sie die Bewegungen langsam von links nach rechts sich ausbreiten lassen. Normalerweise gebe ich folgende Anweisung: „Wenn ich in eure Richtung deute, dann macht bitte meine Bewegung nach und macht sie solange, bis ich eurer Gruppe eine neue Bewegung gebe." Schauen Sie zu Beginn nach links, deuten Sie auf den linken Teil des Orchesters und machen Sie die erste Bewegung: Handflächen gegeneinander reiben. Wenden Sie sich nun *langsam* nach rechts und weiten Sie mit derselben Gestik das Geräusch in diese Richtung aus. Mit den hochgezogenen Augenbrauen und dem Lächeln eines Dirigenten wenden Sie sich dann wieder nach links und machen die zweite Bewegung: Mit den Fingern schnippen. Fahren Sie auf dieselbe Weise in der nachfolgend beschriebenen Sequenz fort, wobei Sie jede Bewegung von links nach rechts wandern und sich ausbreiten lassen, indem Sie dem Orchester in der beschriebenen Weise Zeichen geben:

- Ruhe und Stille
- Handflächen gegeneinander reiben
- Mit den Fingern schnippen.

- Auf die Oberschenkel klatschen
- Hochspringen und wieder landen
- Auf die Oberschenkel klatschen
- Mit den Fingern schnippen
- Handflächen gegeneinander reiben
- Ruhe und Stille

Zum Ende hin bitten Sie die Teilnehmer wieder, die Augen zu schließen, die Ruhe zu fühlen, auf die Stille und die Geräusche im Raum zu lauschen und ihre Gedanken und Gefühle wahrzunehmen. Sie können dieses Bewegungsspiel, das kurz und simpel ist und enormen Spaß macht, einfach so anbieten, aber auch einbetten in einen Hinweis an die Teilnehmer: So, wie manchmal am Horizont ein Gewitter aufzieht, ziehen auch mentale und emotionale Gewitter auf, entladen sich und verziehen sich irgendwann.

Übung und Diskussion: Achtsames Aikido (8 bis 18 Jahre)

Aikido ist eine Kampfkunst, in der der Übende in die Energie eines Angreifers hineingeht und mit ihr eins wird, um sie umzulenken. Die folgende Übung, die verschiedene Möglichkeiten untersucht, wie man einen „Angriff" erwidern kann, ist der MBSR entnommen. Sie dürfte Kindern ab zehn Jahren am meisten bringen. Wenn genügend Zeit ist, können Sie diese Übung mit einbeziehen, um einer Gruppe oder Einzelperson bei der weiteren Erforschung verschiedener Arten des Umgangs mit schwierigen Kommunikationssituationen und zwischenmenschlichen Konflikten zu helfen.

Diese Sitzung bietet reichlich Stoff. Obwohl es nicht nötig ist, auch noch Aikido mit hineinzunehmen, ist es doch gut, wenn Sie es im Repertoire haben. Zweck der Übung ist es, die Teilnehmer unter Ihrer Führung vier deutlich unterschiedliche Arten des Reagierens auf einen Konflikt erleben zu lassen: unterwürfig, ausweichend, aggressiv oder selbstbewusst. Die angeleitete Selbsterfahrung und die anschließende Diskussion sollen unsere jungen Freunde dabei unterstützen, die Gedanken, Gefühle und Körperempfindungen zu erforschen, die jede dieser Arten des Reagierens begleiten, und ihnen helfen, bei sich die Verhaltensmuster zu entdecken, zu denen sie in verschiedenen Situationen tendieren. Für viele junge Menschen ist es eine gewaltige Entdeckung, einfach zu sehen, dass es in Konfliktsituationen diese vier Arten des Reagierens gibt. Und sie bei sich und anderen wahrnehmen zu können, ist eine Fähigkeit, die gar nicht hoch genug eingeschätzt werden kann. Letztendlich stellt die Übung eine weitere Methode dar, jungen Menschen bei der Entwicklung ihrer Fähigkeit zu wohlüberlegten Entscheidungen zu helfen und rein gewohnheitsmäßiges oder problematisches Reagieren zu vermeiden.

Überlegen Sie sorgfältig, je nach der Dynamik der Gruppe, ob Sie die Demonstration mit einer Einzelperson oder einer Reihe von Personen durchführen möchten oder ob die Gruppe sich vielleicht besser paarweise aufteilen und die Übung in Partnerarbeit machen könnte. Vertrauen Sie Ihrem Instinkt und seien Sie bereit, dazuzulernen. Oft sind es die Personen oder Gruppen, mit denen wir am wenigsten riskieren wollen – weil wir Angst haben, dass sie aus dem Ruder laufen, oder weil sie gewohnheitsmäßig impulsiv reagieren –, die uns am Ende die größten Einsichten bringen. Noch einmal: Nutzen Sie Ihre Erfahrung, stellen Sie sich Ihrer Angst und treffen Sie eine weise Entscheidung. Ich bin eine zierliche Frau (stolze 1,55 Meter groß, wenn ich einen guten Tag habe), aber ich suche oft (nicht immer) das „Alpha-Männchen" oder -weibchen aus, um zusammen mit mir die vier Reaktionsweisen zu demonstrieren. Im Folgenden beschreibe ich nun, wie Sie diese Übung in der Form einer Demonstration und als Partnerübung präsentieren können.

Als Demonstration

Bitten Sie die Gruppe, schweigend zuzuschauen und Körperempfindungen, Gefühle und Gedanken wahrzunehmen, während Sie die vier Reaktionsweisen in einer Konfliktsituation darstellen. Wählen Sie einen Teilnehmer aus, der Ihnen bei allen vier Reaktionsweisen assistiert, oder je einen für jede Reaktionsweise. Lassen Sie dann die betreffende Person auf sich zugehen, die Arme nach vorne ausgestreckt und mit einer aggressiven Ausstrahlung.

Unterwürfig: Während die Person auf Sie zukommt, ducken Sie sich weg, mit einem ängstlichen Gesichtsausdruck.

Ausweichend: Während die Person auf Sie zukommt, treten Sie mit einem höflichen Lächeln beiseite.

Aggressiv: Während die Person auf Sie zukommt, treten Sie ihr mit einem wütenden Gesichtsausdruck entgegen.

Selbstbewusst: Während die Person auf Sie zukommt, ergreifen Sie mit einem ruhigen Gesichtsausdruck einen der ausgestreckten Arme, beginnen zu tanzen und drehen sie um 180 Grad.

Laden Sie nach jeder Demonstration zu einer achtsamen Reflexion ein:

- *Was habt ihr beim Zuschauen gedacht, gefühlt und körperlich empfunden?*
- *Habt ihr euch mehr wie ich gefühlt, die Person, auf die zugegangen wurde, oder mehr wie Anna, die auf mich zuging?*
- *Was könnte die Person, die sich nähert, denken und fühlen?*
- *Was könnte die Person, auf die zugegangen wird, denken und fühlen?*

- *Wann habt ihr euch wie die Person gefühlt, die sich näherte? Wann wie die Person, auf die zugegangen wurde?*

- *Welche Situationen bringen euch dazu, so zu reagieren oder euch zu verhalten, wie ich es in diesem Szenario getan habe?*

Als Partnerübung

Wenn Sie sich dafür entscheiden, die ganze Gruppe paarweise die Übung machen zu lassen, sucht sich jeder Teilnehmer zunächst einen Partner. Dann treten sich die Partner in zwei Reihen mit etwa drei Metern Abstand gegenüber. Geben Sie die Anweisung, dass die Übung in Stille gemacht werden soll. (Wahrscheinlich wird trotzdem nicht völlige Stille herrschen.) Fordern Sie alle dazu auf, auf ihre Gedanken, Gefühle, Körperempfindungen und Handlungen zu achten, während sie die Übung machen. Es ist klug, vor Beginn der Übung alle ein paar langsame, tiefe Atemzüge machen und Gedanken und Gefühle wahrnehmen zu lassen. Wichtig ist außerdem ein Hinweis an die Teilnehmer, dass sie dafür verantwortlich sind, dass die Übung auf eine sichere Weise abläuft und niemand verletzt wird. Flüstern Sie dann jeder Gruppe folgende „geheime" Anweisung zu:

Unterwürfige Reaktion: Instruieren Sie Gruppe A, aggressiv mit ausgestreckten Armen auf ihre jeweiligen Partner in Gruppe B zuzugehen. Instruieren Sie die Partner in Gruppe B, sich zu ducken und ängstlich zu schauen.

Ausweichende Reaktion: Instruieren Sie Gruppe B, aggressiv mit ausgestreckten Armen auf ihre jeweiligen Partner in Gruppe A zuzugehen. Instruieren Sie Gruppe A, den Partnern in Gruppe B mit einem höflichen Lächeln auszuweichen.

Aggressive Reaktion: Instruieren Sie wieder Gruppe A, aggressiv mit ausgestreckten Armen auf ihre jeweiligen Partner in Gruppe B zuzugehen. Instruieren Sie Gruppe B, mit ausgestreckten Armen und einem wütenden Gesichtsausdruck dagegenzuhalten.

Selbstbewusste Antwort: Lassen Sie wieder Gruppe B aggressiv mit ausgestreckten Armen auf ihre jeweiligen Partner in Gruppe A zugehen. Zeigen Sie Gruppe A, wie sie mit der linken Hand die linke Hand ihres jeweiligen Partners sanft ergreifen, die rechte Hand dem Partner auf den Rücken legen und ihn langsam um 180 Grad drehen können.

Laden Sie nach jeder dieser vier Versionen zur achtsamen Reflexion ein:

- *Wie haben die Wütenden das Ganze erlebt?*
- *Wie haben die, auf die zugegangen wurde, das Ganze erlebt?*
- *Kommt euch das irgendwie bekannt vor?*
- *In welchen Situationen reagiert oder verhaltet ihr euch typischerweise auf diese Art?*

Aikido-Diskussion

Nachdem Sie alle vier Szenarien durchgegangen sind, initiieren Sie nun eine Gruppen-Diskussion darüber, wie diese vier Arten des Umgangs mit einem Konflikt zusammenhängen mit den Erkenntnissen der Gruppe zu schwierigen Kommunikationssituationen, „Löchern" und „anderen Straßen". Bitte ziehen Sie als Diskussionsleiter(in) folgende Dinge in Erwägung:

Wir sollten darauf achten, dass wir nicht ungewollt implizieren, die selbstbewusste Variante sei allgemein die zu bevorzugende, „richtige" oder „bessere" Form der Erwiderung. Vielmehr bilden nach meiner Erfahrung diese Verhaltensweisen ein Kontinuum, von unterwürfig über ausweichend und selbstbewusst bis zu aggressiv. Echte Achtsamkeit heißt für mich, in jedem neuen Moment auf geschickte Art das zu wählen, was gefragt ist. Manchmal ist es klug, unterwürfig zu sein. Manchmal ist ein gewisses

Maß an klarer, nachdrücklicher Energie gefragt. Wenn wir nicht achtsam sind, reagieren wir aus der Gewohnheit heraus und machen das, was wir immer machen: Wir versuchen, anderen zu gefallen oder sie zu dominieren. Die Herausforderung besteht darin, unsere gewohnheitsmäßigen Verhaltensweisen zu erkennen und zu üben, je nach Situation eine kluge Erwiderung zu finden.

Ein verblüffendes Beispiel für diese Fähigkeit liefert eine Geschichte, die im „National Public Radio"[10] lief und die unsere unbewussten Annahmen in Frage stellt, wann Unterwürfigkeit, Vermeidungsverhalten, selbstbewusstes Auftreten oder Aggression gefragt sind. Ein Jugendlicher bedrängte mit gezogenem Messer einen Mann und verlangte seine Brieftasche. Wenn Sie diese Geschichte erzählen, machen Sie hier vielleicht eine Pause und bitten Ihre jungen Freunde zu überlegen, was sie in dieser Situation getan hätten. In der Regel werden die unterwürfige und die aggressive Reaktion genannt.

In diesem Fall jedoch gab der Mann seine Brieftasche her. Als der Jugendliche davonging, rief er ihn zurück und bot ihm seine Jacke an – und lud ihn dann zum Essen ein! Der Jugendliche akzeptierte, bezahlte für das Essen mit dem Geld aus der Brieftasche des Mannes und gab dann die Brieftasche zurück. Der Mann wiederum bot ihm für das Messer zwanzig Dollar an. (Sie finden diese einzigartige Geschichte in englischer Sprache in voller Länge unter *http://www.npr.org* unter dem Stichwort „A victim treats his mugger right", deutsch sinngemäß etwa: „Räuber sind auch nur Menschen".)

Wenn Sie diese Geschichte in die Gruppe einbringen, nutzen Sie sie als Anlass zu einer eingehenden Untersuchung. Das Ziel dieser Diskussion ist, unsere gewohnheitsmäßigen Reaktionen, aber auch geschickte Alternativen zu untersuchen, aber nicht den Eindruck zu vermitteln, die

---

10 „National Public Radio" ist eine – hauptsächlich von Sponsoren finanzierte – Arbeitsgemeinschaft von derzeit rund 800 Hörfunksendern in den USA und bietet ein informations- und kulturorientiertes Programm (Anm. d. Übers.)

Reaktion des Mannes – oder irgendeine Reaktion – sei gut oder schlecht, richtig oder falsch, besser oder schlechter. Wenn ich diese Geschichte einbringe, gebe ich immer ehrlich zu, dass ich in solch einer Situation wahrscheinlich unterwürfig agieren würde.

Alles zusammenbringen:
Sag dreimal A, STAR und PEACE (alle Altersstufen)

Wie Sie sich vielleicht erinnern, lautet meine Achtsamkeitsdefinition: „Hier und jetzt aufmerksam sein, freundlich und neugierig, und dann entscheiden, wie man sich verhalten will." Der ganze Kurs ist darauf angelegt, junge Menschen bei der Umsetzung dieses Ansatzes im täglichen Leben zu unterstützen. Als Gedächtnisstütze habe ich dazu die drei folgenden Akronym-Slogans konzipiert: „Sag dreimal A", für Kinder von fünf bis sieben Jahren; „STAR", für Kinder von acht bis zwölf; und „PEACE" für Jugendliche ab zwölf Jahren.

„Sag dreimal A!" (fünf bis sieben Jahre)

Für jüngere Kinder sollte alles möglichst einfach gehalten sein. Die meisten in dieser Altersgruppe kennen schon das Alphabet (oder zumindest die ersten Buchstaben) und wissen, dass man beim Arzt manchmal „A" sagen muss. Also könnten Sie einfach sagen:

Im Leben ist es gut, wenn man weiß, was am Anfang kommt, und das Wichtigste ist – vor allem dann, wenn es mal Schwierigkeiten gibt. Und deswegen nehmen wir den Anfang des Alphabets, den allerersten Buchstaben, und sagen, wie wenn wir beim Arzt sind, dreimal „Ah":

- *Das erste A steht für „Aufmerksamkeit". Manchmal hilft es, einfach mal anzuhalten und aufmerksam zu sein, Acht zu geben auf den*

- *A wie „Atem"! Und wenn wir auf den Atem achten, können wir besser...*

- *A wie „abwägen", was wir tun sollen. Wenn wir anhalten, auf den Atem achten, können wir manchmal eine freundliche Entscheidung treffen – eine, bei der wir gut zu uns selbst sind und auch zu anderen.*

„Sei selbst ein STAR!" (acht bis elf Jahre)

Jedes Frühjahr müssen die Schüler aller öffentlichen Schulen in Kalifornien Vergleichstests absolvieren, die unter dem Kürzel STAR („Standardized Testing and Reporting", standardisiertes Test- und Dokumentationsverfahren) firmieren. Diese Vergleichstests sind für die Schüler (und die Lehrer!) oft sehr stressig, und deshalb habe ich auf Bitten einiger Lehrer, mit denen ich zusammenarbeite, die folgende Übung konzipiert. Sie trägt nicht nur zur Stressreduzierung vor oder während eines Tests bei, sondern ist auch in anderen heiklen Situationen nützlich.

Diese einfache Übung „Sei selbst ein STAR!" könnte dir helfen, wenn du einen Test schreiben musst, Hausaufgaben machst oder mit einer anderen Herausforderung zu kämpfen hast. Sie geht so:

- *S steht für „Stopp!" Wenn du vor einem Problem stehst, zum Beispiel einer Frage in einem Test, zu der du die Antwort nicht weißt, oder irgendeinem anderen Problem in deinem Leben, sagst du „Stopp!" und hältst einfach inne.*

- *T steht für „Tief durchatmen". Normalerweise entspannen sich unsere Gedanken, wenn wir ein paar langsame, tiefe Atemzüge machen. Das erlaubt uns, zu...*

- *... akzeptieren.* A steht für „Akzeptieren". Akzeptiere, dass du ein Problem hast, dass du die Antwort nicht weißt und dass du ein bisschen gestresst bist. (Ein Drittklässler merkte sich für das A: „Alles gut".)

- R steht für „Reset". Wenn du soweit bist, nachdem du ein paar langsame, tiefe Atemzüge gemacht und die Situation akzeptiert hast, kannst du „resetten", einen Neustart machen: das Problem noch einmal angehen oder aber zum nächsten Problem übergehen.

Denk dran: Diese Übung lässt sich bei einem schwierigen Problem in einem Test oder einer Hausaufgabe anwenden, aber auch bei anderen Schwierigkeiten in deinem Leben.

PEACE (12 bis 18 Jahre)

Die PEACE-Übung ist die komplexeste der drei Übungen, mit denen achtsames Reagieren geschult werden soll. Dies ist eine detaillierte, formelle Praxis und wirkt am besten, wenn sie in gemächlichem Tempo angeleitet und regelmäßig gemacht wird. Mit der Zeit stimmen sich die Jugendlichen ganz natürlich auf die Aspekte der Übung ein, die für bestimmte Situationen relevant sind, und verinnerlichen irgendwann ihre Grundelemente.

Wenn wir daran denken, sie zu nutzen, ist Achtsamkeit in schwierigen Situationen eine gute Hilfe: angefangen bei gewöhnlichen, alltäglichen Schwierigkeiten, beispielsweise sein Handy zu verlieren, bis zu extremeren Herausforderungen, zum Beispiel sitzenzubleiben, mit dem Freund oder der Freundin Schluss zu machen, ein Freund ins Gefängnis wandern zu wissen oder wenn man gar selbst ins Gefängnis muss, wenn man schwanger wird oder den Tod eines Familienmitglieds oder eines Mitglieds der eigenen Community verkraften muss.[11]

Achtsamkeit ist viel mehr als nur dem Atem zuzuschauen. Für mich liegt ihre Kraft und Schönheit darin, dass sie einem helfen kann, wenn es wirklich schwierig wird.

PEACE ist ein Akronym, ein Schlagwort für eine Übung, die in jeder schwierigen Situation eingesetzt werden kann. Vielleicht fängst du das Üben am besten mit kleinen, alltäglichen Ärgernissen an. Wenn du mit extremeren Situationen zu tun hast, musst du die Übung vielleicht mehrmals am Tag wiederholen, und du musst dir vielleicht zusätzliche Hilfe von einem Freund, deinen Eltern, einem Therapeuten oder einem Arzt holen.

Die Übung geht so:

P steht für „Pause". Wenn du erkennst, dass es schwierig wird, halte inne.

E steht für „Exhalation". Ich wollte eigentlich „Ausatmen" sagen, aber das fängt leider nicht mit E an (lächeln). Wenn du ausatmest, kommt vielleicht auch ein Seufzer oder ein Stöhnen raus, oder du beginnst vielleicht sogar zu weinen. Und nach der Exhalation kommt was...? Die Inhalation, der Einatem. Einfach immer weiteratmen...

A steht für „anerkennen", „akzeptieren", „annehmen". Während du immer weiter atmest, erkenne an, dass die Situation ist, wie sie eben ist. Dein Rucksack mit allen Sachen ist weg, deine Eltern lassen sich scheiden, dein bester Freund geht jetzt mit der Person, die sich gerade in deine(n) Ex

---

[11] Diesen Beispielen liegen offensichtlich US-Verhältnisse zugrunde. Für Europa dürften die Beispiele vielleicht weniger extrem sein (Anm. d. Ü.)

verwandelt hat. Die Situation anerkennen heißt nicht, dass du damit glücklich bist. Es heißt nur, dass du sie erkennst, wie sie ist – egal, ob sie dir gefällt oder nicht.

A steht auch für „akzeptieren": die Situation und deine Reaktion darauf akzeptieren, egal, ob du stinkwütend, am Boden zerstört bist, der Liebeskummer oder die Eifersucht dich zerreißen (oder alles zusammen).

Und schließlich steht das A auch für das innere „Annehmen" deiner Erfahrung. Versuche, so gut wie möglich, am friedlichen, ruhigen Ort zu verweilen und deine Gedanken, Gefühle und Körperempfindungen wahrzunehmen. Registriere, wenn du versucht bist, dein Erleben zu unterdrücken, indem du den Unbeteiligten spielst oder, wenn du im Gegenteil es weiterhin dramatisieren möchtest, indem du in Gedanken oder mit deinen Freunden alles tausendmal durchkaust. Aber nimm das ebenfalls an (lächeln). Versuche, ob es nicht einen Mittelweg gibt – einen Weg, auf dem du deine Gedanken und Gefühle haben kannst, ohne dass sie dich (zum Besten) haben und dich vielleicht zu etwas verleiten, was du später bereust.

C steht für „Chance". Die Schwierigkeit ist zugleich eine Chance, und wenn du soweit bist, diese zu nutzen – und das kann ein paar Minuten, Tage, Wochen oder sogar Monate dauern, je nach Situation –, dann entscheidest du, wie du reagieren willst. Im Idealfall kommen noch weitere „C"s dazu: Charakter, Courage, Charme, Comedy …

Charakter heißt in diesem Fall, dass dir klar ist, was du willst, wo deine Grenzen sind und was in deinem Verantwortungsbereich liegt.

Courage heißt: Du hast den Mut, deine Wahrheit auszusprechen und dir die Wahrheit von anderen anzuhören.

Charme bedeutet hier, dass du zu dir und zu anderen freundlich bist und verstehst, wie unglaublich schwierig es manchmal ist, ein Mensch zu sein.

Comedy heißt, dass du Humor hast und dich selbst nicht zu wichtig nimmst. (Ich hätte gern „Humor" gesagt, aber das fängt leider nicht mit C an ...) Es ist verblüffend, wie einem ein Sinn für Humor manchmal weiterhelfen kann.

Und das E zum Schluss steht für „engagieren". Nachdem du Pause gemacht, exhaliert/ausgeatmet, akzeptiert und die Chance wahrgenommen hast, kannst du dich jetzt engagieren: in der Situation, mit den Leuten, im Leben.

Denk dran: Wenn es geht, übe zuerst mit kleinen Ärgernissen, und in extremen Situationen musst du diesen Prozess vielleicht oft wiederholen und dir zusätzliche Unterstützung holen.

Je mehr du übst, desto mehr PEACE kannst du haben!

Übung und Diskussion: Liebevolle Güte

Es gibt mehrere, miteinander zusammenhängende Gründe, für Kinder diese Übung anzubieten. Einer ihrer fundamentalen Aspekte ist, dass wir anderen Menschen einen Zugang zu der Erfahrung eröffnen können, dass sie genau so, wie sie sind, geliebt werden, liebenswert sind, Liebe verdienen. Wir würden uns natürlich alle wünschen, dass Kinder und Heranwachsende diese Erfahrung häufig machen, aber leider ist das oft nicht der Fall, wie wir wissen. Von Herzen gütig zu werden und zu sich selbst liebevoll und freundlich zu sein, das ist ein mächtiges Gegenmittel gegen die unablässigen negativen Botschaften der „fiesen Stimme", von Gleichaltrigen, Eltern, anderen wichtigen Erwachsenen oder den Medien. Viele junge Menschen hören negative Botschaften so häufig, dass sie sie allmählich glauben und verinnerlichen. Weil die Praxis der liebevollen Güte das Selbst-Mitgefühl fördert, ist sie ein mächtiges Gegenmittel gegen diese repetitive Negativität.

Im Bereich Selbst-Mitgefühl hat Kristin Neff Pionierarbeit geleistet. Sie betont, Selbst-Mitgefühl sei etwas anderes als „Selbstwertgefühl".

Selbstwertgefühl sei evaluativ und reflektiere unser Gefühl, etwas wert zu sein; es beruhe häufig darauf, dass wir uns mit anderen vergleichen, und auf unserer Wahrnehmung kürzlichen „Erfolges" oder „Versagens": „Ich fühle mich gut, weil ich in irgendeinem Bereich besser bin als du, oder ich fühle mich gut, weil ich neulich XYZ sehr gut hinbekommen habe."

Im Gegensatz dazu beruht Selbst-Mitgefühl auf dem Wissen, dass alle menschlichen Wesen (ja, wir selbst gehören auch dazu!) Probleme haben und gleichzeitig Freundlichkeit verdienen. Anders als das Selbstwertgefühl hängt das Selbst-Mitgefühl nicht von unserer Selbsteinschätzung ab, von unserem Erfolg oder Versagen oder wie wir gemessen an anderen abschneiden.

Dr. Neff und ihre Kolleg(inn)en (Neff/Hsieh/Dejitterat 2005) haben drei Komponenten des Selbst-Mitgefühls umrissen: Freundlichkeit zu sich selbst; Wissen um unsere gemeinsame Menschlichkeit; achtsame Bewusstheit. Es ist mittlerweile hoffentlich klar geworden, dass die Kursinhalte von „Ein friedlicher, ruhiger Ort" auf achtsame Bewustheit und Freundlichkeit großen Wert legen. Kurz zusammengefasst, beschreibt Dr. Neff achtsame Bewusstheit als Bereitschaft, negative Gedanken und Emotionen offen und klar wahrzunehmen, ohne sie zu unterdrücken oder auszuagieren; und Freundlichkeit zu sich selbst als Entwicklungsprozess vor allem dann, wenn wir leiden, scheitern oder uns unfähig vorkommen. Das dritte Element des Selbst-Mitgefühls sieht Dr. Neff in der Erkenntnis, dass Leiden und Gefühle der Unzulänglichkeit etwas universal Menschliches sind, etwas, das wir alle durchmachen und nicht etwas, das nur „ausgerechnet mir" passiert. Dieses Element des Selbst-Mitgefühls taucht in vielen der Gespräche im Kurs „Ein friedlicher, ruhiger Ort" auf, manchmal nur in Andeutungen, manchmal explizit.

Laut Dr. Neff fördert Selbst-Mitgefühl nicht nur das eigene Wohlbefinden, es steigert auch unsere Widerstandskraft („Resilienz") . Konkret konnte Neff in ihren Forschungen zeigen, dass Selbst-Mitgefühl die Fähigkeit von Studenten steigert, die Angst vor dem akademischen Scheitern zu bewältigen, und dass es mit emotionsbezogenen Bewältigungsstrategien positiv und mit Vermeidungsstrategien negativ korreliert (2005, S. 263–87). Und: Obwohl der wissenschaftlich dokumentierte Beweis noch aussteht, dass Selbst-Mitgefühl das Mitgefühl für andere verstärkt und vice versa, haben doch zwei neuere Studien – eine von Dr. Neff (Neff/Germer 2013) und eine von Dr. Hooria Jazaieri und Kollegen (2012) am „Zentrum für Mitgefühls- und Altruismusforschung und -erziehung" (CCARE) an der Stanford-Universität – gezeigt, dass Selbst-Mitgefühl und Mitgefühl für andere tatsächlich korrelieren. Sehr wahrscheinlich dürfte deshalb der Aspekt der Freundlichkeit zu sich selbst bei dieser Praxis Freundlichkeit und Mitgefühl gegenüber anderen verstärken.

Darüber hinaus entwickelt die Praxis der liebevollen Güte ganz explizit die Fähigkeit unserer jungen Freunde zu Freundlichkeit, Fürsorge und Liebe für andere. Sie üben, Freundlichkeit, Fürsorge und Liebe auszusenden: an Menschen, die sie kennen, Menschen, die sie weniger gut kennen, Menschen, mit denen sie Probleme haben, oder Menschen, die in ihrem Leben physisch nicht mehr anwesend sind. Wird sie zur Übung des Perspektivenwechsels in der Übung „Schwierige Kommunikations-Situationen" hinzugenommen, so kann die Praxis der liebevollen Güte Empathie und Mitgefühl für andere stärken. Mit der Zeit kann diese Praxis schwierige Beziehungen transformieren, sogar dann, wenn das Verhalten der anderen Person sich nicht ändert. Jugendliche mit einer lang gehegten Feindseligkeit gegenüber bestimmten Individuen oder Gruppen sind oft überrascht, wenn sie entdecken, dass sie nach dieser Praxis auf die betreffenden Individuen oder Gruppen weniger wütend und aggressiv sind.

In diesem Sinne ist die nachfolgend skizzierte Übung „Liebevolle Güte" darauf angelegt, Selbst-Mitgefühl, Wohlbefinden, Belastbarkeit und Mitgefühl für andere zu steigern. Sie ist absichtlich etwas vage gehalten. Wie bereits in Kapitel 3 erwähnt, ist es von zentraler Wichtigkeit, dass Ihre eigene Praxis gut etabliert ist, bevor Sie andere in Achtsamkeit und liebevoller Güte unterrichten. Wenn Sie die traditionelle Praxis der liebevollen Güte persönlich noch nicht gemacht haben, gehen Sie bitte mindestens zwei Monate, bevor Sie andere darin unterrichten wollen, eine Selbstverpflichtung zu täglicher Praxis ein. Sie bringt Freude, ist aber auch rigoros, und wenn Sie Ihre eigene Erfahrung nicht einbringen, wird sie schnell abgehoben oder kitschig. Einen beispielhaften Ablauf, der sich für alle Altersstufen eignet, finden Sie zum Download bei „Peaceful quiet place. Achtsamkeit für jüngere Kinder".

Übung: Liebevolle Güte (alle Altersstufen)

Lassen Sie die Teilnehmer am friedlichen, ruhigen Ort ankommen und zu sich kmmen. Sie können dabei auf Stühlen sitzen oder auf dem Boden liegen. Nach ein paar Momenten stillen Atmens bitten Sie sie, sich an einen einfachen, kleinen Moment zu erinnern, in dem sie sich umsorgt oder geliebt fühlten – von einem Elternteil, einem Trainer, einem Lehrer, einem Nachbarn, einem Freund, von Bruder oder Schwester, vielleicht sogar von einem Haustier… Sagen Sie ihnen, dieser Moment dürfe auch kurz und schlicht sein, so wie ein aufmunterndes Wort oder ein Klaps auf die Schulter. Fordern Sie sie auf, sich an Details zu erinnern – die Zeit, die Situation, die Stimme des betreffenden Menschen – und sich dann ganz von diesem Gefühl des Umsorgtseins und Geliebtseins erfüllen zu lassen. Gestehen Sie zu, dass das Gefühl ganz klein (subtil) sein kann, aber auch groß und mächtig (intensiv), und dass es so, wie es ist, in Ordnung ist.

Weil Lebenssituationen so unglaublich verschieden sein können, ist es wichtig, die Beschreibung der fürsorglichen oder liebevollen Person recht offen zu halten. Wenn Sie möchten, können Sie zu Anfang auch Formulierungen im Sinne von „Erinnert euch an einen Moment in der letzten Woche" oder „Denkt an jemanden, den ihr oft seht" gebrauchen. Das kann besonders wichtig werden, wenn Sie in einer Situation unterrichten, in der die Bezugspersonen der Teilnehmer höchstwahrscheinlich abwesend, nicht verfügbar, womöglich sogar in Haft oder tot sind. Solche Formulierungen verringern die Wahrscheinlichkeit, dass ein junger Mensch am Anfang jemanden aussucht, der weggezogen ist, im Gefängnis sitzt oder gestorben ist. Mit der Zeit und mit etwas Übung können sie dann auch Menschen mit einschließen, die in ihrem Leben physisch nicht mehr präsent sind. Viele Kinder finden die Praxis außerordentlich wertvoll, weil sie sie mit Angehörigen verbindet, die aus ihrem Leben verschwunden sind.

Schlagen Sie vor, sie sollen dem Menschen oder dem Tier, an das sie gedacht haben, Fürsorge oder Liebe schicken. Ermutigen Sie sie, der Person im Stillen etwas Freundliches zu wünschen, etwa „Mögest du glücklich sein", und selbst wieder die Freundlichkeit und Fürsorge der anderen Person zu spüren. Jüngere Kinder werfen der betreffenden Person auch gerne Kusshände zu. Bevor Sie zur nächsten Phase der Übung übergehen – einem wenig vertrauten oder neutralen Menschen liebevolle Güte zukommen zu lassen –, schlagen Sie vor, sie sollen sich selbst Liebe schicken und sich im Stillen etwas Gutes wünschen: „Möge ich glücklich sein."

Diese Sequenz kann mit zwei oder drei anderen Personen wiederholt werden. Die Teilnehmer können damit experimentieren, einem Menschen, den sie nicht gut kennen, Fürsorge oder Liebe zu schicken: dem Kind, das in Mathe drei Reihen weiter hinten sitzt; dem Hausmeister; einem Verkäufer im Laden. Oder sie können diese Gefühle jemandem schicken, mit dem sie Schwierigkeiten haben: dem Ex-besten-Freund, dem kleinen Bruder ... Wenn sie Fürsorge, Liebe und gute Wünsche ausgesandt haben, bitten Sie sie, auch sich selbst Liebe und gute Wünsche zu schicken.

Bei Jugendlichen und Twens füge ich ihren Wünschen oft die Worte „so, wie ich bin" hinzu: „Möge ich glücklich sein, so, wie ich bin." – „Möge ich zufrieden und entspannt sein, so, wie ich bin." Um der „fiesen Stimme" entgegenzuwirken, ermutige ich oft dazu, einem Aspekt ihres Wesens, den sie nicht mögen oder gar hassen, Fürsorge, Liebe und Freundlichkeit zu schicken. „Mögen meine Haare glücklich sein." – „Möge meine Wut zufrieden und entspannt sein." – „Möge mein zähes Lesetempo fröhlich sein." Versichern Sie Ihnen, dass es okay ist, wenn es sich doof oder lächerlich anhört. Ermutigen Sie sie mit dem Nike-Slogan: „Just do it! Macht es einfach!", denn es sind genau diese ungeliebten oder sogar verhassten Aspekte unserer selbst, die unsere Freundlichkeit am meisten brauchen. Sagen Sie ihnen auch, dass sie mit den Formulierungen spielen können, um herauszufinden, was für sie am besten passt.

Zum Schluss fordern Sie sie dazu auf, sich selbst Liebe zu schicken und zu spüren, wie die Liebe zu ihnen zurückkommt; dann der ganzen Welt Liebe zu schicken – Menschen, Tieren, Pflanzen, der Erde, der Sonne, den Sternen, dem Mond – und zu spüren, wie die Liebe der ganzen Welt zu ihnen zurückkommt.

Gespräch: Liebevolle Güte (8 bis 18 Jahre)

Zu Kindern, die jünger als acht Jahre sind, können Sie einfach sagen: „Ist es nicht toll, dass wir uns selbst und anderen Liebe und Freundlichkeit schicken können?" Bei Kindern über acht Jahren können Sie mit Hilfe der folgenden Fragen die Praxis eingehender erkunden. Denken Sie daran, dass sie für manche Kinder eine intensive Herausforderung darstellen kann.

- *Wie war die Übung für dich?*
- *Was hast du gefühlt und gedacht?*
- *Fiel es dir leicht oder schwer, anderen Liebe zu schicken und von ihnen zu bekommen? Und dir selbst?*
- *Wolltest du dich über die Übung lustig machen oder sie boykottieren?*
- *Wie hat sie sich körperlich angefühlt?*
- *Wie ist das: zu wissen, dass man das Senden und Empfangen von Liebe üben kann?*
- *Bist du bereit, mit dieser Übung zu spielen oder zu arbeiten?*

- *Bist du bereit, sie mit Leuten zu versuchen, die du schwierig findest?*
- *Bist du bereit, sie als Gegenmittel gegen die „fiese Stimme" anzuwenden?*

Überblick über die Praxis für zu Hause (alle Altersstufen)

Gehen Sie zum Schluss die Praxis für zu Hause durch. Abgestimmt auf den Wochenschwerpunkt ist die geführte Übung für zu Hause „liebevolle Güte". Die Achtsamkeitsübungen für den Alltag sind folgende: Während einer schwierigen Situation oder Meinungsverschiedenheit sich selbst und die Welt vom Standpunkt des Gegenübers aus zu sehen und in stressigen Situationen mit gütigem Herzen zu antworten, statt aus der fiesen Stimme heraus zu reagieren.

Im achtwöchigen Kursrahmen steht nun die letzte Sitzung an. Deshalb bitte ich die Teilnehmer, wie es auch auf dem Handout für die Praxis zuhause vermerkt ist, etwas mitzubringen, was ihre Erfahrung mit dem Kurs symbolisiert. Normalerweise sage ich dazu nicht mehr, als auf dem Handout vermerkt ist; ich möchte nichts vorwegnehmen und lasse mich gern überraschen.

Beantworten Sie auch alle Fragen, die die Teilnehmer zur Praxis zu Hause haben.

Abschluss: Übung zum achtsamen Hören (alle Altersstufen)

Schließen Sie die Sitzung, indem Sie einem oder zwei aufmerksamen Schülern erlauben, zur abschließenden Hör-Übung den Klangstab anzuschlagen.

PRAXIS FÜR ZU HAUSE – SIEBTE SITZUNG

Achtsamkeit ist eine Praxis für das ganze Leben.
Die Übung kommt durch das praktische Üben.

Hör dir jeden Tag die geführte Übung „liebevolle Güte" an.

Übe Achtsamkeit im täglichen Leben.
- Wenn du mit jemandem Probleme oder Meinungsverschiedenheiten hast, versetz dich in seine Lage und schaue dich und die Welt mit seinen/ihren Augen an.
- Reagiere in stressigen Situationen aus einem gütigen Herzen heraus, statt impulsiv aus der „fiesen Stimme".

Fülle freundlich und neugierig, ohne schlechtes Gewissen, das Praxistagebuch für die Woche aus.
Nächste Woche ist unsere letzte Sitzung. Bitte bring etwas mit, das darstellt, was der friedliche, ruhige Ort und die Achtsamkeit für dich bedeuten – vielleicht eine Mandarine, ein Haiku, ein Bild, eine kurze Geschichte, dein Lieblingsgedicht, ein Lied …
Wenn du einen achtsamen Moment hast, Fragen oder Schwierigkeiten, die du mitteilen möchtest, oder wenn du das nächste Mal nicht zum Kurs kommen kannst, ruf mich bitte an oder schreib mir eine Mail.

KAPITEL 11

Achte Sitzung:
Am Ende des Ausatems

Ziele

Die Ziele für diese Sitzung sind: Die Erfahrungen zu besprechen, die die Teilnehmer mit dem Aussenden und Empfangen von Liebe gemacht haben; sie daran zu erinnern, dass sie diese Fähigkeiten durch Übung entwickeln können; und dann „zum Abschluss" zu kommen. Zu diesem Vorgang des „Abschließens" gehören vier Hauptelemente: erstens, ihnen die Gelegenheit zu geben, das, was der Kurs ihnen gebracht hat, mit anderen zu teilen, und zwar in privater Form („Brief an einen Freund") und im Gruppengespräch; zweitens, ihre Gedanken und Gefühle bezüglich des Kursendes auszutauschen; drittens, sich über die vielfältigen Möglichkeiten auszutauschen, wie man sich die Praxis zu eigen machen kann; und viertens schließlich daran zu erinnern, dass Sie jederzeit ansprechbar sind, wenn sie in Zukunft wieder auf Sie zukommen möchten.

Überblick: Übungen, Aktivitäten, Diskussionen
- Übung zum achtsamen Hören
- Übung zum achtsamen Essen
- Besprechung der Praxis zu Hause
- Übung: „Die Gruppe entscheidet" oder „Taschenlampe"
- Übung: Brief an einen Freund
- Abschließender Austausch
- Gespräch: Der Kurs ist zu Ende…
- Abschluss: Übung zum achtsamen Hören

Übungen zum achtsamen Hören und achtsamen Essen (alle Altersstufen)

Weil die Teilnehmer mit diesen Übungen jetzt sehr vertraut sind, können Sie ankündigen, dass das achtsame Zuhören und Essen diesmal „in Stille" stattfinden soll. Sie können einfach den Klangstab anschlagen und dann mit ein paar kurzen Worten zum schweigenden Essen überleiten. Wenn das achtsame Essen sich dem Ende zuneigt, laden Sie Ihre jungen Freunde ein, in der Ruhe und im Schweigen zu verweilen und auf alle Gedanken oder Gefühle zu achten, die sie bezüglich des Kurses und dessen Ende haben.

Besprechung der Praxis zu Hause (6 bis 18 Jahre)

Beginnen Sie, indem Sie die Teilnehmer nach ihren Erfahrungen mit der Liebevolle-Güte-Praxis fragen. Sie können dazu die Stichworte aus der siebten Sitzung verwenden. Achten Sie darauf, auch denjenigen Kommentare zu entlocken, für die die Praxis neutral, unangenehm oder gar angsteinflößend war, und nicht nur denen, denen sie gefiel und die dabei Positives erlebt haben. Bekräftigen Sie, dass alle Erfahrungen in Ordnung sind, wie sie sind, dass die Praxis sich Tag für Tag ändern kann und dass sie jetzt kompetenter sind, mit allem umzugehen, was auftaucht.

Übung: „Die Gruppe entscheidet" oder „Taschenlampe" (alle Altersstufen)

Es gibt mehrere Alternativen für die „letzte" angeleitete Übung des Kurses. Lassen Sie sich von Ihrem Herzen leiten. Sie können die Gruppe entscheiden lassen, ob sie als letzte Übung eine von all denen wählen möchten, die sie miteinander gemacht haben: eine atemzentrierte Übung „Friedlicher, ruhiger Ort", Gedanken-Beobachten, Gefühle, Body-Scan, liebevolle Güte, Sag dreimal A, STAR oder PEACE. Zusätzlich können Sie auch die „Taschenlampen"-Übung anbieten, die im Folgenden skizziert ist. Die eine „magische" Schlussübung gibt es nicht, nur die, die jeweils im Moment gewählt wird – aber die ist oft magisch!

„Taschenlampe"-Übung (alle Altersstufen)

Diese Übung beinhaltet viele der Grundelemente, die während des Kurses vermittelt wurden, und liefert einen eleganten gemeinsamen Schlusspunkt. Sie ist eine kindgerechte Version der Erwachsenen-Übung in so genannter „unausweichlicher Bewusstheit". Eine geführte Anleitung findet sich zum Download bei „Peaceful Quiet Place: Achtsamkeit für Teenager".

Laden Sie die Teilnehmer ein, zur Ruhe zu kommen, die Augen zu schließen und die Taschenlampe ihrer Aufmerksamkeit auf den Atem und den friedlichen, ruhigen Ort zwischen den Atemzügen zu richten ...

Nach ungefähr einer Minute laden Sie sie ein, die Taschenlampe ihrer Aufmerksamkeit auf Geräusche zu richten: auf Geräusche im Raum zu lauschen, Geräusche außerhalb des Raumes, Geräusche in ihrem Körper, Atemgeräusche, ihren Herzschlag, ein Summen in den Ohren ...

Nach ungefähr einer weiteren Minute laden Sie sie ein, die Taschenlampe der Aufmerksamkeit auf den Körper zu richten: wo er Kontakt mit dem Stuhl, der Kleidung, der Luft hat, wo es ein Wohlgefühl gibt und wo nicht ...

Nach einer gewissen Zeit laden Sie sie dazu ein, die Taschenlampe der Aufmerksamkeit auf Gedanken zu richten und wahrzunehmen, wie sie kommen und gehen.

Dann laden Sie sie dazu ein, die Taschenlampe der Aufmerksamkeit auf Gefühle zu richten, vor allem auf jedes Gefühl bezüglich des Kurses und dessen Ende, und einfach anzuerkennen, was immer sie im Moment fühlen …

Lassen Sie sie dann die Taschenlampe der Aufmerksamkeit auf den Atem richten und den friedlichen, ruhigen Ort selbst … Einfach atmen und in Ruhe und Stille ausruhen.

Zum Ende der Übung können Sie erwähnen: Es kann sehr nützlich sein zu wissen, dass wir diese Taschenlampe der Aufmerksamkeit haben, und mit etwas Übung können wir lernen, ihn einzuschalten und dahin zu richten, wo wir wollen. Wir können den Lichtkegel unserer Aufmerksamkeit so ausweiten, dass er alles erfasst, oder ihn auf eine Sache einengen: Ball und Korb, die Frage im Test, den Menschen, der vor uns steht, den Geschmack der Mandarine… Diese Fähigkeit, den Lichtkegel der Aufmerksamkeit auszuweiten oder zu verengen, kann sehr nützlich sein, wenn wir Sport machen, ein Musikinstrument spielen, eine Arbeit schreiben oder ein schwieriges Gespräch führen.

Nun ist der Kreis ganz durchlaufen, und Sie bitten und ermutigen die Teilnehmer, ihre Aufmerksamkeit wieder auf den Atem zu richten und am friedlichen, ruhigen Ort zu verweilen. Halten Sie hier einen Moment inne und bitten Sie dann alle, im Schweigen zu verbleiben, während Sie ihnen die Schreibaufgabe „Brief an einen Freund" vorstellen.

Übung: Brief an einen Freund (8 bis 18 Jahre)

Teilen Sie Papier und Bleistift oder Kugelschreiber aus. Laden Sie dann alle dazu ein, an einen Freund, der nichts über Achtsamkeit oder den friedlichen, ruhigen Ort weiß, einen kurzen Brief zu schreiben, in dem geschildert wird, wie sich der friedliche, ruhige Ort anfühlt, das Verweilen und Ausruhen dort, wie sich Bewusstheit anfühlt und wie sie selbst

Achtsamkeit im täglichen Leben anwenden. Wenn Sie möchten, können Sie das Blanko-Briefpapier am Ende dieses Kapitels kopieren.

Erläutern Sie, dass der Freund irgendwer sein kann, auch ein Haustier oder jemand Imaginäres. Schaffen Sie Vertrauen, indem Sie ihnen sagen, dass sie ihren Namen nicht hinschreiben und die Briefe nicht abschicken müssen, es sei denn, sie wollen es; es gehe nur darum, mit Ihnen, dem/der Kursleiter/in, sich auf vertrauliche Weise darüber auszutauschen, was der Kurs für sie bedeutet hat. Erinnern Sie daran, dass es um Achtsamkeit geht und nicht um gutes Deutsch – es sei denn, der Kurs hat im Deutschunterricht stattgefunden – und dass sie schreiben können, was für sie stimmt, ohne sich um Rechtschreibung oder Zeichensetzung kümmern zu müssen. Denken Sie selbst auch daran, dass es Schüler auf verschiedenen Lernniveaus geben könnte, denen Schreiben Schwierigkeiten macht; ihnen können Sie anbieten, den Brief nach ihrem Diktat zu schreiben. Normalerweise behalte ich diese Briefe dann. Falls jemand seinen Brief selbst behalten oder abschicken möchte, mache ich für meine Unterlagen eine Kopie oder ein Foto davon.

Abschließender Austausch (alle Altersstufen)

Ermutigen Sie nun alle Teilnehmer, das in die Gruppe einzubringen, was sie als symbolischen Gegenstand für ihre Erfahrungen mit Achtsamkeit ausgesucht haben, und den anderen zu erläutern, inwiefern er Achtsamkeit symbolisiert. Wie bei allen Gesprächen sollten Sie, wenn Sie etwas kommentieren, Fingerspitzengefühl walten lassen. Reflektieren Sie auch Ihren eigenen Wunsch, die Teilnehmer möchten den Kurs gut finden und sagen, er habe ihnen etwas gebracht. Vergessen Sie nicht: Lassen Sie den Teilnehmern ihre Erfahrungen, wie sie sind.

Kinder bringen oft etwas zu essen mit. Einmal brachte eine sehr schüchterne Viertklässlerin Äpfel mit, und der Dialog, den ich auf Video aufgezeichnet habe, um ihn in meinen Online-Kursen einzusetzen, verlief folgendermaßen:

ICH: Warum erinnern Äpfel dich an Achtsamkeit?
SONIA: Ich muss an Süßes denken. Ich weiß nicht, meine Mama hat sie ausgesucht.
ICH: Deine Mama hat sie ausgesucht?
SONIA: (Nickt.)
ICH: Wusste sie, dass wir hier oft Äpfel essen? Hast du ihr das erzählt?
SONIA: (Nickt.)
ICH: Hast du mit deiner Mama manchmal achtsam Äpfel gegessen?
SONIA: (Nickt.)
ICH: Tatsächlich? Hast du ihr beigebracht, wie's geht?
SONIA: (Nickt.)
ICH: Und, wie fand sie's?
SONIA: Sie sagte, es geht zu langsam (Gekicher).
ICH: Und was hast du dann über das Langsame gesagt?
SONIA: Dass es wegen dem Süßen ist.
ICH: Wegen dem Schmecken? Damit man das Süße schmeckt?
SONIA: (Nickt.)
ICH: Und was hat sie dann gesagt? Dass es immer noch zu langsam ist (Gekicher)?
SONIA: (Nickt.)
ICH: Sie braucht mehr Unterricht, Sonia …
SONIA: Sie hört immer die CD!

Wie es Schüler oft tun, hatte dieses Latino-Mädchen die Übungen aus dem Kurs auf verschiedene Weise in ihre Familie eingebracht. Sie hatte den anderen das achtsame Essen gezeigt, mit ihnen die geführten Audio-Übungen angehört und die Geschichte mit den Löchern und anderen Straßen erzählt. Ihre Familie hatte die Geschichte genutzt, um einen Konflikt zu entschärfen, der aufgrund der beengten Verhältnisse in der kleinen Wohnung immer wieder aufflammte: Sonia musste und wollte ihre Hausaufgaben machen, aber ihre kleine Schwester wollte spielen und nervte sie oft, wodurch beide im „Loch" gegenseitiger Frustration landeten. Sie einigten sich, eine „andere Straße" zu suchen und einen Kurzzeitwecker zu benutzen; der Wecker wurde auf dreißig Minuten gestellt, Sonia machte Hausaufgaben, und ihre Schwester spielte oder malte. Dann musste Sonia mindestens eine Viertelstunde mit ihrer Schwester spielen. Genau genommen, standen also die Äpfel, die Sonia mitbrachte, dafür, wie in einer sozial schwachen Latino-Familie Achtsamkeit Fuß fasste.

Gespräch: Der Kurs ist zu Ende... (alle Altersstufen)

Das Gespräch über das Kursende bringe ich oft und gerne mit dem Atem in Verbindung. Ich sage oft: Das Ende des Kurses ist wie das Ende des Ausatems. Es kommt eine Pause – und dann beginnt der Einatem. Jeder Teilnehmer kann selbst wählen, ob und wie er oder sie die Praxis fortsetzen möchte. Manche Schüler finden, dass es eine interessante Erfahrung war, und belassen es dabei. Andere entscheiden sich dafür, mit der täglichen Praxis fortzufahren und sie in ihr Leben zu integrieren. Wieder andere greifen auf sie zurück, wenn sie eine stressige Phase durchleben.

Lassen Sie Raum für Fragen, vor allem zu Schwierigkeiten und Unsicherheiten. An diesem Punkt bringen viele Teilnehmer ihre Traurigkeit zum Ausdruck, dass der Kurs zu Ende ist, und bereuen es, nicht schon während des Kurses mehr praktiziert zu haben. Ermutigen Sie sie, diese Gefühle zuzulassen und sie als Motivation zu nehmen, genau jetzt, in diesem neuen Moment, wieder mit dem Praktizieren anzufangen. Andere Teilnehmer machen sich Sorgen, dass sie ohne die Struktur und Unterstützung durch die Gruppe ihre Praxis vernachlässigen und ihre neu entdeckten Einsichten wieder vergessen. Wieder können Sie sie ermutigen, diese Gefühle zuzulassen und zu entscheiden, ob und wie sie ihre Praxis aufrechterhalten möchten. Nahezu jedes Anliegen lässt sich mit dem Hinweis beantworten, die eigenen Gedanken und Gefühle neugierig und freundlich wahrzunehmen und dann zu entscheiden, wie man sich verhalten will.

Erinnern Sie die Teilnehmer auch an Folgendes: Der Kurs hat sich zwar sehr oft mit der Anwendung von Achtsamkeit in schwierigen Situationen beschäftigt, aber auch die vielen angenehmen Momente im Leben sind natürlich etwas, auf das man immer wieder achtsam sein darf! Gratulieren Sie ihnen, dass sie den Kurs absolviert und so viel Zeit investiert haben, um den Muskel (die Fähigkeit) zu trainieren, sich selbst, ihrem Erleben und anderen Menschen freundliche und neugierige Aufmerksamkeit zu widmen und dann über das eigene Verhalten zu entscheiden.

Am Ende dieser Diskussion biete ich den Teilnehmern eine Leseliste an (siehe den Abschnitt „Weiterführendes Material" am Ende des Buches) sowie ein Verzeichnis von örtlichen Initiativen und Institutionen, die sie in ihrer Praxis unterstützen können. Ich möchte Ihnen ans Herz legen, die Teilnehmer wissen zu lassen, dass Sie telefonisch oder per E-Mail jederzeit ansprechbar sind, wenn der Wunsch nach Kontakt besteht. Ich habe es schon erlebt, dass einzelne Teilnehmer mich Monate nach dem Ende eines Kurses angemailt haben, meistens mit der Bitte um einen Tipp, wie Achtsamkeit ihnen in einer momentan schwierigen Situation helfen könnte.

Abschluss: Übung zum achtsamen Hören (alle Altersstufen)

Wenn die Zeit reicht und die Teilnehmer bereit sind, mit voller Aufmerksamkeit jedem Glockenschlag zu lauschen, lade ich jeden Teilnehmer ein, für die letzte abschließende Übung im achtsamen Hören den Klangstab je einmal anzuschlagen. Bei kleineren Kindern endet der Kurs oft damit, dass die ganze Gruppe fröhlich um das Kind herumsitzt, das den Klangstab anschlägt, lächelnd und aufmerksam lauschend, während der Klang in Stille und Ruhe verebbt.

Herzlichen Glückwunsch, dass Sie die Kapitel zu den einzelnen Sitzungen absolviert und Ihre Zeit investiert haben, um Ihre Fähigkeit zu entwickeln, den friedlichen, ruhigen Ort und die Übungsformen der Achtsamkeit an junge Menschen weiterzugeben.

Nun, da auch Sie das Ende des Kurses erreicht haben: Nehmen Sie sich, in dieser Pause am Ende des Ausatems, genügend Zeit, sich in das Material zu vertiefen und zu überlegen, ob und wie Sie weiter verfahren wollen. Wie manche Teilnehmer werden manche Leser das Gefühl haben, es sei interessante Lektüre gewesen, und es dabei belassen. Andere werden sich für den nächsten wohlbedachten und frohgemuten Schritt entscheiden. Die nächsten beiden Kapitel enthalten detaillierte Vorschläge, wie Sie einschätzen können, ob Sie für das Unterrichten des Kurses bei Kindern und Jugendlichen ausreichend vorbereitet sind, dazu Anmerkungen zur Unterrichtsvorbereitung und einige wichtige Vorsichtsmaßregeln.

Wenn Sie einen achtsamen Moment haben, Fragen oder Schwierigkeiten, die Sie mitteilen möchten, rufen Sie mich bitte an oder schreiben Sie mir eine Mail.

PRAXIS FÜR ZU HAUSE – ACHTE SITZUNG

Achtsamkeit gehört dir.
Mach dir die Praxis zu eigen.

Vereinbare mit dir selbst,
_____ Mal pro Woche
_____ Minuten lang zu üben.

Nutze dein Handy oder deinen Terminkalender, um dich daran zu erinnern. Prüfe dann in einem Monat, freundlich und neugierig, ob du dein Versprechen gehalten hast.
Wenn du es gehalten hast, entscheide, ob du weitermachen willst.
Wenn du es nicht gehalten hast, entscheide, ob du mit dem Üben wieder anfangen willst.

Übe Achtsamkeit im täglichen Leben.
- Mach es einfach!

Wenn du einen achtsamen Moment hast, Fragen oder Schwierigkeiten, die du mir mitteilen möchtest, ruf mich bitte an oder schreib mir eine Mail.

BRIEF AN EINE/N FREUND/IN

Schreibe einen kurzen Brief an eine/n Freund/in, der/die nichts über Achtsamkeit weiß, und beschreibe dabei:

- Wie es sich anfühlt, am friedlichen, ruhigen Ort zu verweilen oder in Bewusstheit zu ruhen.
- Wie du Achtsamkeit im täglichen Leben schon angewendet hast.

Schreib einfach, was für dich stimmt, und kümmere dich nicht um Rechtschreibung oder Zeichensetzung. Wenn dir das Schreiben schwerfällt, kannst du mir erzählen, was du sagen möchtest, und ich werde es für dich aufschreiben.

KAPITEL 12

Bin ich vorbereitet? Qualitäten und Qualifikationen, um mit Kindern den friedlichen, ruhigen Ort aufzusuchen

Wie Sie bei der Lektüre dieses Buches wahrscheinlich erlebt haben, gehen wir im Verlauf des Kurses mit unseren jungen Freunden immer wieder ähnliche Themen an, wobei wir sie schrittweise vertiefen und ausweiten. In diesem Abschnitt nun werden wir uns noch einmal ein paar Empfehlungen anschauen, die den Aufbau einer persönlichen Praxis und Ihre praktischen Kompetenzen beim Leiten solcher Gruppen betreffen. Beides wurde im Kapitel 3 schon ausführlich behandelt. Nun, da Sie ein klareres Bild des gesamten Kurses haben, ist es wichtig, dass Sie Ihre freundliche und neugierige Aufmerksamkeit der Frage widmen: „Bin ich soweit, gemeinsam mit Kindern zum friedlichen, ruhigen Ort zu finden?" Dieses Kapitel liefert ein paar historische Hintergründe und greift auf den Erfahrungsschatz der Pioniere des MBSR-Programms zurück, um die Qualitäten und Qualifikationen für diese Arbeit zu beschreiben.

Obwohl der aufrichtige, ziemlich rigorose Dialog, der gleich folgt, vor fast zwanzig Jahren stattgefunden hat, ist er dennoch ohne Abstriche im Hier und Heute genauso relevant wie damals. Entwicklungsmäßig gesehen, steht der Bereich der Achtsamkeit für Kinder und Jugendliche ungefähr da, wo der Bereich der Achtsamkeit in der Medizin stand, als das folgende Gespräch stattfand. Es besteht ein unglaubliches Interesse, das Thema liegt förmlich in der Luft, und das schafft vielversprechende Möglichkeiten, aber birgt auch potenzielle Risiken. Wichtiger noch: Im jetzigen Moment ist diese Untersuchung etwas zutiefst Persönliches und Intimes. Sind Sie vorbereitet? Sind Sie bereit?[12] Im Anschluss an diese Untersuchung beschreibe ich die Stadien, in denen ich sie durchlief und wie ich zur Lehrtätigkeit (auch für junge Menschen) gelangte.

Mitte der neunziger Jahre traf sich in Nordkalifornien einmal im Monat eine kleine Gruppe von MBSR-Lehrern (sie wurden später unter dem Namen „Northern California Advisory Group on Mindfulness" bekannt), um sich gegenseitig zu unterstützen und Erfolgserlebnisse und Herausforderungen beim Leiten von Gruppen und Unterrichten von Achtsamkeit zu diskutieren. Ungefähr um dieselbe Zeit beschloss die nordkalifornische Krankenhaus-Gruppe „Kaiser Hospital", auf regionaler Basis über ihre Fachstellen zur Gesundheitsvorsorge und Prävention das MBSR-Programm anzubieten. Das Kaiser-Konzept sah vor, einer ausgebildeten Lehrkraft im Fach Gesundheitsvorsorge ein standardisiertes Curriculum zu einem bestimmten Thema (Raucherentwöhnung, Abnehmen, MBSR) an die Hand zu geben, welches diese Lehrkraft dann praktisch eins zu eins in ihren Kursen umsetzen sollte.

Während dieser Zeit erfuhr unsere Gruppe von einigen Fällen, in denen Heilberufler ohne praktische Erfahrung im Bereich Achtsamkeit engagiert worden waren, um in verschiedenen Einrichtungen der Region MBSR zu unterrichten. Unter diesen Personen war eine Frau, die klugerweise erkannte, dass Achtsamkeit etwas anderes war als die restlichen Themen zur Gesundheitsvorsorge und dass sie mehr persönliche Erfahrung brauchte, wenn sie MBSR auf authentische und effiziente Weise unterrichten wollte. Dankenswerterweise wandte sie sich mit der Bitte um Unterstützung an ein Mitglied unserer Gruppe. Unter anderem der Fall dieser Frau veranlasste die Gruppe, darüber nachzudenken, wie man die

---

12 „Are you ready?" Im Original wird sowohl nach der Qualifikation wie auch nach der Bereitschaft gefragt (Anm. d. Übers.)

Verwaltungsleute, die für die Auswahl der Gesundheitstrainer zuständig waren, und die Trainer selbst unterstützen könnte. Unser Ziel war sicherzustellen, dass das MBSR-Programm in der Kaiser-Gruppe und darüber hinaus mit derselben exemplarischen Integrität und daraus folgenden hohen Effizienz angeboten würde, wie das an der „Stress Reduction Clinic" an der Universität von Massachusetts der Fall war.

Qualitäten und Qualifikationen

Aus unserer kollektiven Erfahrung ergab sich eine schlichte, klare Gewissheit: Ein Lehrer oder Gruppenleiter muss selbst über eine „fest etablierte Praxis" verfügen und aus Erfahrung heraus lehren. Allerdings: Zu übersetzen, was das für uns, für Verwaltungsleute im Krankenhaus und für potenzielle Trainer konkret bedeutete, stellte sich per se als eine neue Übung in Achtsamkeit heraus! Zusammen verwendeten wir fast ein Jahr darauf, die Qualitäten und Qualifikationen für MBSR-Kursleiter zu erstellen und zu präzisieren, und schließlich gaben wir 1996 das Dokument „Recommended Guidelines: Qualifications for Teachers of Mindfulness-Based Stress Reduction and Chronic Pain Programs" („Leitlinien und Empfehlungen: Führungsqualifikationen für Kurse zu MBSR und für Schmerzpatienten") heraus. Das Dokument ist kurz und bündig gehalten, enthält aber dennoch detaillierte Formulierungen. Es hat enorme Kraft, denn es wurde verfasst von einer hoch respektierten Gruppe von Pionieren auf dem Gebiet der Achtsamkeit in der Medizin, die auf diesem Gebiet auch heute noch führend sind.

Wie an anderen Stellen in diesem Buch habe ich die Essenz, die Klarheit und Intention des Dokumentes beibehalten. Gleichzeitig habe ich aber auch kleinere Anpassungen vorgenommen, um besser zu denen sprechen zu können, die beruflich mit Kindern und Jugendlichen spielen und arbeiten. Diese Änderungen erscheinen kursiv gedruckt. Angesichts der Verletzbarkeit junger Menschen ist es, wenn man sie unterrichtet, vielleicht noch wichtiger als bei der Arbeit mit Erwachsenen, Respekt vor diesen Leitlinien zu haben.

Leitlinien und Empfehlungen: Führungsqualifikationen für die MBSR-Arbeit mit jungen Menschen

Immer mehr *Schulen und öffentliche Einrichtungen* entwickeln Achtsamkeits-Programme *für Kinder und Jugendliche*. Auf der Basis unserer Erfahrungen befürworten wir, die wir die bereits bestehenden Programme in diesem Bereich regelmäßig leiten und unterrichten, nachdrücklich die spezifischen Leitlinien, die im Folgenden aufgeführt sind. Wir bieten diese Leitlinien an in der Überzeugung, dass wir ein Bedürfnis befriedigen und die Integrität dieser Arbeit aufrechterhalten helfen. Sie nicht dogmatisch gemeint, sondern sollen den Prozess der Ausbildung und Auswahl von Achtsamkeitslehrern transparent machen.

Die primäre Rolle eines Lehrers der Achtsamkeitspraxis ist es, eine Methode anzubieten, mit der sich *soziale, emotionale und schulische Kompetenzen entwickeln lassen* und mit der *Stress* und Leiden *bearbeitet* werden können. Diese Arbeit erfordert Feingefühl, und deshalb müssen Lehrkräfte in diesem Bereich über ein Qualifikationsniveau verfügen, das generell höher ist und anders aussieht als bei den meisten anderen Methoden der Stressbewältigung.

Das vorliegende Dokument beschreibt diese Qualifikationen und Qualitäten. Die Leitlinien stellen ein *Minimalniveau* an Qualifikation sowie ideale Qualitäten dar. Wir möchten ausdrücklich betonen, dass diese Qualitäten von zentraler Bedeutung sind. Uns ist bewusst, dass es Menschen gibt, die im Hinblick auf die Stabilität, Dauer und Intensität ihrer Achtsamkeitspraxis die Anforderungen erfüllen und die zum Unterrichten dennoch nicht geeignet sind; und es gibt auch die seltenen Fälle, in denen ein Mensch die Anforderungen nicht erfüllt und doch die Qualitäten eines Lehrers entwickelt hat und fürs Unterrichten geeignet ist.

Qualitäten

- Die Fähigkeit, einen geschützten Rahmen zu schaffen, in dem die Teilnehmer ihre körperliche, geistige und emotionale Landschaft erforschen können
- Die profunde Fähigkeit, das Erleben eines Teilnehmers empathisch nachzuvollziehen und gleichzeitig eine nicht-wertende Perspektive zu wahren
- Die Bereitschaft, das Erleben jedes Teilnehmers, sei es körperlich, emotional oder gedanklich, zu akzeptieren und darauf einzugehen
- Ehrlichkeit, Respekt und Mitgefühl angesichts der Herausforderung des Menschseins
- Eine gewisse Unerschütterlichkeit
- Das Urteilsvermögen, um Teilnehmern individuell angemessene (*nützliche*) Kommentare und Vorschläge anbieten zu können
- Kontinuierliche Sensibilität für den Entwicklungsprozess der Individuen und der gesamten Gruppe
- Eine Selbstverpflichtung gegenüber der Aufgabe, persönlich im täglichen Leben die Prinzipien der Achtsamkeit anzuwenden, auch wenn man sich in einem bestimmten Bereich damit schwertut
- Die Fähigkeit, Selbstannahme und andere Prinzipien der Achtsamkeit vorzuleben (*zu verkörpern*) und zu vermitteln
- Die (stabile) Fähigkeit, das Interesse und die Mitarbeit der Teilnehmer zu wecken und aufrechtzuerhalten
- Liebe zu jungen Menschen und die Bereitschaft, sich auf sie einzulassen

Qualifikationen

- Tägliche Achtsamkeitspraxis
- Fünf Jahre Praxis-Erfahrung mit Achtsamkeit
- Ausgiebige Reatreat-Erfahrungen (empfohlen werden mehrere fünf- bis zehntägige Retreats, gerne auch länger). Durch sie entwickelt sich das unverzichtbare Erfahrungswissen zu verschiedenen geistigen Zuständen, die im Laufe der Achtsamkeitspraxis auftreten können
- Die Fähigkeit, Achtsamkeit in alltägliche, gewöhnliche Worte zu fassen
- Ausgiebige Erfahrungen im Unterrichten von Yoga oder einer anderen Bewegungsdisziplin in einem Kontext von Achtsamkeit. Zu dessen Kernelementen gehören eine Haltung des Nicht-Erzwingens und des Respekts vor jeder individuellen Erfahrung. Die Aufmerksamkeit muss auf dem Prozess liegen und nicht auf seinen Ergebnissen. Dadurch wird es den Teilnehmern möglich, ihre Grenzen zu erforschen und sie gleichzeitig behutsam auszudehnen.
- Berufliche Erfahrung (*abgeschlossene Lehrerausbildung* oder Gleichwertiges) in der Arbeit mit jungen Menschen
- Prozessorientierte Fähigkeiten in der Leitung von Gruppen
- Kontinuierlicher Kontakt mit der Gemeinschaft von gleichgesinnten Lehrern und Praktizierenden, die zur kontinuierlichen Weiterentwicklung der eigenen Fähigkeiten ermuntern

„Ach, Mist!"

Vielleicht haben Sie, als Sie die Leitlinien durchgelesen haben, etwas erlebt, was ich gerne liebevoll den „Ach-Mist!"-Moment nenne. Auch wenn sie zu unterschiedlichen Zeiten auftreten, so hat diese „Ach-Mist!"-Momente doch fast jeder, der sich der Integrität dieser Arbeit verpflichtet fühlt. Wenn der „Ach-Mist!"-Moment auftritt, hört er sich ungefähr so an: „Kann ich das wirklich? Kann ich es kompetent, elegant, sensibel, engagiert und furchtlos? Bin ich der Verantwortung und dem Privileg des

Unterrichtens gewachsen?" Herzlichen Glückwunsch! Das ist nämlich ein Zeichen, dass Sie in dieser Arbeit authentisch sein wollen. Atmen Sie weiter, und vertrauen Sie darauf, dass Sie Ihren eigenen Weg finden werden.

Diese „Qualitäten und Qualifikationen" niederzuschreiben war ein intensiver Prozess, der mir (und vielen meiner Kollegen) immer wieder „Ach-Mist!"-Momente bescherte. Meine hatten damit zu tun, dass ich mir eingestehen musste: Auf der Liste der Qualifikationen konnte ich zwei entscheidende Punkte nicht abhaken, obwohl ich schon unterrichtete, nämlich die Punkte 2 und 3 (fünf Jahre Achtsamkeits-Erfahrung, ausgiebige Erfahrung mit Achtsamkeits-Retreats). Dank des intensiven Coachings aber, an dem ich teilnahm, waren meine Qualitäten aufgeblüht. Also unterrichtete ich weiter. Weil ich mich der Integrität dieser Arbeit verpflichtet fühlte, setzte ich meine tägliche Praxis fort und nahm prompt am nächsten stillen Retreat teil. In den zwanzig Jahren, die seitdem vergangen sind, habe ich fast täglich praktiziert und mindestens einmal im Jahr ein stilles Retreat gesessen.

Weitere Anmerkungen

All die beschriebenen Qualitäten müssen in einer Haltung der Bescheidenheit Platz finden, wie sie im Punkt 4 ausgedrückt ist: Ehrlichkeit, Respekt und Mitgefühl angesichts der Herausforderung des Menschseins, sowie Punkt 8: Selbstverpflichtung gegenüber der Aufgabe, persönlich im täglichen Leben die Prinzipien der Achtsamkeit anzuwenden, auch wenn man sich in einem bestimmten Bereich damit schwertut.

Keiner von uns ist fähig, jederzeit alle Prinzipien zu verkörpern, und wenn wir es trotzdem glauben, geben wir wahrscheinlich nur nicht genau acht (Lächeln). Die Grundfrage ist die: Können Sie sich auf die Aufgabe einlassen, die Qualitäten zu verkörpern und dem Ganzen Aufmerksamkeit zu widmen, aber auch schonungslos ehrlich und mitfühlend zu sich selbst zu sein, wenn Sie es nicht schaffen? Das ist die Essenz der Achtsamkeit. Es ist der primäre Maßstab Ihres eigenen persönlichen Entwicklungsweges *und* Ihrer Fähigkeit, diese Arbeit anderen nahezubringen.

Halten Sie hier also bitte inne, atmen Sie ein paarmal tief durch und prüfen Sie sich … Nachdem Sie das gelesen haben, was für Gedanken, Gefühle und Körperempfindungen sind jetzt da? … Können Sie Ihr Erleben genau so zulassen, wie es im Moment ist, ohne es verändern oder „berichtigen" zu müssen? … Können Sie genau da wieder anfangen, wo Sie stehen, und frohgemut den nächsten Schritt machen? Das Ziel dieses Kapitels ist, Ihnen einen „Ach-Mist!"-Moment zu schenken, der sie zu der Frage zwingt: „Bin ich wirklich ausreichend vorbereitet, um zu lehren?" Nur Sie wissen es. Leben Sie in dieser Frage, bis die Antwort klar und stabil ist, wenigstens die meiste Zeit über. Wenn Sie merken, dass Sie ausreichend vorbereitet sind, dürfen Sie mit einer gewissen Frechheit und Bescheidenheit losmarschieren. Bitte freuen Sie sich und genießen Sie die Reise! Die Aussichten sind spektakulär und immer wieder anders.

Erinnern Sie sich an das, was Richard Bach in seinem Buch „Illusions" (1977) schreibt: „Lernen heißt, das herauszufinden, was man schon weiß. Etwas tun heißt zeigen, dass man es weiß. Lehren heißt andere erinnern, dass sie es genauso gut wissen wie Sie. Ihr seid alle Lernende, Macher, Lehrer."

Meine Geschichte

Es gibt viele Momente, um den Faden der eigenen Geschichte aufzunehmen. Man kann ja alle Fäden zurückverfolgen bis in die Kindheit und wahrscheinlich darüber hinaus in die Kindheit der Eltern und darüber hinaus, aber ich nehme meinen Faden im Sommer 1989 auf. Ich war frisch verheiratet, fuhr Radrennen und begann gerade das zweite Jahr meines Medizinstudiums. Ich hatte überlegt, mit einem Sportpsychologen zu arbeiten, um die mentale Seite meines Sports zu verbessern, als eine andere Rennradfahrerin mich einlud, bei der revolutionären Trainerin Georgina Lindsey einen Workshop zu machen. Frau Lindsey war Mitbegründerin der neuartigen, US-weit angesiedelten Sport-Coaching-

Firma „Sports Vision". Um es ganz einfach zu sagen: Dieser Tag veränderte mein Leben. Obwohl ich es damals nicht wusste, stellte dieser Tag meine Eintrittskarte in das herrliche Reich der Bewusstheit dar, das ich später kennen und lieben lernte: den friedlichen, ruhigen Ort.

Im Winter 1990 hatte ich kurz nacheinander zwei „Unfälle" mit dem Rennrad. Das Coaching half mir zu entdecken, dass der Schein manchmal trügt und Unfälle oft, wenn auch nicht immer, verkappte Chancen sind. Während ich mein Knie wieder gesundpflegte, nahm ich ein paar bis dato vernachlässigte Aspekte meines Lebens wieder in die Hand – innere wie äußere – und trat unter anderem schließlich der „American Holistic Medical Association" (AHMA) bei („Amerikanische Gesellschaft für ganzheitliche Medizin"). Die Mappe mit Material, die ich als Neumitglied geschickt bekam, enthielt auch die Ankündigung der Jahreskonferenz. Obwohl ich mich zu dieser neuen Welt hingezogen fühlte, verpasste ich doch sämtliche Fristen für Anmeldung, Stipendien und Unterkunft. Ich befolgte einen Rat aus dem Coaching: „Lebe aus der Vision heraus und nicht aus den Sachzwängen!", nahm den Faden auf, ignorierte die Sachzwänge und schickte meine Anmeldung ab. Und wie das Leben eben so spielt: Eine andere Frau hatte in letzter Minute abgesagt und ich bekam ihr Stipendium und ihre Unterkunft!

So wie bei meiner Begegnung mit Frau Lindsey hatte ich bei der Konferenz (wieder einmal) das unabweisbare Gefühl, nach Hause zu kommen. Im Gegensatz zu meinen Erfahrungen im Medizinstudium hatten die Ärzte der AHMA wirklich Spaß an ihrer Arbeit; sie behandelten ihre Patienten als ganze menschliche Wesen, nicht als „Krankheitsfälle", und unterstützten sie bei ihrer Suche nach Gesundheit und Wohlbefinden. In der Rückschau war es eine Mischung aus Arroganz und eifrigem „Am-Ball-bleiben", was mich veranlasste, dem AHMA-Kuratorium einen kurzen Brief zu schreiben, in dem ich Vorschläge äußerte, wie die AHMA die natürlich vorhandenen ganzheitlichen Denkansätze bei Medizinstudenten und Assistenzärzten fördern könnte. Im Juni desselben Jahres, gerade mal vier Monate nach der Konferenz, fand ich mich auf wundersame Weise im Kuratorium wieder.

Die Ausstrahlung von Bill Moyers' Sondersendung „Healing and the Mind" (sinngemäß: „Der Geist hilft heilen") auf PBS Anfang 1993 war eine Sternstunde für mich persönlich und für alle, die in diesem Bereich arbeiteten.[13] Nachdem ich den Teil gesehen hatte, der von der „Stress Reduction Clinic" an der Universität von Massachusetts handelte, hatte ich das unabweisbare Verlangen, so zu arbeiten. Ich las das Buch „Gesund durch Meditation" (München 2011) von Jon Kabat-Zinn, dem damaligen Direktor der Klinik, und begann sofort mit täglicher Achtsamkeitspraxis.

Trotz nicht ausreichender formelle Praxis drängte eine – mir zunehmend vertrauter werdende – Mischung aus Arroganz, Vertrauen, Hartnäckigkeit und Intuition mich dazu, Dr. Kabat-Zinn in der „Stress Reduction Clinic" zu kontaktieren – *mehrmals*! Gemäß der Coaching-Kategorie „unverschämte Forderung" bat ich darum, an der MBSR-Ausbildung teilnehmen zu dürfen. Und wieder belohnte mich das Leben dafür, dass ich den Faden weiterverfolgt hatte: Die „Stress Reduction Clinic" ließ sich auf meine zeitlichen Erfordernisse ein und erlaubte mir, die Hälfte des Praktikums zu machen, das heute acht Wochen dauert. Meine Fachleiterin an der Universität gab mir nicht nur einen Monat frei, damit ich mich dem Studium der Achtsamkeit widmen konnte, nein, sie schrieb es mir auch für das Medizinstudium gut und trieb die Mittel auf, um die Kursgebühr zu bezahlen!

1993 verbrachte ich einen herrlich goldenen Oktober an der Ostküste. Ich stürzte mich in die Praxis und das Studium der Achtsamkeit und nahm an allen Kursstunden teil, die an der „Stress Reduction Clinic" angeboten wurden. Dies waren die ersten vier Sitzungen von sechs getrennten, aber parallel laufenden MBSR-Kursen. Die Teilnahme an diesen sechs Kursen machte mir restlos klar: Obwohl der Lehrplan eine solide Basis abgibt, ist doch jeder Lehrer, jede Gruppe, jeder Moment und deshalb jeder Kurs einzigartig.

---

13 PBS, „Public Broadcasting Service", ist eine nichtkommerzielle Senderkette in den USA (Anm. d. Übers)

Auf eine ganz grundsätzliche Weise begann ich zu verstehen, was Kabat-Zinn meinte, wenn er zu mir und den anderen zukünftigen Achtsamkeitslehrern sagte: „‚Meinen' Kurs könnt ihr nicht halten." Aus der eigenen Praxis und Lebenserfahrung heraus zu lehren erfordert definitiv mehr Mut, Vertrauen und Bescheidenheit, als einen standardisierten Lehrplan durchzuziehen. Ja, es ist diese Art des Unterrichtens oder Anleitens – bei der man zugleich den grundlegenden Kursplan, die eigene Praxis und das Erleben der Teilnehmer würdigt –, die sowohl in uns wie auch in denjenigen, denen wir dienen, echte Transformation ermöglicht.

Ich kam nach Kalifornien zurück und traf Vorbereitungen, den gesamten achtwöchigen MBSR-Kurs eines Kollegen von Anfang bis Ende zu besuchen. Die kraftvolle Kombination aus Coaching, dem Monat an der „Stress Reduction Clinic" und dem achtwöchigen Kurs schloss mein Herz und mein Denken auf und intensivierte meinen Wunsch, diese heilsamen Praktiken an andere weiterzugeben. In meinem letzten Jahr als Assistenzärztin – immer noch folgte ich in der mir eigenen Mischung aus Chuzpe und Hingabe dem Faden in meiner Hand – entwarf ich eine 100.000 Dollar teure, kontrollierte und randomisierte Studie, mit der am Kaiser-Krankenhaus in Santa Clara nicht nur die individuelle Wirksamkeit, sondern auch die Kostenersparnis evaluiert werden sollte, die sich ergab, wenn Patienten mit chronischen Schmerzen und Krankheiten Achtsamkeitstechniken erlernten. Im darauffolgenden Jahr wurde mir die Stelle des Oberarztes der Inneren Medizin angeboten. Ich griff zu, vor allem weil mir das die Gelegenheit gab, im Rahmen dieser klinischen Studie mehrere MBSR-Kurse zu leiten.

Dass ich dem Faden in meiner Hand folgte, hat mir glücklicherweise nicht nur außerordentliche Chancen beschert, sondern auch mein Temperament gezügelt (zumindest ein bisschen). Es wäre unlauter, würde ich nicht erwähnen, dass diesem Faden zu folgen immer auch bedeutete, jede vorgefasste Idee – wer ich als Sportlerin, als Ärztin, als Ehefrau oder als Mutter sei – hinter mir zu lassen. Zu Anfang wurde mein Entschluss, diese Arbeit in mein berufliches wie auch in mein privates Leben einzubringen, von vielen älteren Kollegen in meiner Station in Frage gestellt, aber auch von meinen Freunden, meiner Familie, meinem Mann und meiner eigenen beschränkten Sichtweise. Trotz dieser Schwierigkeiten ließ ich den Faden nicht los – oder, das trifft es vielleicht genauer, er wollte mich nicht loslassen.

**Dem Faden weiter gefolgt:
Noch mehr „Ach-Mist!"-Momente**

Seit ich angefangen habe, Kindern den friedlichen, ruhigen Ort zu zeigen, habe ich noch mehr „Ach-Mist!"-Momente erlebt. Der beunruhigendste dieser Moment war, dass ein Kollege behauptete: „Jon Kabat-Zinn hat gesagt, man solle nicht versuchen, Kindern Achtsamkeit beizubringen." Ich konnte förmlich zusehen, wie nach diesem Kommentar die Wellen des Zweifels in mir hochschlugen. Weil ich mir Klarheit verschaffen wollte, was Jon wirklich sagte, griff ich auf sein Buch „Mit Kindern wachsen" (Freiburg 2015) zurück und las den Abschnitt „Achtsamkeit im Klassenzimmer" noch einmal. In diesem Kapitel schreiben Jon und seine Frau Myla über Cherry Hamrick, Lehrerin in einer fünften Klasse in South Jordan (US-Staat Utah), die die Praxis der Achtsamkeit in ihren Unterricht einbaute – in einer stark mormonisch geprägten Gemeinde. Das Kapitel endet mit folgender Passage:

Mit dieser Geschichte will ich keinesfalls den Eindruck erwecken, dass wir unseren Kindern beibringen sollten, formell zu meditieren, obwohl der Einsatz meditativer Methoden sich manchmal auf ganz natürliche Weise anbieten kann. In solchen Situationen können wir uns auf unsere eigene Erfahrung und Praxis besinnen und unseren kleinen Kindern beispielsweise, wenn sie sich verletzt haben, vorschlagen, sich einmal ganz genau anzuschauen, welche „Farbe" ihr Schmerz hat und wie sie sich von Augenblick zu Augenblick verändert. Oder wir können, wenn sie Schwierigkeiten haben, sich zu entspannen oder einzuschlafen, ihnen zeigen, wie sie sich auf den Wellen ihres Atems wie in einem kleinen Boot „treiben lassen" können. Oder wir fragen sie, wenn jemand sie beleidigt hat, ob sie sich an andere Situationen erinnern, in denen ihr Geist wegen dem, was andere machten oder sagten, einmal „hohe Wellen geschlagen" hat.

> *Es scheint klug, bewusst auf die Signale unserer Kinder zu achten und auf die Art, wie sie je nach Alter ihre Interessen ausdrücken. Letztlich können wir sie am besten durch unser eigenes Beispiel lehren, durch unser Bemühen, präsent zu sein, und unsere Sensibilität ihnen gegenüber. Wenn wir selbst formell praktizieren, ob im Sitzen oder im Liegen, verkörpern wir Stille und innere Ruhe. Unsere Kinder erleben uns als tief zentriert und werden mit dieser Art zu sein vertraut. Viele Einsichten und Einstellungen, die sich aus der Achtsamkeitspraxis entwickeln, fließen allmählich in die Familienkultur ein und prägen unsere Kinder auf eine Art und Weise, die sie in ihrem eigenen Leben sehr wahrscheinlich als sinnvoll erkennen werden.*

Nachdem ich das Kapitel noch einmal gelesen hatte, legten sich die Wellen des Zweifels etwas. Nicht ich war aufgebrochen, Kindern Achtsamkeit beizubringen: Der Faden hatte mich dorthin geführt. Die Übungen, die ganz natürlich entstanden waren – „Gefühle", „Wasserpflanze", „Fiese Stimme" – ähnelten sehr den Beispielen, die Jon und Myla anführten. Und wie bei Cherry Hamricks Schülern schien es auch hier, dass die Kinder, denen ich die Übungen zeigte, davon profitierten.

Etwas später erinnerte ich mich an Jons Geschichte, wie er eingeladen worden war, die Arbeit der „Stress Reduction Clinic" Seiner Heiligkeit dem Dalai Lama vorzustellen. Ein paar Leute hatten Andeutungen gemacht, der Dalai Lama würde es bestimmt nicht für klug oder vorteilhaft halten, MBSR zu unterrichten. Wenn ich mich an Jons Erzählung über diese Erfahrung mit dem Unterrichten recht erinnere, war er wohl bereit, sich respektvoll alle Bedenken anzuhören, die der Dalai Lama eventuell äußern könnte. In der Nacht vor seiner Präsentation wurde Jon aber klar, dass er die Arbeit der Klinik auf jeden Fall fortführen würde, egal, was der Dalai Lama sagte.

Als ich mir diese Geschichte in die Erinnerung zurückrief, musste ich über Jons Urteilsvermögen und Beharrlichkeit lächeln und fühlte mich auch ein bisschen bestätigt. Auch ich bin bereit, mir alle Bedenken anzuhören und sorgfältig zu überdenken. Und bis jetzt habe ich darauf geachtet, vorsichtig, zuversichtlich und mutig vorzugehen und mich beim Abspulen und Verfolgen des Fadens von meinen und den Erfahrungen der Kinder leiten zu lassen.

In der Rückschau ist mir klar geworden, dass mein Faden (mit seinem Geflecht aus Arroganz, Hingabe, Mut, Vertrauen und Intuition) mich dahin geführt hat, mithilfe des MBSR-Formats die Einsichten, die ich in der Achtsamkeitspraxis und im Coaching erlebte, in die Bereiche von Medizin und Bildung hineinzutragen. Diese Methoden und Übungen Kindern anzubieten, ist die beste Form präventiver Medizin, die ich kenne. Mein Coaching und die Achtsamkeit sind für mich zusammenhängende Prozesse, die es erlauben:

- In der voll erblühten Realität des gegenwärtigen Moments zu leben
- Gewohnheiten im Denken, Fühlen und Reagieren bewusst wahrzunehmen
- Verstehen zu lernen, dass „ich" viel mehr bin als mein beschränktes Denken, Fühlen und Reagieren
- Die Fähigkeit zu entwickeln, auf jede Lebenssituation eine kluge und elegante Antwort zu finden
- Mich und andere freundlich und mitfühlend zu behandeln
- Zu lernen, in Bewusstheit zu ruhen – am friedlichen, ruhigen Ort
- Mögen auch Sie diese Freude finden, indem Sie „Ihrem Faden" folgen und die kostbaren Geschenke des friedlichen, ruhigen Ortes mit jungen Menschen teilen.

KAPITEL 13

Vorsichtsmaßregeln und Hinweise

In diesem Kapitel stelle ich ein paar Überlegungen vor, die speziell für die gedacht sind, die den Stoff Einzelpersonen anbieten, und für Therapeuten und Lehrkräfte, die mit Gruppen arbeiten. Außerdem füge ich ein paar warnende Anekdoten bei und gehe zum Schluss ein paar übergreifende Prinzipien für das Unterrichten dieses Stoffes durch.

Arbeit mit Einzelpersonen

Denken Sie daran: Die Übungen werden hier zwar in aufeinander aufbauender Reihenfolge präsentiert, aber die einzelnen Angebote wurden ursprünglich als Antworten auf alltägliche Situationen mit meinen Kindern, Schülern und Patienten kreiert. Weiterhin suche ich oft, wenn ich in meiner Praxis mit Klienten arbeite, bestimmte Teile des Curriculums für sie heraus oder kreiere neue Übungen, die auf die jeweilige Person zugeschnitten sind. Wenn Sie Therapeut, Coach, Heilberufler oder Elternteil sind, der eins zu eins mit einem Kind oder Jugendlichen arbeitet, können Sie Sitzung für Sitzung, wie beschrieben, der Struktur des Kurses folgen oder aber das Programm auf die spezifischen Bedürfnisse des jungen Menschen zuschneiden, den Sie unterstützen wollen. Wenn zum Beispiel ein Kind Probleme hat, mit Aggression umzugehen, können Sie den

Schwerpunkt auf Übungen zur Achtsamkeit für Gefühle legen, auf grundlegende Emotionstheorie, auf das Beobachten der emotionalen Wogen und auf das Thema „Erwidern versus Reagieren" („eine andere Straße wählen", Kapitel 8). Wenn ein Klient depressiv ist, können Sie den Schwerpunkt auf das Gedanken-Beobachten legen, besonders im Aspekt der „fiesen Stimme", und auf liebevolle Güte. Wenn ein Klient an ADS oder ADHS leidet (Defizite bei den Exekutiv-Funktionen), können Sie den Aufbau von Aufmerksamkeit in den Vordergrund stellen: durch Übungen auf Basis des Atems, die „Taschenlampe"-Übung und Übungen zum Wahrnehmen abschweifenden Denkens. Das Minimalziel sollte sein, dass Sie jedem Einzelnen eine Erfahrung der Ruhe und Stille ermöglichen und außerdem eine Orientierung geben, wie er oder sie Gedanken, Gefühle und Körperempfindungen beobachten und dann über sein Verhalten entscheiden kann.

Anmerkung für Therapeuten

Als Therapeut stellen Sie vielleicht fest, dass manche der Vorschläge in diesem Buch anders sind als Ihr übliches therapeutisches Vorgehen, und finden sie deshalb gewöhnungsbedürftig. Bitte denken Sie daran: Achtsamkeit kann therapeutische Wirkungen haben, unterscheidet sich gleichzeitig aber von Therapie. Der wichtigste Unterschied ist: Bei Achtsamkeit geht es darum, bei dem zu sein, was da ist, und nicht darum, irgendetwas „in Ordnung zu bringen". Wenn Sie erkennen, dass Sie in den „Reparaturmodus" geschaltet haben, atmen Sie durch und fangen neu an, wobei Sie ohne Agenda Freundlichkeit und Neugier in den Moment einbringen: „Wie ist das für Dich/Sie?" – „Kannst Du/Können Sie in dieses Gefühl hinein atmen?" – „Ich merke, wenn Du/Sie diese Situation schilderst/schildern, beiße ich auf die Zähne, und mein ganzer Körper verkrampft sich. Was spürst Du/spüren Sie im Körper?"

Im Idealfall beinhaltet Achtsamkeit auch das, was mein Freund und Kollege Sam Himelstein (der Achtsamkeitsübungen für Jugendliche im Gefängnis und für gefährdete Jugendliche anbietet) „geschickte

Selbstoffenbarung" nennt oder „auf dem Teppich bleiben". Ob Sie diese Praktiken wirkungsvoll vermitteln können, hängt von Ihrer Fähigkeit ab, ein lebendiges Beispiel für die Realität und gleichzeitig das Potenzial der Achtsamkeit abzugeben. Das bedeutet, Sie müssen Ihre echte eigene Praxis offenlegen – auch die Momente, in denen etwas schiefläuft, da Sie reflexhaft reagieren oder etwas tun, das Sie bedauern – und die Momente der Klugheit und Würde, da Sie es schaffen, einfach den Mund zu halten oder mit Freundlichkeit für sich und andere zu reagieren.

Sie könnten zum Beispiel sagen: „Ja, manchmal ist es so. Neulich war ich wütend über eine Mail. Dann kam mein Sohn rein und fragte etwas, und ich schnauzte ihn an. Das war impulsiv. Wenn ich es nochmal machen könnte, würde ich antworten: ‚Ich bin gerade sehr wütend, es hat nichts mit dir zu tun. Lass mir eine Minute Zeit, dann können wir deine Sache besprechen.'" Nach solch einer Selbstoffenbarung können Sie fragen: „Wenn Sie die Situation wiederholen dürften, was würden Sie tun?" Geschickte Selbstoffenbarung dieser Art finden manche Therapeuten anfangs gewöhnungsbedürftig, ähnlich wie die Zurückhaltung, was das „In-Ordnung-Bringen" angeht. Setzen Sie Ihre Achtsamkeit ein, um jedes Unbehagen zu erforschen, das sich aus dem Unterschied der beiden Vorgehensweisen ergibt.

Darüber hinaus will Achtsamkeit das grundlegende Intakt-Sein derer, denen wir dienen, erkennen und würdigen, statt sich auf ein Problem oder eine Diagnose zu beschränken. Tun Sie alles, um die natürliche Stille hinter der Hyperaktivität zu stärken, den Frieden hinter der Depression. Reden Sie mit Ihren Klienten über das, was gut läuft, ihre Leidenschaften und kleinen Siege. Helfen Sie ihnen zu erkennen, dass sie so viel mehr sind als eine Diagnose im Handbuch für psychische Störungen.

Zu guter Letzt: Viele Therapeuten sind dahingehend ausgebildet, die Grenzen zum Klienten strikt zu wahren, und zögern deshalb, achtsame Hinweise zu geben und sich zwischen den Sitzungen auf eine Kommunikation mit Klienten oder Gruppenteilnehmern einzulassen. Es ist zwar nicht zwingend, zwischen einzelnen Sitzungen zu kommunizieren, aber es ist für junge Menschen definitiv eine Hilfe beim Aufbau einer täglichen – oder annähernd täglichen – Praxis. Ich möchte Sie ermuntern, die Unterschiede zwischen Achtsamkeit und Therapie im Blick zu behalten und Wege der Vermittlung zu finden, die der Praxis gerecht werden, die Unterschiede anerkennen und für Sie authentisch sind.

Unterschiede zwischen Achtsamkeit und Entspannungs- sowie Visualisierungstechniken

Es ist wichtig, sich darüber klar zu werden, inwiefern Achtsamkeit sich von Entspannung und Visualisierung unterscheidet, vor allem für diejenigen mit therapeutischem Hintergrund, die in diesen Techniken ausgebildet sind. Viele Menschen stellen fest, dass sie entspannter und zufriedener sind, wenn sie Achtsamkeit üben. Bei der Achtsamkeit geht es jedoch nicht darum, entspannter und zufriedener zu werden. Das einzige „Ziel" der Achtsamkeit ist, bei dem zu sein, was (innerlich und äußerlich) da ist. Wenn ein/e Jugendliche/r wahrnimmt, dass er/sie wütend ist oder Angst hat, dann ist das Achtsamkeit.

Im Gegensatz dazu haben Entspannungstechniken ein klares Ziel: entspannt zu sein. Wenn nun aufgrund eines Missverständnisses ein Kind meint, das Ziel der Achtsamkeit sei Entspannung, und es fühlt sich nicht entspannt, dann meint es vielleicht, es mache etwas „falsch" oder Achtsamkeit sei wirkungslos.

Auch bei Visualisierungen geht es oft darum, sich an einen friedlichen, paradiesischen Ort zu versetzen, zum Beispiel an einen Strand. Bilder einzusetzen kann sinnvoll sein, wenn man Kindern und Jugendlichen Achtsamkeit vermittelt. Klar sollte jedoch sein: Die Intention dabei ist, junge Menschen so zu unterstützen, dass sie mit ihrem Erleben im gegenwärtigen Moment mehr in Kontakt kommen – und nicht, dass sie mental irgendwo anders hingehen. Wenn Sie eine Übung anleiten, versuchen Sie bitte so gut wie möglich dafür zu sorgen, dass es kein – implizites oder explizites – Ziel dabei gibt und dass die Bilder, die Sie einsetzen, die Kinder in ihr Erleben im Hier und Jetzt hineinführen und nicht davon weg.

Ein Beispiel für solch ein Bild wäre ein Otter, der, bedeckt mit Seetang, auf den Wogen des Atems auf und nieder schaukelt: Beim Einatmen spürt er, wie es ihn hochhebt, beim Ausatmen spürt er, wie er sinkt, und er fühlt die Ruhe und Stille, wenn die Welle des Einatems ganz oben ist, und er fühlt die Ruhe und Stille im Wellental des Ausatems.

Anmerkung für Lehrer

Wie für Therapeuten kann auch für Lehrer im Schulbetrieb bei der Vermittlung von Achtsamkeit ein Wechsel der Perspektive notwendig werden. Wenn Sie im Schuldienst arbeiten, sind Sie wahrscheinlich vor allem dahingehend ausgebildet, eine Klasse zu führen, Stunden zu planen und Stoff zu vermitteln. Dies sind natürlich nützliche und wertvolle Fähigkeiten, wenn es darum geht, jungen Menschen Achtsamkeit zu vermitteln, aber auf der anderen Seite muss stehen, dass Sie ganz bei dem sind, was im Moment geschieht, und darauf eingehen können: „Wow, ich merke, dass der Raum hier gerade platzt vor Energie. Merkt ihr es auch?" – „Ich wollte heute eigentlich einen Body-Scan machen, aber ich merke, dass ihr wegen der Umstellungen in der Cafeteria ziemlich aufgeregt seid. Dann ändern wir lieber den Plan und machen eine Gefühle-Übung und besprechen dann, wie wir auf die Umstellungen reagieren sollen."

Eine kluge Frau, die an einem meiner Online-Kurse mitmachte und an einer High School in einem sozialen Brennpunkt Englisch unterrichtet, teilte großzügig mit uns ihren Ansatz, den Unterschied zwischen Englisch-Unterricht und der Vermittlung von Achtsamkeit zu präsentieren. Sie sagt ihren Schülern: „Ich weiß, ihr seht mich als Frau McDonald, die Englischlehrerin. Die nächsten Minuten, wenn wir zusammen Achtsamkeit üben, bin ich Caren. Während unserer Achtsamkeitszeit lass ich euch Dinge machen und sagen, die ich euch in Englisch nicht erlauben würde, zum Beispiel die Schuhe auszuziehen oder zu schreiben, ohne auf Rechtschreibung und Grammatik zu achten... Ich gehe davon aus, dass ihr den Unterschied versteht und diese Freiheiten nicht ausnutzt." Obwohl sie mit Kindern arbeitet, die jeden Tag ihre Grenzen austesten, sagt sie, die Kinder würden die Unterschiede weitestgehend respektieren und diese Auszeiten zu schätzen wissen, in denen sie ein bisschen entspannter, privater und legerer sein dürfen.

Eine weitere Unterscheidung zwischen Schulunterricht und der Vermittlung von Achtsamkeit hat mit dem Unterschied zwischen der reinen Vermittlung von Inhalten und dem Begriff der *Erziehung* oder Bildung allgemein zu tun. „Er-ziehung" bezeichnet, von der althochdeutschen sprachlichen Wurzel her gesehen, ein „Herausziehen" und ähnelt insofern dem lateinischen „educare" (wörtlich „herausführen", „hervorziehen") .[14] Den meisten Lehrern, die ich kenne, liegen Erziehung und Bildung trotz aller systemischen Hindernisse sehr am Herzen. Im Hinblick auf Achtsamkeit bedeutet Erziehung oder Bildung, die grundlegende Unversehrtheit und natürliche Weisheit ans Licht zu fördern, die ich vorher in meiner Anmerkung für Therapeuten erwähnt habe. Achtsamkeit ist ein flexibler gegenseitiger Prozess, der mehr einem sokratischen Dialog ähnelt als einer Vorlesung. Die Intention dabei ist, die Lernenden dazu zu bewegen, sich freundlich und neugierig auf die Übungen, die verschiedenen Arbeitsformen und letztendlich auf das Leben aktiv einzulassen. Auch das traf Caren genau, als sie sagte: „Der effizienteste Achtsamkeitslehrer ist der, der seine Achtsamkeitspraxis in der Interaktion mit den Lernenden im Klassenzimmer demonstriert, und die Lernenden und ihre Erfahrungen sind das Lehrbuch und das Laboratorium."

Weiterhin gibt es viele Möglichkeiten, Achtsamkeit in die regulären Lehrpläne zu integrieren. Die Fragen, die als Anregungen zur Diskussion nach den Meditationen und Übungen gedacht sind, können auch

---

14 Das englische Original verwendet den Begriff „education" und führt es auf die genannte lateinische Wurzel „educare" zurück. Der englische Begriff meint aber eigentlich eher „Bildung" als „Erziehung". „Bildung" (althochdeutsch „Schöpfung", „Bildnis", „Gestalt") wird meist als der Prozess (und das Resultat daraus) verstanden, in dem der Mensch sein menschliches Potenzial auszuschöpfen und sich zu gestalten lernt (Anm. d. Übers.).

als Schreibanlässe genutzt werden. Viele Passagen aus literarischen Werken, zum Beispiel der Anfang von John Steinbecks Roman „Von Mäusen und Menschen", zeigen beispielhaft das achtsame Sich-Versenken in die Sinneserfahrung. Schüler können untersuchen, wie ein Autor durch Körpersprache, Mimik und Sprache die Gedanken und Gefühle einer Figur vermittelt. Sie können das Handeln von Figuren und den gesamten Handlungsverlauf unter dem Gesichtspunkt „Impulsives Reagieren oder achtsames Erwidern?" analysieren. Sie können über mögliche Verhaltensalternativen diskutieren und schreiben, die die einzelnen Figuren gehabt hätten, und wie solche andere Entscheidungen die Geschichte verändert hätten.

Auch im Gemeinschaftskunde- oder Politikunterricht können sowohl historische als auch aktuelle Ereignisse unter dem Aspekt von „Reagieren versus Erwidern" und im Hinblick auf Verhaltensalternativen und deren unterschiedliche Ergebnisse diskutiert werden. Im Idealfall bringen wissenschaftliche Disziplinen Freundlichkeit und Neugier in die Erforschung der materiellen Welt ein. In Mathematik, Sport und den musischen Fächern, aber auch in allen anderen können die Lernenden darauf achten, *wie* sie sich auf die Prozesse des Lernens und Erbringens einer Leistung einlassen. Sie können auf ihr Aufmerksamkeitsniveau achten, auf ihre Gedanken, Gefühle und ihren inneren Dialog, während sie lernen, Hausaufgaben machen, üben, proben, Arbeiten schreiben, Wettkämpfe austragen oder auf der Bühne stehen. Ob Mathematik- oder Politikunterricht: Viele Lehrer, die eine Weiterbildung in „Achtsamkeit" absolviert haben, beginnen jede Stunde mit einer kurzen Übung, und nach den ersten paar Wochen eines Schuljahres laden sie oft ihre Schüler ein, diese Übungen anzuleiten. Mir haben schon viele Lehrer Geschichten erzählt, wie sie zu spät kamen oder vergaßen, eine Übung anzubieten, und die Schüler sie daran erinnerten oder gleich selbst die Initiative ergriffen. Und relationale Achtsamkeit, Achtsamkeit auf das Beziehungsgeschehen in und außerhalb des Klassenzimmers, kann die Lernatmosphäre und die Beziehungen der Schüler untereinander fördern und in manchen Fällen einen Schulverweis, Jugendarrest oder gar Tod verhindern.

Umsichtig vorgehen

Bitte denken Sie daran: Sie halten zwar ein „fertiges" Buch in Händen, aber dieser Lehrstoff bleibt in ständiger Weiterentwicklung. Er wird ständig verfeinert, und zwar in der frohgemuten und manchmal anstrengenden, jeden Moment neuen Interaktion mit den Kindern und Jugendlichen, denen zu dienen ich das Privileg habe. Weil Achtsamkeit eine dynamische, präsente Ansprechbarkeit ist, ist es unverzichtbar, dass auch Sie durch Ihre Interaktionen die Arbeit mit dem Material, das hier präsentiert worden ist, ständig verfeinern.

Ich kann zwar meine Erfahrungen, meine Sprache und einige Vorschläge mit Ihnen teilen, aber letztendlich muss Ihre Lehrtätigkeit aus der Tiefe Ihrer eigenen Praxis kommen. Sie müssen fähig sein, alles, was auftaucht, aufzunehmen, es stark und gleichzeitig sanft anzunehmen. In jedem Klassenzimmer, in jeder Psychotherapiepraxis wird es Kinder geben, die eines oder mehrere der folgenden Dinge erlebt haben: Vernachlässigung; Scheidung; Krankheit; Tod eines Familienmitglieds; häusliche Gewalt oder Gewalt im Wohnumfeld; Krieg und Vertreibung; emotionale oder körperliche Misshandlung; sexueller Missbrauch. In manchen Milieus sind solche Erfahrungen leider der Normalfall. Solche Verhältnisse verlangen von uns, dass wir unsere Fähigkeit ausweiten, solches Leiden mit Klarheit und Mitgefühl zu beantworten. Es kann sein, dass wir trotz wohlmeinender Absichten Schaden anrichten, wenn wir Wunden freilegen, die zu behandeln wir nicht ausgebildet sind.

Egal, ob Sie Therapeut sind oder nicht und welche Ausbildung Sie haben: Es ist wichtig, dass Sie sich für Probleme, die über ihr Fachgebiet hinausgehen, auf lokaler Ebene Ansprechpartner suchen, bevor Sie Einzelpersonen oder Gruppen mit diesem Material zu unterrichten beginnen. Wenn Sie im Schuldienst arbeiten oder an einer Schule (oder öffentlichen Einrichtung) Achtsamkeit unterrichten wollen, ist es wichtig, dass Sie die institutionellen Richtlinien und Leitbilder kennen; dass Sie wissen, welche Institutionen und Dienste im psychotherapeutischen und psychiatrischen Bereich zur Verfügung stehen und wofür sie zuständig sind;

und dass Sie tragfähige Beziehungen zu Beratern und kommunalen Institutionen und Diensten im psychotherapeutischen und psychiatrischen Bereich aufbauen. Wenn Sie Therapeut sind, haben Sie hoffentlich schon Kontakt mit einem oder mehreren erfahrenen Kinder- und Jugend-Psychotherapeuten, denen Sie vertrauen. Falls nicht, bauen Sie solche Kontakte bitte auf, *bevor* Sie mit der Lehrtätigkeit beginnen. Wenn heikle Themen zutage treten, wird es ganz entscheidend sein, dass Sie das Kind, das Sie an einen anderen Therapeuten überweisen, während der gesamten Dauer dieser unterstützenden Intervention begleiten. Mit „begleiten" meine ich, dass Sie mentale, emotionale und manchmal auch tätige Hilfestellung leisten: die Initiative ergreifen, mit dem Schüler zur Beratungsstelle gehen, mit Betreuern sprechen oder mit einem Therapeuten einen Termin vereinbaren.

Ein paar Geschichten zur Warnung

Ich bin in aller Unschuld ein paar Mal ins Fettnäpfchen getreten, und das hat mir gezeigt: Wenn man im Rahmen einer Schulsituation MBSR unterrichtet, ist es enorm wichtig, erstens den universalen und nicht-religiösen Charakter von Achtsamkeit ausdrücklich zu betonen und sich zweitens von vornherein die Unterstützung von Eltern, Lehrern und Schulleitung zu sichern. Ein oder zwei verunsicherte oder ängstliche Eltern können das Ende eines Programms bedeuten und ein gleichgültiger Lehrer kann die Erfahrungen der Kinder ernsthaft beeinträchtigen. Es folgen zwei kurze Beispiele.

Missverständnisse mit Eltern

Als mein Sohn in die Vorschule ging, fing er an, seinen Klassenkameraden Achtsamkeit beizubringen. Seine Lehrerin fragte mich dann, ob ich ihren Schülern nicht einmal in der Woche Achtsamkeitsübungen anbieten wolle. Wir vereinbarten, dass ich jeden Mittwochmorgen zehn Minuten da sein würde. Auf die Bitte einer Erzieherin hin leitete ich auch im Kindergarten Achtsamkeitsübungen an. Die beiden Pädagogen hatten eine sehr unterschiedliche Art, mit den Eltern zu kommunizieren: Die Erzieherin verschickte jeden Tag eine E-Mail, in der sie die Eltern über die Ereignisse des Tages informierte. Die Lehrerin in der Vorschule gab den Kindern jede Woche einen kleinen Brief mit und die zehn Minuten am Mittwochmorgen fanden darin nie Eingang.

Zu der Zeit waren die Kindergartenkinder total fasziniert von kleinen bunten Glasperlen, arrangierten sie auf einem Leuchttisch zu kleinen Kunstwerken oder legten damit verschlungene Pfade auf dem Boden aus. Ihre Faszination war für mich die Inspiration (Wortspiel beabsichtigt) zu der Atem-Übung, die ich „Juwel" genannt habe. Bei dieser Übung legten sich die Kinder bunte Glasperlen auf den Bauch und fühlten, wie diese sich mit dem Atem hoben und senkten. Die Kindergartenkinder liebten diese Übung, woraufhin ich sie auch in die Vorschule verpflanzte. Ein paar Vorschüler erzählten zuhause, sie hätten sich „Kristalle" auf den Bauch gelegt.

Zwei Mütter wurden unruhig und – was man ihnen zugutehalten muss – baten den Direktor, ob sie bei einer Sitzung einmal dabei sein dürften. Nach der Sitzung – die aus einem kurzen Body-Scan und Kommentaren vonseiten der Kinder bestand – führten die Eltern, der Direktor und ich ein kurzes Gespräch. Eine Mutter deutete an, dass sie aufgrund ihrer Religion Bedenken habe. Ich versuchte ihr zu versichern, dass ich nicht die Absicht hätte, irgendjemandes Religion in Frage zu stellen, und dass ich den Kindern einfach nur eine ganz spezielle Art des Aufmerksam-Seins beibrächte.

Dann begann ich über die dokumentierten positiven Wirkungen von Achtsamkeit bei Erwachsenen zu sprechen. Ich fing einen Satz an: „Die Forschungsergebnisse zeigen auch, dass Achtsamkeit die Gehirnaktivität verändert…" Eine Mutter schaute erschrocken, packte mich am Arm und sagte: „Ich will aber nicht, dass sich das Gehirn meiner Kinder verändert!" Ich konnte durchaus verstehen, dass, aus ihrer Perspektive gesehen, ihre Kinder etwas ausgesetzt gewesen waren, das sie nicht kannte und als bedrohlich empfand. Wenn ich den Satz hätte zu Ende führen können, hätte er gelautet: „Achtsamkeit verändert die Gehirnaktivität in Richtung einer positiveren Grundeinstellung und steigert die Aktivität in Bereichen, die mit positiven Emotionen und Glücksempfindungen assoziiert sind."

Ich bemerkte mein Bedürfnis, das Projekt „Vermittlung von Achtsamkeit" zu rechtfertigen und zu verteidigen. Stattdessen wählte ich aber das Aikido-Prinzip, zur Seite zu treten und nicht dagegenzuhalten. Meine Absicht war, die Energie dieser Besorgnis sich von alleine zerstreuen zu lassen. Ich versprach, in der Vorschule keine Achtsamkeit mehr zu lehren, bis sowohl der Direktor als auch die Eltern eine bessere Vorstellung von der Sache hätten. Im Frühjahr desselben Jahres leitete ich einen sechswöchigen Kurs für die Lehrkräfte, die sich für das Thema interessierten, darunter auch der Direktor und der stellvertretende Direktor. Am Ende dieses Kurses baten mich die meisten Teilnehmer, auch der Direktor und der stellvertretende Direktor, die regelmäßigen Sitzungen bis zum Ende des Schuljahres fortzusetzen.

Bedenken von Lehrern

Die zweite warnende Geschichte spielt ein Jahr später an derselben Schule. Mit der vollen Unterstützung durch den Direktor und den stellvertretenden Direktor und nach einer einführenden Sitzung für die Eltern am Abend des ersten Schultages im neuen Schuljahr bot ich den zwei fünften Klassen einen Achtsamkeitskurs an, wobei ich zwischen ihnen wöchentlich abwechselte. Beide Lehrer hatten zum ersten Mal eine fünfte Klasse und arbeiteten nach einem neuen Lehrplan. Was ich in den beiden Klassenzimmern erlebte, war völlig unterschiedlich.

In der ersten Klasse verstand der Lehrer die Praxis intuitiv und sagte: „Als Kind habe ich etwas Ähnliches gemacht. Ich wusste nur keinen Namen dafür." In der zweiten Klasse war die Reaktion der Lehrerin wesentlich kühler und erst nach der Hälfte des Schuljahres sprach sie ihre Gefühle offen aus. Die hatte ich zwar irgendwie gespürt, ihre Tragweite aber nicht geahnt. Sie sagte, meine Anwesenheit in ihrem Klassenzimmer missfalle ihr, sie empfinde das Thema „Achtsamkeit" als ihr aufgezwungen und wolle die vierzig Minuten wieder für sich zum Unterrichten haben. Sie hatte auch das Gefühl, die Schule beschäftige sich sowieso viel zu sehr mit sozialen und emotionalen Themen, mit Kommunikation, mit Stress und Wohlbefinden bei Schulkindern. Sie sagte: „Als ich ein Kind war, mussten Kinder mit Stress einfach klarkommen. Die Schule macht eine viel zu große Sache daraus."

Die unterschiedlichen Einstellungen der beiden Lehrer zeigten sich auch in den Resultaten der beiden Kurse. In der ersten Klasse fand die Mehrheit der Schüler Gefallen an Achtsamkeit und sagte, sie tue ihnen gut. In der zweiten Klasse gefiel es vielen nicht, und sie fanden Achtsamkeit nicht wohltuend. Jene, denen es gefallen hatte, teilten mir das privat mit und sagten, sie hätten sich nicht getraut, in Anwesenheit der Lehrerin zu sagen, dass es ihnen gefallen und gutgetan hatte.

Wenn ich diese beiden Ereignisse noch einmal wiederholen könnte, dann würde ich den Vorschul-Eltern einen Einführungsabend anbieten und ich die Perspektive der widerwilligen Lehrerin früher zu verstehen versuchen. Zu erwähnen ist, dass die Schule – eine unabhängige Schule in Nord-Kalifornien – im folgenden Jahr eine neue Leitung bekam, ihr Leitbild änderte („zurück zu unseren christlichen Wurzeln") und unter anderem auch das Achtsamkeitsprogramm strich. Meine Intention ist immer gewesen, Achtsamkeit auf eine Art und Weise zu präsentieren, die als einladend, leicht zugänglich und risikolos empfunden wird. Ich erzähle diese Geschichten hier als Hinweis darauf, dass es, wenn wir bei Menschen Ängste auslösen und sie in der Refraktärphase sind, für sie sehr schwierig sein kann, den universalen Charakter von Achtsamkeit zu erkennen oder die dokumentierten positiven Wirkungen zu würdigen. Deshalb ist es entscheidend, dass Sie sich des *konservativsten Zuhörers im betreffenden sozialen Umfeld bewusst sind und auf ihn oder sie eingehen.* Man weiß nie, wo die Grenze ist, und wenn Sie sie überschreiten, ist es schwierig, wenn nicht unmöglich, das rückgängig zu machen.

Unentschlossenheit

Manche Kinder und Jugendlichen sind am Anfang oft unschlüssig, ob sie an dem Kurs teilnehmen sollen. Vor allem Kinder, die noch andere Hilfsangebote wahrnehmen – Psychotherapie, Logopädie, Nachhilfe –, haben oft das Gefühl, jetzt müssten sie „das auch noch machen". Verständlicherweise sehen sie es als etwas, das sie daran hindert, etwas anderes zu tun, das ihnen wirklich gefällt, zum Beispiel Sport zu machen oder mit Freunden abzuhängen. Es ist wichtig, diese Ansicht anzuerkennen und diese Gefühle zuzulassen. Gleichzeitig sollten Sie kommunizieren, dass das Leben nicht immer so ist, wie wir es uns wünschen, und dass ein Teil dieses Kurses sich eben genau damit beschäftigt: zu untersuchen, wie man mit solchen Momenten im Leben klarkommt. Erklären Sie die Möglichkeit, dass, wenn sie sich voll einbringen, ihre Lieblingsaktivitäten und das Leben überhaupt durch die neugewonnenen Fähigkeiten mehr Spaß machen. Da sie zum Kurs schon erschienen sind, ermutigen Sie sie, ob sie nicht etwas finden können, das ihnen etwas bringt. Wenn sie am Ende des Kurses immer noch sagen, sie hätten nichts gefunden, können sie das Ganze ja getrost vergessen.

Mit Widerständen umgehen

Bitte lesen Sie diesen Abschnitt langsam, und geben Sie sich Zeit, das Dargebotene zu verarbeiten. In der vierten Sitzung helfen Sie den Teilnehmern zu untersuchen, wie der Widerwille gegen etwas oft das Leiden daran vergrößert. Als Vorbereitung für diese Diskussion würde ich gerne auf das Thema „persönliche Praxis" zurückkommen – insbesondere darauf, wie wir mit unseren eigenen Widerständen, Abneigungen und Wünschen arbeiten, die während der Arbeit mit jungen Menschen aufkommen können. Wenn ich auf Konferenzen Vorträge halte oder dieses Material Einzelpersonen oder in Online-Kursen vermittele, kommt das Thema „Widerwillen" oft aufs Tapet. Meistens wird die Frage etwa so formuliert: „Was tun Sie, wenn junge Leute Widerstände gegen Achtsamkeit haben?"

Es gibt natürlich tausend Möglichkeiten, in einem gegebenen Moment gegenüber einer Einzelperson oder einer Gruppe, die ihre Widerstände verbal oder nonverbal zum Ausdruck bringen, eine achtsame Erwiderung zu finden, aber ich möchte ein paar Grundprinzipien vorstellen. Zum einen ist Widerwille ein natürlicher Teil des menschlichen Erfahrungsspektrums. Es hilft, wenn wir ihn freundlich und neugierig anschauen und benennen können, wenn möglich, ohne ihn zu verurteilen. Oft genügt es zu sagen: „Prüft bitte freundlich und neugierig, ob ihr denkt, das hier ist lachhaft und reine Zeitverschwendung. Nehmt bitte wahr, ob ihr beschlossen habt, nicht mitmachen oder euren Nachbarn ablenken zu wollen."

Zum zweiten: Widerstände von Teilnehmern sind weder persönlich gemeint noch unzugänglich für Achtsamkeit. Die Mehrheit der jungen Menschen, die wir als „widerspenstig", „eigensinnig", „trotzig" oder ähnlich etikettieren, ist einfach mit der entwicklungsmäßig angemessenen Aufgabe beschäftigt, sich solange gegen alles zu wehren, bis sie seinen Nutzen für sich selbst entdeckt hat. Solcher „Widerwille" ist normalerweise ein gesunder Teil der Entwicklung und ganz wesentlich für den Prozess, in dem sie entdecken, wer sie sind und dass sie einzigartig sind. Leider sind es viele junge Menschen gewohnt, dass die Erwachsenen meinen, sie wüssten, was das Beste für ihre Kinder ist, so dass sie sich nahezu reflexhaft gegen alles wehren. Um dieser Reaktion den Wind aus den Segeln zu nehmen, sage ich oft: „Ihr müsst mir das nicht glauben. Ihr müsst mir nicht blind vertrauen. Probiert es aus. Schaut, was es zu entdecken gibt. Berichtet. Teilt eure Erfahrungen mit uns. Seid ruhig anderer Meinung."

Widerstände beim Namen zu nennen, sie nicht persönlich zu nehmen und keinerlei Zwang auszuüben – das ist vor allem dann die eleganteste Verhaltensweise, wenn wirklich keinerlei Urteil damit verbunden ist. Und das ist der Haken! Oft liegt ein versteckter Widerspruch in der Frage: „Wie gehen Sie mit widerwilligen Jugendlichen um?" Nehmen Sie sich einen Moment Zeit, und prüfen Sie, ob Sie den Widerspruch selbst entdecken können... Atmen Sie und seien Sie neugierig...

Oft versteckt sich hinter der Frage „Wie gehen Sie mit widerwilligen Jugendlichen um?" der subtile – oder vielleicht auch offenkundige – Widerwille des Fragers gegen den Widerwillen des jungen Menschen! Lassen Sie das mal sacken… Prüfen Sie noch einmal, ob Sie es entdecken können: dass die Frage nach den Widerständen von Teilnehmern den Widerwillen des Fragers enthält – gegen die Widerstände von Teilnehmern!

Die Frage impliziert auch oft, dass der/die Jugendliche keine Widerstände haben sollte oder dass der Kursleiter etwas gegen die Widerstände *tun* sollte. Diese Verkehrung unserer guten Absichten ist verständlich. Schließlich haben wir ja deswegen beschlossen, jungen Menschen Achtsamkeit zu vermitteln, weil wir glauben – und es wissenschaftlich belegbar ist –, dass diese Fähigkeiten jungen Menschen gut tun. In unserem Eifer möchten wir deshalb, dass sie teilnehmen, dass sie mitmachen, kurz, wir wollen, dass sie „es kapieren". Wenn sie es nicht tun, erzeugen wir Leiden, weil wir gegen ihre Widerstände Widerstand leisten! Wir denken: „Sie sollten wirklich besser mitmachen und mehr Respekt haben", oder: „Ich sollte es irgendwie klarer und spannender rüberbringen." Und dann werden wir verbissen oder zeigen Härte, innerlich oder äußerlich. Wirklich weise wäre es allerdings, dem Widerwillen (ihrem und dem eigenen) mit Humor zu begegnen oder ihn auf sich beruhen zu lassen. Ironischerweise sind oft erstaunliche Umschwünge möglich, wenn wir uns einfach der Situation öffnen und sagen: „Wer von Euch denkt jetzt: ‚Die Frau spinnt doch, die kann von mir aus lange reden!' oder ‚Achtsamkeit ist doch Quark, das bringt doch gar nichts!'?" Wenn Sie wollen, können Sie hinzufügen: „Ich verstehe das vollkommen" oder, mit einem Lächeln: „Das ist bloß ein Gedanke."

Es ist unsere eigene, in jedem Moment neue Praxis, die uns hilft, Widerwillen, Aversion, Begehrlichkeiten, Werturteile in uns selbst wahrzunehmen. Unsere Praxis hilft uns, die „Du-solltest-aber"-Gedanken und die Empfindungen der Gereiztheit, der Frustration, des Verurteilens, der Verärgerung im Moment, da sie entstehen, einzufangen.

Wenn gewisse Kommentare oder Verhaltensweisen, die ich als Widerwillen einordne, mich zum Abwerten oder Verurteilen verleiten, spüre ich eine innere Kontraktion, die sich kalt und metallisch dröhnend anfühlt, als würde eine Stahltür zuknallen. Es ist ziemlich deutlich. Wenn mir diese spezielle Konstellation aus Gedanken, Gefühlen und Körperempfindungen bewusst wird, tue ich mein Bestes, um zu atmen, in Stille und Ruhe zu bleiben und die Welle vorbeiziehen zu lassen. Oft folgt ihr sofort eine weiträumige, differenzierte Klarsicht, und ich finde einen geschickten Kommentar oder eine Frage, die anerkennt, was ist, und dadurch einen Ausweg schafft. Dieses „verbale Aikido" beim Unterrichten von Achtsamkeit – egal, ob mit Jugendlichen oder anderen Menschen – wurde beispielhaft in den Dialogen „Ganz ins Spiel vertieft" und „Sch…, was soll denn das?" in der dritten Sitzung vorgeführt. Vom ersten bis zum letzten Schritt ist es unsere Praxis, die es möglich macht, dass wir die Lehrinhalte vorleben, indem wir freundlich und neugierig auf unsere Gedanken, Gefühle und Körperempfindungen Acht geben – und dann wohlüberlegt über unser Verhalten entscheiden.

KAPITEL 14

Kinder und Eltern gleichzeitig unterrichten

Dieser Kurs kann auch für Kinder zusammen mit den Eltern angeboten werden. Während die Inhalte und das Format gleich bleiben, werden ein paar zusätzliche Fähigkeiten vermittelt, und es sind ein paar kleine Änderungen nötig. Gewöhnlich biete ich Eltern-Kind-Kurse nur an, wenn die Kinder jünger als zwölf Jahre sind. Ältere Jugendliche haben mit ihren Eltern in der Interaktion den meisten Stress, und wenn alle zusammen in einem Raum sind, ist es oft schwer für sie, darüber offen und ehrlich zu reden. Wenn Sie Lust haben, Jugendlichen und ihren Eltern zusammen Achtsamkeit zu vermitteln, dann empfehle ich Ihnen, sich mit einem zweiten Lehrer zusammenzutun, wobei einer die Eltern und einer die Jugendlichen unterrichtet. Wenn dann beide Gruppen die Achtsamkeit „fließend beherrschen", können Sie sie zusammenbringen, um die weit verbreiteten „familiären Löcher" (problematische Situationen und Reaktionen) und schwierigen Kommunikationssituationen zu untersuchen.

Loslassen

Es gibt drei wichtige Dynamiken, derer Sie sich bewusst sein müssen, wenn Sie Eltern-Kind-Gruppen Achtsamkeit vermitteln. Viele Eltern fühlen sich, wenn sie in Gesellschaft sind, dafür verantwortlich, das Verhalten ihrer Kinder zu kontrollieren. (Wenn Sie Kinder haben, werden Sie das von sich selbst vielleicht kennen.) Da es bei der Achtsamkeit weniger ums Kontrollieren geht als darum, präsent zu sein, bitte ich die Eltern um Erlaubnis, dass während der Sitzung ich für ihre Kinder und deren Verhalten verantwortlich bin und darauf antworte. Ich sage etwa: „Als Eltern haben wir oft das Gefühl, wir müssten das Verhalten unserer Kinder ändern, korrigieren, steuern, überhaupt kontrollieren, vor allem, wenn wir mit neuen Leuten zusammenkommen. Versuchen Sie das, so gut es irgend geht, in den kommenden anderthalb Stunden loszulassen, und lassen Sie mich lenken, korrigieren, Grenzen setzen, Konsequenzen festlegen. Wenn ich Ihre Hilfe brauche, sage ich es." Viele Eltern empfinden das als Herausforderung und Erleichterung zugleich. Es sind eingefleischte Gewohnheiten, nach denen sie einschreiten, und die Gelegenheit, mit den eigenen Kindern in einer Gruppensituation einfach einmal zusammen zu sein, ohne sich für ihr Verhalten verantwortlich zu fühlen, ist selten.

„Es muss was dabei rauskommen"

Die vielleicht größte Herausforderung, wenn man mit Eltern und Kindern gemeinsam arbeitet, ist folgende: Viele Eltern haben, verständlicherweise, Erwartungen. Manche Eltern melden ihre Kinder schlichtweg deshalb zum Kurs an, weil sie meinen, die Fähigkeit zur Achtsamkeit sei fürs ganze Leben wertvoll. Aber viel häufiger melden sie sie an, weil sie hoffen, Achtsamkeit würde ihren Kindern auf eine ganz spezifische Weise etwas nützen. Anders gesagt: Wie bei der MBSR für Erwachsene melden Eltern ihre Kinder oft deshalb zu einem Achtsamkeitskurs an, weil das Kind (und meist auch die Eltern) unter den Auswirkungen eines ADH-Syndroms leidet, unter ängstlicher Unruhe, Depression, körperlichen Krankheiten oder aber unter Stress-induzierten körperlichen Symptomen wie Spannungskopfschmerz, Migräne und Bauch-/Magenschmerzen. Die Eltern von manchen Jugendlichen suchen vielleicht auch verzweifelt nach einem Heilmittel gegen beharrlich selbstzerstörerische Verhaltensweisen wie Essstörungen, „Ritzen", Drogenmissbrauch, hemmungsloses Sich-Ausleben oder Risikoverhalten.

Es sind nachvollziehbare Ziele. Die Eltern bringen ihre Kinder genau wegen der Wirkungen in den Kurs, die durch die Forschung belegt sind. Allerdings: Es kann sein, dass sie zu sehr auf Resultate fixiert sind. In der dritten Sitzung des ersten Kurses innerhalb der Eltern-Kind-Studie in Stanford fragte eine Mutter: „Was ist, wenn meine Kinder nicht kommen wollen?" Danach zu urteilen, wie die Frage gestellt wurde, und von einer Reihe anderer Interaktionen, die ich mit der Mutter gehabt hatte, implizierte die Frage die Hoffnung, ich könnte die Kinder zum Kommen bewegen. Der betreffende Kurs fand im Rahmen einer wissenschaftlichen Studie statt, und da sind Ausfälle nicht gern gesehen. Aber meine Erwiderung war: „Bei Achtsamkeit geht es darum, zu akzeptieren, was ist, und nichts zu erzwingen. Deshalb ist es wider den Geist der Praxis, jemanden zur Teilnahme zu zwingen."

Die Frage veranlasste mich, sowohl von Kindern wie auch von Eltern Vorschläge zur Kursgestaltung zu erfragen, um einigermaßen sicher sein zu können, dass die Sitzungen für die Kinder attraktiv und einladend sein würden. Die Meinung der Kinder: Mehr Bewegung, weniger reden. In der Gruppe vereinbarten wir: die Vorschläge in die Gestaltung der nächsten Sitzungen einfließen zu lassen; dass die Kinder, die nicht weitermachen wollten, trotzdem noch an zwei Sitzungen teilnehmen sollten; und dass sie, wenn sie dann immer noch nicht teilnehmen wollten, nicht mehr zu kommen brauchten.

In der darauffolgenden Diskussion mit den Eltern brachte ich von meiner Seite folgende Überlegungen ein. Erstens: Für uns als Eltern besteht die Praxis darin, wahrzunehmen, ob wir unsere Kinder anders haben wollen, als sie sind; ob wir Erwartungen haben. Es ist ein Unterschied, ob wir Kinder bei der Entwicklung nützlicher Fähigkeiten unterstützen wollen oder aber sie verändern und „in Ordnung bringen" wollen. Sobald wir unsere wahren Absichten erkannt haben, können wir eine kluge

Entscheidung über das weitere Vorgehen treffen. Vielleicht ist es wichtiger, achtsam zu leben, bei ihnen und für sie empfänglich zu sein, statt sie zur Achtsamkeitspraxis zu bewegen.

Zweitens: Die ersten beiden Sitzungen hatten den Kindern eine Erfahrung des friedlichen, ruhigen Ortes und ein Vokabular vermittelt, über diese Erfahrung zu sprechen. Vor dem Kurs wussten die Kinder nicht einmal, dass es in ihnen den friedlichen, ruhigen Ort gab! Zu dem Zeitpunkt, wo sie aus dem Kurs aussteigen durften, hatten sie also schon eine gewisse Fähigkeit entwickelt, ihre Gedanken und Gefühle zu beobachten. Vielleicht genügte es fürs Erste, dass sie die positiven Wirkungen des friedlichen, ruhigen Ortes erlebt, ihre Gedanken und Gefühle zu beobachten gelernt und für die Familie eine gemeinsame Sprache entwickelt hatten.

Drittens: Kinder und Eltern in Achtsamkeit zu unterrichten ist wie Samenkörner in die Erde zu stecken, und Samen gehen auf, wann sie wollen. Ein junger Mensch mag an Achtsamkeit jetzt noch wenig interessiert sein, sich aber in einem halben Jahr entscheiden, das Gelernte anzuwenden, wenn zum Beispiel die SATs anstehen („Scholastic Assessment Test", Studierfähigkeitstest) oder er/sie es am College gerade ein wenig schwer hat. (Nebenbei bemerkt: Viele Colleges bieten ihren Studenten mittlerweile Achtsamkeitskurse an.)

Bei der Schlussrunde erinnerte ich die Eltern daran, dass sie sich zwar in den Achtsamkeitskurs für „Susi oder Patrick" eingeschrieben hätten, dass aber ihre Kinder am meisten profitieren würden, wenn die Eltern ihre eigene Achtsamkeitspraxis entwickeln würden. In der Tat deutet die Forschung darauf hin, dass elterlicher Stress die psychische Gesundheit von Kindern entscheidend beeinflusst. Insofern können Eltern zum Wohlbefinden ihrer Kinder beitragen, indem sie mithilfe von Achtsamkeit ihren eigenen Stress reduzieren und ein lebendiges Beispiel abgeben, wie wertvoll Achtsamkeit im täglichen Leben ist (Bakoula, Kolaitis, Veltsista, Gika, Chrousos 2009). Ich möchte alle Eltern ermutigen, „im Rampenlicht" Achtsamkeit zu üben, vor ihren Kindern, im ganz normalen Tagesablauf. Wie Achtsamkeit für Gefühle und die eigene Impulsivität sowie das nötige Innehalten, um eine achtsamere Erwiderung zu finden, aussehen könnte,

könnte eine Mutter oder ein Vater zum Beispiel demonstrieren, indem sie oder er sagt: „Mensch! Die E-Mail von deinem Trainer regt mich echt auf. Ich nehm' mir jetzt erst einmal ein paar Minuten Zeit, um meine Gedanken und Gefühle wahrzunehmen, bevor ich mir überlege, was ich sagen will, und ihm zurückschreibe."

Diese meine Kommentare erinnerten die Eltern wieder daran, dass viele von ihnen in der ersten Sitzung ja bestätigt hatten, sie würden den Kurs nicht nur für ihr Kind machen, sondern auch, um in sich selbst Geduld, Freundlichkeit, Klarheit, Sanftheit und Weisheit zu kultivieren.

Einzigartige Chancen und Herausforderungen

Wenn ich mit Eltern-Kind-Paaren die Übung „Schwierige Kommunikationssituationen" (Sitzung 6) mache, fordere ich sie auf, sich einen Partner zu suchen, der nicht zur Familie oder deren Freundeskreis gehört, und dann eine schwierige Kommunikationssituation aus der Familie vorzustellen. Es grenzt an ein Wunder, was manchmal passiert, wenn in einem unterstützenden Rahmen aus der Perspektive eines Kindes (nicht: *„meines Kindes"*) oder der Eltern (nicht: *„meiner* Eltern") ein Ereignis beschrieben wird. Die Teilnehmer berichten gewöhnlich, dass sie ihre Gefühle, Wünsche und Bedürfnisse klar und schlicht (mit)teilen und wirklich hören und verstehen können, was das Gegenüber gefühlt, gewollt und gebraucht hat. Dann sind sie in der Lage, freundlich und mitfühlend zu antworten, statt aus Gewohnheit, Angst, Abwehr oder Kontrollbedürfnis heraus zu reagieren.

Im Allgemeinen zeigen diese Rollenspiele tendenziell einen viel geschickteren Umgang mit heiklen Themen als normale, oft sehr belastete Kommunikationsabläufe, und sie sind tendenziell auch von mehr gegenseitigem Respekt und Vertrauen – wichtige Zutaten für achtsame Kommunikation und positive Ergebnisse – geprägt. Diese Art der Kommunikation kann Kindern helfen auszudrücken, was ihnen wichtig ist, während sie gleichzeitig Eltern hilft, langwierige Verhandlungen zu vermeiden. Die Rollenspiele können eindrücklich ins Bewusstsein rufen, dass es sinnvoll sein kann, für die Diskussion über problematische Themen und die entsprechenden familiären Vereinbarungen einen neutralen Zeitpunkt zu suchen.

Modifikationen

Im Zusammenhang mit der oben geschilderten Dynamik gibt es ein paar einfache Modifikationen in der Vorgehensweise, wenn Eltern-Kind-Paare unterrichtet werden. In Eltern-Kind-Kursen bekommen Eltern und Kinder für die Praxis zu Hause die gleichen Arbeitsbücher und CDs. Die Teilnehmer wissen: Wenn ein Kind das Arbeitsbuch der „Eltern" in die Hand nimmt oder die Eltern das Arbeitsbuch des „Kindes", sind beide gleich. Damit wird unterstrichen, dass alle im selben Boot sitzen. In Stanford mache ich mit den Kindern oft Scherze darüber und sage, dass der „Friedliche, ruhige Ort" ihr erstes College-Seminar ist.

Wenn die Gruppe groß ist (zwanzig oder mehr Teilnehmer), dann ermutigen Sie die Kinder, die Sprecherrolle zu übernehmen, und lassen Sie die Eltern in die zweite Reihe rücken, so dass die Diskussionen die Fähigkeit der Kinder, stillzusitzen und zuzuhören, nicht überfordern. Wenn die Kinder zappelig werden und sich bewegen müssen, führen Sie sie nach draußen und geben den Eltern ein Diskussionsthema, zum Beispiel: „Was für subtile Gefühle haben Sie im Laufe der Woche wahrgenommen?" – „In welche Löcher fallen Sie mit Ihren Kindern immer wieder?" oder „Welche anderen Straßen entdecken Sie zur Zeit?"

Für die Praxis zu Hause bitten Sie die Eltern, eine zusätzliche achtsame Aktivität auszusuchen, die die Kinder mit einschließt – zum Beispiel den Abschiedskuss am Morgen, die Begrüßung nach der Schule oder das Unter-die-Decke-Schlüpfen am Abend. Stellen Sie die letzte Viertelstunde einer Sitzung den Eltern für Fragen zur Verfügung, und diskutieren Sie mit ihnen, wie man Freud und Leid des Elterndaseins achtsam begegnen kann. Vergessen Sie nicht: Dies ist die Gelegenheit, um Mitgefühl für all die Momente zu zeigen, in denen Eltern ihren Idealvorstellungen nicht gerecht werden, und gleichzeitig die Eltern zu ermutigen, aufmerksam zu sein, hier und jetzt, freundlich und neugierig, und dann über ihr Verhalten bewusst zu entscheiden – vor allen in heiklen Momenten mit den Kindern. Eltern lieben diese Zeit sehr und möchten oft noch viel länger dableiben – länger jedenfalls, als ihre Kinder das wollen…

In dieser auf die Eltern fokussierten Phase können die Kinder Bilder malen, wie es am friedlichen, ruhigen Ort aussieht, können Haikus oder andere Gedichte schreiben und drinnen oder draußen spielen. Spiele für drinnen, die Achtsamkeit fördern, sind zum Beispiel das altbekannte Mikado oder „Jenga", ein Spiel, bei dem Holzquader aufeinander geschichtet sind und die Spieler reihum je einen Baustein entfernen müssen, ohne dass der Turm umfällt.[15]

---

15 In Deutschland unter dem Namen „Stürzender Turm" erhältlich. Auch „Memory" oder Kartenspiele wie „Mau-Mau" oder „Uno" haben viel mit Achtsamkeit zu tun (Anm. d. Übers.)

KAPITEL 15

Aus wissenschaftlicher Sicht – Was weiß die Forschung?

Wenn Sie dieses wissenschaftliche Kapitel lesen, versuchen Sie doch, den Lesevorgang zu einer Achtsamkeitsübung zu machen: Lesen Sie langsam; wenn Sie merken, dass Ihre Aufmerksamkeit abschweift, bringen Sie sie sanft zu den Wörtern, auf die Seite, zu den Begriffen zurück.

Wie in der Einleitung erwähnt, habe ich mit dem Unterrichten von Achtsamkeit angefangen, als mein Sohn mich so rührend darum bat. In der Folge lernte ich die Sorgen und Ängste verstehen, die viele junge Menschen tagtäglich durchstehen müssen. Ihre Sehnsucht nach zentralen lebenspraktischen Kompetenzen, die ihnen helfen würden, mit ihren komplizierten Welten zurechtzukommen, äußert sich oft in problematischem, ungesundem, manchmal sogar selbstzerstörerischem Verhalten. Zu sehen, dass viele Erwachsene und meine eigenen Kinder von der Praxis enorm profitiert haben, hat mich inspiriert, vertrauensvoll den Sprung zu wagen und zu versuchen, diese zentralen lebenspraktischen Kompetenzen an Kinder und Jugendliche weiterzugeben.

Das Wagnis, das ich und andere Pioniere in diesem Bereich eingingen, als wir begannen, Kindern diese Übungsformen zu vermitteln, scheint mittlerweile durch die Forschungsergebnisse zu den Themen Exekutiv-Gehirnfunktionen, emotionale Intelligenz und soziale Entwicklung zunehmend gerechtfertigt. Das vorliegende Kapitel bietet einen kurzen

Überblick über die genannten, miteinander verflochtenen Entwicklungsprozesse, die ich zusammenfassend als „Kernkompetenzen" bezeichnen möchte. Zum Schluss des Kapitels referiere ich die Faktenlage bis dato, die belegt, dass Achtsamkeit diese Kompetenzen stärkt.

Nimmt man die Perspektiven der Achtsamkeit einerseits und der Kernkompetenzen andererseits zusammen, so lassen sich für die Fähigkeit des Menschen, sich für ein empathisches und mitfühlendes Verhalten zu entscheiden, folgende Bausteine anführen:

- *Innehalten* – in der Sprache der Exekutiv-Gehirnfunktion „*Inhibition*" oder „*Hemmung*" und in der Sozialentwicklung „*Impulskontrolle*"
- Die Entwicklung und Anwendung emotionaler Selbstwahrnehmung
- Fähigkeit, *wechselnde Perspektiven einzunehmen*, was laut den Pionieren sozialer Entwicklungstheorien die Basis sowohl für empathisches wie auch aggressives Verhalten ist
- Aktivierung moralischer Regeln oder Richtlinien, die im Arbeitsgedächtnis gespeichert sind
- *Stärkung kognitiver Flexibilität* – konkret: das Umschalten zwischen der eigenen Perspektive und der eines anderen, das Abwägen von Handlungsalternativen und die *bewusste Entscheidung* für ein Verhalten

Grenzen dieser Diskussion und dieser Konzepte

Diese Diskussion ist keineswegs umfassend. Mein Ziel ist hier lediglich, einen weitgefassten Rahmen für das Verständnis einiger positiver Wirkungen der Achtsamkeit abzustecken. Bevor wir fortfahren, ist es wichtig, die Grenzen dieser Konzepte zu kennen. Der Großteil der Forschung zu Exekutiv-Gehirnfunktionen und zur Sozialentwicklung wurde mit Kindern im Alter von einem bis fünf Jahren durchgeführt. Bei richtiger Förderung entwickeln sich diese Kernkompetenzen in den Kleinkind- und Kindergartenjahren sehr schnell. Obwohl ich zwar Kindern in diesem Alter schon ein Grundtraining in „Achtsamkeit" angeboten habe, richtet sich das vorliegende Buch doch eher an Kinder im Schulalter. Deshalb ist es wichtig zu erkennen, dass die Kinder, mit denen Sie arbeiten und spielen, mit bestimmten Defiziten bei einer oder mehreren dieser Kernkompetenzen zu Ihnen kommen. Eine weitere Einschränkung: Bis vor kurzem hat die Forschung die Entwicklung jeder dieser Kompetenzen meist separat untersucht. Laborexperimente, die darauf angelegt sind, exekutive Gehirnfunktionen, die Fähigkeit zum Perspektivenwechsel und die Sozialentwicklung zu erfassen, sind sehr spezifisch und streng kontrolliert und spiegeln selten die vielseitig verästelten, emotional aufgeladenen Komplexitäten eines Brennballspiels auf dem Sportplatz, eines Gruppenprojektes im Klassenzimmer oder eines hitzigen Familienstreits wider.

Die Autoren des Aufsatzes „Exekutive Gehirnfunktionen und die Förderung sozial-emotionaler Kompetenz" (Riggs, Jahromi, Razza, Dillworth-Bart und Mueller, 2006) stellen fest: „Exekutive Gehirnfunktionen werden in den Modellen für Interventionsprogramme, die das soziale und emotionale Lernen fördern sollen, wenig berücksichtigt." Und ergänzend möchte ich hinzufügen: Das Gegenteil ist genauso richtig; bis vor Kurzem hat man sich um die sozialen und emotionalen Einflüsse auf die exekutiven Gehirnfunktionen wenig gekümmert. Die aktuelle Forschung deutet jedoch darauf hin, dass die Entwicklung dieser Kernkompetenzen – und ihre immer aufs Neue geforderte Manifestation im Verhalten – aufs Engste verwoben sind.

Historisch gesehen, ist die Rolle der Emotionen unter den Begriffen „Hemmung" („Inhibition"), „Kontrolle" und „Regulierung" erfasst worden. Was Achtsamkeit jedoch für mich von anderen sozial-emotionalen Erziehungsansätzen unterscheidet, sind die zentralen Qualitäten der Freundlichkeit und Neugier, die den eigenen Denk-, Fühl- und Verhaltensgewohnheiten entgegengebracht werden. Deshalb wären im Kontext von Achtsamkeit die Begriffe „emotionale Wahrnehmung", „emotionale Intelligenz" und „emotionale Ansprechbarkeit" passender. Nachdem ich dies hier angemerkt habe, werde ich die gebräuchliche Terminologie bezüglich der exekutiven Gehirnfunktionen, der Emotionstheorie und der Sozialentwicklung verwenden, wenn ich auf diese Konzepte zurückgreife.

Exekutive Gehirnfunktionen

Fangen wir mit ein paar Definitionen an. Die exekutiven Gehirnfunktionen sorgen für überlegtes, intentionales, zielorientiertes Verhalten. Die drei primären Dimensionen der exekutiven Gehirnfunktionen sind inhibitorische Kontrolle, Arbeitsgedächtnis und kognitive Flexibilität. Diese Fähigkeiten sind Voraussetzung für das Lesen-, Schreiben- und Rechnen-Lernen sowie für die Teilnahme an sozialen und Bildungsaktivitäten, zum Beispiel Gespräche zu führen, konzentriert zu spielen oder an gemeinsamen Projekten zusammenzuarbeiten. Um einmal zu zitieren, was ich im Folgenden den „Gehirnaufbau"-Aufsatz nennen möchte (offizieller Titel: „Das ‚Flugsicherungssystem' des Gehirns aufbauen: Wie frühkindliche Erfahrungen die Entwicklung der exekutiven Gehirnfunktionen prägen", gemeinsam verfasst vom „National Scientific Council on the Developing Child" und dem „National Forum on Early Childhood Policy and Programs"): „Die während der Kindheit und Adoleszenz immer kompetenter werdenden Exekutivfunktionen des Gehirns befähigen Kinder, auf eine Art und Weise zu planen und zu handeln, die aus ihnen gute Schüler, Mitglieder der Klassengemeinschaft und Freunde macht" („Center on the Developing Child", 2011). Ich möchte gerne hinzufügen: gute Familienmitglieder und Weltbürger.

Die folgenden Definitionen und Erläuterungen zu den Komponenten der exekutiven Gehirnfunktionen stammen aus diesem „Gehirnaufbau"-Aufsatz und einem Kapitel des Buches „Die frühe Entwicklung der exekutiven Gehirnfunktionen" von Dr. Adele Diamond („The Early Development of Executive Function", in: „Lifespan Cognition", 2006, S. 70 – 95).

Inhibitorische Kontrolle

Inhibitorische Kontrolle, wie der „Gehirnaufbau"-Aufsatz sie definiert, ist „die Fähigkeit, unsere Gedanken und Impulse zu beherrschen und zu filtern, so dass wir Verlockungen, Ablenkungen und Gewohnheiten widerstehen können und innehalten und nachdenken können, bevor wir handeln" (S. 2). Dies wird in dem Aufsatz weiter ausgeführt, indem festgestellt wird: Kinder wenden diese Fähigkeit an, um Ablenkungen zu ignorieren und bei der Sache zu bleiben, um zu warten, bis sie im Unterricht aufgerufen werden, und um nicht zu schreien oder zu schlagen, wenn sie das Gefühl haben, ihnen sei Unrecht geschehen (S. 2).

Arbeitsgedächtnis

Als Arbeitsgedächtnis wird die Fähigkeit bezeichnet, für kurze Zeit Informationen im Denken zu behalten und damit zu operieren. Es befähigt Kinder, von einem Abschnitt zum nächsten Informationen zu erinnern und zu verknüpfen, komplexe Rechenaufgaben zu lösen, mehrschrittigen Handlungsanweisungen zu folgen und sozial zu interagieren, zum Beispiel mit Freunden zu sprechen oder ein Spiel zu spielen (S. 2).

Kognitive Flexibilität

Kognitive Flexibilität ist die Fähigkeit, sich veränderten Anforderungen, Prioritäten oder Perspektiven anzupassen. Sie befähigt uns, Dinge aus einem neuen Blickwinkel zu sehen, „Schubladendenken" zu überwinden, in verschiedenen Situationen verschiedene Regeln anzuwenden, „Fehler" zu bemerken und zu korrigieren und die Richtung zu ändern, wenn neue Informationen vorliegen. Kinder nutzen diese Fähigkeit, wenn sie Ausnahmen von Grammatikregeln lernen, verschiedene Strategien zur Lösung eines mathematischen oder naturwissenschaftlichen Problems einsetzen oder Möglichkeiten abwägen, einen Konflikt beizulegen (S. 2).

Dem „Gehirnaufbau"-Aufsatz zufolge bilden diese drei exekutiven Gehirnfunktionen die Grundlage aller Aktivitäten der Bildung und des sozialen Miteinanders. „Kinder, denen Fähigkeiten der Exekutivfunktionen fehlen, „haben oft mit den Komplexitäten schulischer Routine-

Abläufe und des Spielens in der Gruppe zu kämpfen; sie werden frustriert, agieren ungehemmt und sind häufig isoliert; solche Isolation kann ihre Chancen, sich bei Aktivitäten zu engagieren, die die Exekutivfunktionen entwickeln, weiter verringern" (S. 6).

Außerdem, wie wir noch sehen werden, ist es wahrscheinlich, dass in Kombination mit emotionaler Intelligenz diese drei exekutiven Gehirnfunktionen für die Fähigkeit zum Perspektivenwechsel absolut grundlegend sind – und dieser wiederum fördert moralgeleitetes Verhalten wie Empathie, Mitgefühl und Altruismus.

Emotionstheorie und emotionale Intelligenz

Ein kurzer Überblick über das Gebiet der Emotionstheorie (in erster Linie auf der Grundlage der Arbeit von Dr. Paul Ekman, die in seinem Buch „Emotions Revealed" dargestellt ist)[16] soll hier den Rahmen liefern für ein Verständnis der Wechselwirkung zwischen exekutiven Gehirnfunktionen und Emotionen. Ekmans Forschung zeigt, dass Emotionen etwas Natürliches sind und einem evolutionären Zweck dienen. Aggression hilft uns, Hindernisse zu überwinden. Angst erlaubt uns, Gefahren zu erkennen und Gegenmaßnahmen zu ergreifen. Trauer bringt die Mitglieder unseres Stammes dazu, uns zu trösten. Freude verbindet uns miteinander.

Weiterhin erläutert Ekman, dass Körper und Geist von Grund auf so verdrahtet sind, dass sie die Umgebung automatisch bewerten, und dass es deshalb schwierig ist (aber nicht unmöglich), emotionale Reaktionen auf bestimmte Auslöser zu verändern. Wichtig ist hier, im Kontext der Exekutivfunktionen, dass Emotionen auf den primitiveren Gehirnregionen basieren und den präfrontalen Kortex, den Hauptsitz der Exekutivfunktionen, umgehen. So passiert es, dass am Höhepunkt einer Emotion –

---

16 Auf Deutsch erschienen unter dem Titel „Gefühle lesen", Springer-Verlag (Anm. d. Übers.)

Ekman nennt das die *Refraktärphase* – die Exekutivfunktionen praktisch abgeschaltet sind. Etwas einfacher ausgedrückt: Wenn eine Emotion uns in den Klauen hat (am Gipfelpunkt der Refraktärphase), verlieren wir – wie wir alle aus eigener Erfahrung wissen – die Fähigkeit, das Gesamtbild zu sehen, neue Informationen zu verarbeiten, die Perspektive eines anderen zu verstehen und Probleme kreativ zu lösen.

Ekmans These ist, dass es uns trotz der evolutionären Verdrahtung möglich sein könnte, auf emotionale Auslöser klug zu *antworten*, statt reflexhaft zu reagieren. Die Grundelemente dieser Möglichkeit sind in den folgenden Zitaten zusammengefasst:

„Damit wir unser emotionales Verhalten moderieren können, steuern können, was wir sagen oder tun, müssen wir wissen, ob wir emotional geworden sind – oder noch besser, wenn wir es gerade werden" (S. 74).

„Die Empfindungen, die körperlichen Gefühle kennen zu lernen, durch die Emotionen sich unterscheiden, kann unsere Aufmerksamkeit ebenfalls fokussieren helfen" (S. 75).

„Ein Weg, den man nutzen kann, um für Emotionen sensibler zu werden, ist es, über die Ursache jeder Emotion Bescheid zu wissen… Indem wir mit den Auslösern unserer Emotionen vertraut werden, können wir das Bewusstsein dafür schärfen, wann und warum Emotionen auftreten" (S. 75).

„Das Ziel ist nicht, keine Emotionen mehr zu haben, sondern mehr Entscheidungsspielraum, ob und wie wir einer Emotion Ausdruck verleihen wollen, wenn sie aufgetreten ist" (S. 75).

Wie Sie bereits in den Kapiteln zu den einzelnen Sitzungen erfahren haben, werden diese Fähigkeiten im Kurs „Ein friedlicher, ruhiger Ort" explizit vermittelt. Die „Gefühle"-Übung in der vierten Sitzung und die Übung „Emotionale Improvisation", die in der fünften Sitzung vorgestellt wurde, helfen unseren jungen Freunden, sich der physiologischen (körperlichen) Empfindungen bewusst zu werden, die mit verschiedenen Emotionen einhergehen. Die Übungen „Löcher und anderen Straßen" sowie „Fluchvorstellung" (fünfte bzw. siebte Sitzung) steigern die Sensibilität für emotionale Auslöser.

Soziale Entwicklung

Betrachten wir nun, wie Exekutivfunktionen und emotionale Intelligenz mit drei Komponenten der sozialen Entwicklung zusammenhängen, nämlich mit Aggression, mit Impulsivität und mit moralischem Verhalten. Der Großteil der im Folgenden aufgeführten Informationen ist teils wörtlich, teils sinngemäß dem 1980 erschienenen Buch „Social Development: Psychological Growth and the Parent-Child Relationship" („Soziale Entwicklung: Psychische Entwicklung und die Eltern-Kind-Beziehung") von Eleanor Maccoby entnommen.

Es wäre sinnvoll, bei der Lektüre im Hinterkopf zu behalten, dass laut Maccoby die Fähigkeit zum Perspektivenwechsel und zur Einsicht, wie das eigene Handeln und der emotionale Zustand anderer Menschen zusammenhängen, die Basis sowohl für Empathie wie auch für Aggression bilden (S. 124). Im Kontext des vorliegenden Buches ließe sich diese Aussage folgendermaßen ausweiten und präzisieren: Inhibitorische Kontrolle ermöglicht es einem Menschen, innezuhalten. Die Kombination aus emotionaler Intelligenz und Arbeitsgedächtnis ermöglicht es ihm, den eigenen emotionalen Zustand wahrzunehmen; den emotionalen Zustand von anderen; wie das eigene Handeln den emotionalen Zustand von anderen beeinflusst – und dann die sozialen Verhaltensregeln zu bedenken. Kognitive Flexibilität nutzt die emotionale Bewusstheit sowie die sozialen Normen, die im Arbeitsgedächtnis aktiviert werden, um diesem Menschen die bewusste Verhaltenssteuerung innerhalb des Spektrums von aggressiv bis mitfühlend zu ermöglichen. Durch Achtsamkeit wird dieser gesamte Prozess in einen Kontext der Freundlichkeit und Neugier eingebettet.

Aggression

In der Theorie der sozialen Entwicklung beruht Aggression auf dem Wissen, dass die eigenen Handlungen einen anderen Menschen in Bedrängnis bringen. Aggression wird definiert als Handlungen, die sich gegen eine konkrete Person richten und verletzen oder ängstigen sollen. „Aggression stellt ein komplexes Verhaltensmuster dar, das einen beträchtlichen Verarbeitungsaufwand erfordert für die Interpretation von Informationen, die die Gefühle und das Verhalten anderer Menschen sowie die Beziehung des Selbst zu anderen betreffen" (Maccoby 1980, S. 131). In der Theorie der sozialen Entwicklung wird Aggression als Phase betrachtet; sie wird als Form der Eigenständigkeit aufgefasst, die als reifer gilt als verängstigter Rückzug unter den elterlichen Schutz oder passive Hinnahme der Forderungen von anderen, aber als unreifer als die nicht-aggressiven Formen der Selbstverteidigung und Selbstbehauptung (S. 149).

Maccoby stellt fest: „Kinder im Alter ab vier Jahren kennen eine Vielzahl von Möglichkeiten, anderen wehzutun. Ob ein Kind solche Handlungen auch ausführt, hängt davon ab,… ob es entscheidet, diese Elemente in seinem Repertoire auch zu nutzen" (S. 125). Sie fügt hinzu, dass die Fähigkeit eines Kindes, sich nicht-aggressiv zu verhalten, davon abhängt, ob es die Gefühle von anderen versteht und teilen kann, ob es „positive Gefühle der Zuneigung zu anderen erlebt und den Wunsch hat, ihnen nicht wehzutun" (S. 150). Diese Motivation muss mit wirkungsvollen sozialen Kompetenzen kombiniert werden. Mit der Zeit „lernen Kinder zu entdecken, was jeder vom anderen möchte und was jeder im Sinne gegenseitiger Zufriedenheit zuzugestehen bereit ist" (S. 149).

So betrachtet, stützen Maccobys Schlussfolgerungen den Ansatz, die Fähigkeiten des Innehaltens, des Kultivierens von Empathie und der bewussten Verhaltenssteuerung explizit zu unterrichten. Wie Sie sich vielleicht erinnern, unterstützt die Übung „Schwierige Kommunikationssituationen" in der sechsten Sitzung dieses Kurses die Teilnehmer explizit bei der Umsetzung dieser spezifischen Fähigkeiten.

Impulsivität

Die Definition von Impulsivität besteht im Kontext der sozialen Entwicklung im Wesentlichen daraus, einen Mangel an inhibitorischer Kontrolle zu konstatieren. Kinder, die Impulskontrolle entwickelt haben, zeigen die Fähigkeit, Handlungen aufzuschieben, sich zu konzentrieren und irrelevante äußere Stimuli auszublenden; emotionale Zustände zu „steuern" (statt in Wutausbrüche zu verfallen), Konsequenzen in der Zukunft zu erwägen, Lösungen zu finden, sich für eine Alternative zu entscheiden und sich die größtmögliche Menge an Informationen zu beschaffen, die zur Ausführung des beschlossenen Planes nötig sind (S. 163).

Im Gegensatz zu einem Großteil der Literatur zu den Exekutivfunktionen betont Maccoby die Rolle der „Steuerung" von Emotionen bei der Entwicklung der Impulskontrolle. Sie stellt fest:

„Die Steuerung emotionaler Zustände nimmt in der Entwicklung der kindlichen Fähigkeit, das Niveau der eigenen Verhaltensorganisation aufrechtzuerhalten und zu verbessern, einen zentralen Platz ein ... Kinder müssen lernen, die starken Gefühle, die früher zur Desorganisation ihres Verhaltens geführt haben, zu ‚inhibieren'; sie müssen lernen, mit Umständen zurechtzukommen, die die unmittelbare oder vollständige Befriedigung ihrer Bedürfnisse und Wünsche behindern" (S. 164, 177).

Sie fährt fort mit der Feststellung, dass die Fähigkeit, sich über frustrierende Ereignisse nicht allzu sehr aufzuregen und bei echter Aufregung keinen Wutausbruch zu bekommen, wichtige Etappen in der emotionalen Entwicklung eines Kindes sind (S. 178). Maccobys Schlussfolgerungen spiegeln die von Ekman wider und bestätigen sie. Ihre wichtigste Schlussfolgerung: Kinder müssen eine gewisse „Kontrolle" über ihre Emotionen aufbauen, damit sie fähig werden, ihr Verhalten zu planen oder zu steuern.

Perspektivenwechsel und moralisches Verhalten

Meine Erfahrung mit dem Kurs „Ein friedlicher, ruhiger Ort" ist die: Sobald junge Menschen durch die „Gefühle"-Übung mehr emotionale Selbstwahrnehmung entwickeln, steigert sich auch ihr Wahrnehmungsvermögen für die Emotionen anderer. Darüber hinaus entwickelt die Übung „Schwierige Kommunikationssituationen" die Sensibilität für die Gefühle von anderen ganz direkt. Interessanterweise liegt die Wahrnehmung der Gefühle von anderen, der Theorie der sozialen Entwicklung zufolge, sowohl aggressivem wie auch empathischem Verhalten zugrunde (wie bereits erwähnt).

Letzten Endes bilden die eng verwobenen Prozesse der Exekutivfunktionen und der emotionalen Intelligenz das Fundament für die Fähigkeit zum Perspektivenwechsel und damit für ethisches, moralisches, empathisches, mitfühlendes und altruistisches Verhalten. Im Kontext der Exekutivfunktionen kann Ethik gedacht werden als soziale Regeln, die das Verhalten steuern; diese Regeln bleiben im Langzeitgedächtnis erhalten und werden später im Arbeitsgedächtnis aktiviert. Wie bei Maccoby beschrieben, haben die meisten Gesellschaften Regeln für die Sicherheit ihrer Mitglieder, für die Aggressionskontrolle, den Umgang mit der Wahrheit, für Versprechungen und Abmachungen, individuelle Selbstständigkeit, den Bereich der Arbeit und den Respekt vor Autoritäten. Diese Regeln liefern Richtlinien für das Verhalten des Individuums im gesellschaftlichen Kontext. Normalerweise beruht das Wohlergehen jedes Individuums und der Gesellschaft insgesamt darauf, dass die Menschen den vereinbarten Regeln und Konventionen folgen (Maccoby 1980, S. 297 – 99).

Maccoby zufolge ist „einem moralisch erfolgreich sozialisierten Kind beigebracht worden, wie der Konflikt zwischen eigenen Interessen und denen von anderen zu lösen ist, und es hat dies gelernt" (S. 300). Der „Fortschritt eines Kindes durch die Entwicklungsphasen des moralischen Urteilsvermögens erfordert ein zunehmend verfeinertes Verständnis für die Gefühle, Wünsche und Bedürfnisse anderer Menschen" (S. 317). Um Konflikte zu lösen, „muss ein moralisch fortgeschrittenes Individuum fähig sein, die Perspektive anderer Menschen einzunehmen" (S. 317). Letzten Endes steigert die Fähigkeit zum Perspektivenwechsel auch die Fähigkeit eines Kindes zu effektiver Kommunikation und Kooperation mit anderen (S. 317).

Mithilfe bestimmter Versuchsanordnungen – man lässt zum Beispiel ein Kind beschreiben, wie eine Landschaft aus der Perspektive eines anderen Menschen aussieht, oder gibt einem Partner, dem die Augen verbunden wurden, Handlungsanweisungen – konnte die Forschung beschreiben, wie sich die Fähigkeit zum Perspektivenwechsel – im Begriffslexikon der Exekutivfunktionen „theory of mind" oder „native Theorie" genannt – typischerweise zeitlich entwickelt. Wieder ist festzuhalten, dass diese Versuchsanordnungen von Grund auf emotional neutral sind, verglichen mit der emotional oft hochgradig aufgeladenen alltäglichen Interaktion. Diese extrem neutralen Versuchsanordnungen haben gezeigt, dass Zweitklässler verstehen, dass andere eine andere Perspektive haben als sie selbst; und dass zwischen dem siebten und dem sechzehnten Lebensjahr sich die Fähigkeit enorm verbessert, die aus diesen Unterschieden resultierenden Folgen zu erkennen und dieses Wissen in der Kommunikation zu nutzen.

Maccoby stellt fest, dass für ein moralisch reifes Verhalten eine gut entwickelte Intelligenz – was in ihrem Sprachgebrauch ungefähr gleichbedeutend ist mit „Exekutivfunktionen" – notwendig, aber nicht hinreichend zu sein scheint (S. 317). Außerdem betont sie, dass die moralische Entwicklung von Kindern darin besteht, dauerhafte Kontrolle über das eigene Verhalten zu erlangen, auch dann, wenn keine äußere Autorität die Einhaltung der Regeln überwacht (S. 300). Dieses Prinzip wird in der sechsten Sitzung mit der Geschichte über den Schuldirektor anschaulich dargestellt.

Mitfühlendes Handeln und Altruismus

Mitfühlendes Handeln und Altruismus sind vielleicht die höchstentwickelten Formen moralischen Verhaltens. Wie bereits angemerkt, stellt Maccoby fest, dass dem ganzen Verhaltensspektrum von der Aggression bis zum Altruismus die Fähigkeit zum Perspektivenwechsel zugrunde liegt. Sie folgert:
Moralische Reife im Denken und Verhalten wird durch Techniken gefördert, die…

- die Fähigkeit von Kindern zum Perspektivenwechsel aufbauen, was sie wiederum zu verstehen befähigt, wie andere ihr Handeln erleben, und die Bedürfnisse, Informationen und Erwartungen von anderen zu berücksichtigen
- die Empathie von Kindern fördern, wodurch es möglich wird, Emotionen zu verstehen und miteinander zu teilen
- Kindern ein angemessenes Maß an Kontrolle über ihr Handeln geben und betonen, dass sie diese Kontrolle haben (S. 362)
- Letzten Endes untermauern ihre Auffassungen die These, dass mitfühlendes Handeln von einer Kombination aus Exekutivfunktionen und emotionaler Intelligenz abhängt, wodurch Perspektivenwechsel und Entscheidungsfindung möglich werden.

Ineinandergreifende Kompetenzen

Faszinierende Studien, die High-Tech-Verfahren der neurologischen Bildgebung, der Genkartierung und der molekularen Analysen nutzen, liefern neuerdings Belege für die gegenseitige Abhängigkeit der zentralen exekutiven, emotionalen und sozialen Kompetenzen. Ein Aufsatz mit dem Titel „Biologische Prozesse in Prävention und Intervention: Gesteigerte Selbstregulierung als Mittel gegen Schulversagen" (Blair und Diamond 2008) stellt fest, dass bei Kindergartenkindern Exekutivfunktionen und emotionale Erregung umgekehrt proportional sind. Die Autoren betonen: „Die

Entwicklung der Fähigkeit zur Selbstregulierung lässt sich charakterisieren als Balance oder Interaktion zwischen Prozessen emotional-motivationaler Erregung und kognitiven Kontrollprozessen" (S. 4). Der Aufsatz beschreibt spannende Forschungsansätze, die zeigen, dass genetische Variationen, die determinieren, mit welcher Geschwindigkeit der Neurotransmitter Dopamin im präfrontalen Kortex abgearbeitet wird, einen komplexen Einfluss auf die Exekutivfunktionen haben. Die Autoren zitieren außerdem weitere Forschungsergebnisse, die zeigen, dass eine spezifische Gehirnregion, nämlich der so genannte „anteriore cinguläre Cortex", beim Ausgleich und der Vermittlung zwischen den emotional-reaktiven und den kognitiv-kontrollierenden Gehirnstrukturen eine zentrale Rolle spielt.

In diesem Zusammenhang haben Untersuchungen an Jugendlichen mithilfe der funktionellen Magnetresonanz-Tomographie weitere Belege für die These geliefert, dass die Verarbeitung von Emotionen die exekutive Aufmerksamkeit stört. Diese Studie mit Bildern des Gehirns bei der Arbeit konnte die verschiedenen neuronalen Netze für attentionale (exekutive) und affektive (emotionale) Prozesse klar identifizieren. Die Untersuchungen zeigten, dass die unterschiedlichen Netzwerke für die kognitive und die affektive Regulierung einander auf der neuronalen Ebene beeinträchtigen (Crone 2009). Somit liefern uns die neurologischen bildgebenden Verfahren also Belege für die Theorie, dass ein Kind, ein Jugendlicher, sogar ein Erwachsener bei vorliegender emotionaler Erregung nicht mehr in der Lage ist, seine Exekutivfunktionen optimal zu gebrauchen!

Die weitergehende Schlussfolgerung, dass nämlich die Exekutivfunktionen direkt in die sozial-emotionale Entwicklung mit einbezogen sind, wird von einer wachsenden Zahl von Studien gestützt (Riggs et al. 2006). Diese Studien legen nahe, dass die Exekutivfunktionen die Voraussetzung für die Fähigkeit zum Perspektivenwechsel und dem nativen Theoretisieren sind – was wiederum, wie Maccoby gezeigt hat, die Grundlage für empathisches Verhalten ist. Eine Intervention wie die Achtsamkeit, die gleichzeitig die Exekutivfunktionen verbessert, die emotionale Intelligenz steigert, zum Perspektivenwechsel ermutigt und die Entscheidungsfindung betont, scheint deshalb geeignet, empathisches Handeln zu fördern.

Der Schwerpunkt dieses Kapitels lag jetzt zwar auf der sozialen und emotionalen Entwicklung, aber es bleibt festzuhalten, dass die Exekutivfunktionen (wahrscheinlich in Kombination mit emotionaler Intelligenz) auch die schulisch-akademische Entwicklung fördern. Der erwähnte „Gehirnaufbau"-Aufsatz betont den schulischen Nutzen von Interventionen, die die Exekutivfunktionen verbessern: „Die derzeitige Forschung zeigt, dass die Selbstregulierung – oft auch Exekutivfunktion genannt – stärker mit schulischen Leistungen assoziiert ist als der IQ oder den Leistungen im Rechnen und Lesen beim Schuleintritt" (S. 5).

Wenig überraschend stellt auch das Papier mit dem Titel „Biologische Prozesse" fest: „Ein Nachdenken über die Tragweite erfolgreich entwickelter Selbstregulierung bei Kindern kann helfen, einen Rahmen für Interventionen zu liefern, die die Selbstregulierung fördern und damit dem Schulversagen entgegenwirken" (Blair und Diamond 2008, S. 2). Obwohl also streng kontrollierte Studien zu den Auswirkungen von Achtsamkeit auf die schulischen Leistungen erst noch geleistet werden müssen, deuten die Forschungen zu den Exekutivfunktionen doch auf einen wichtigen potenziellen Nutzen für die schulische und die sozial-emotionale Entwicklung hin.

Bevor wir nun die Forschung zu den positiven Wirkungen der Achtsamkeit bei jungen Menschen im Überblick vorstellen, doch noch einmal der Hinweis: Was für mich die Achtsamkeit von anderen pädagogischen Ansätzen im Bereich des sozial-emotionalen Lernens unterscheidet, ist die Haltung der Freundlichkeit und Neugier, die man sich selbst und anderen entgegenbringt.

Forschungsergebnisse zu den positiven Wirkungen von Achtsamkeit bei Kindern

Die positiven Wirkungen von Achtsamkeit, die bis heute wissenschaftlich dokumentiert sind, lassen sich in dem kohärenten Bezugsrahmen, der oben vorgestellt wurde, noch besser verstehen. Der folgende Abschnitt liefert hierzu einen vereinfachten Überblick, für den keine wissenschaftliche Vorbildung nötig ist. Es sind zwei Dokumente, die den Großteil dieser Forschung relativ ausführlich abdecken: „Achtsamkeitstraining im Schulunterricht: Resilienz für Lehrer und Schüler" („Integrating Mindfulness Training into K-12 Education: Fostering the Resilience of Teachers and Students" (Meiklejohn et al., 2010) sowie der „Teachers Guide" des PBS (Public Broadcasting Service). Beide Dokumente stehen in englischer Sprache unter *http://ww.stillquietplace.com* zum Download zur Verfügung (Menüpunkt „Resources" und von dort aus zu den Links „Research" sowie „Presse") . Wenn Sie vorhaben, in Ihrer Schule, Klinik oder kommunalen Einrichtung ein Achtsamkeitsprogramm für junge Menschen zu etablieren, könnte es von großem Vorteil sein, wenn Sie den zuständigen Entscheidungsträgern Kopien dieser Artikel zukommen lassen. Da allerdings viele Entscheidungsträger überlastet sind und keine Zeit haben, lange Artikel zu lesen, finden Sie im Anhang A einen Musterbrief an einen Schulleiter, der die positiven Wirkungen der Achtsamkeit für junge Menschen auf einer Seite zusammenfasst.

Die Medizin ist nicht erst seit gestern „evidenzbasiert". Und Erziehung und Psychotherapie beruhen in zunehmendem Maße auf überprüfbaren Belegen. Wenn Sie Achtsamkeitsprogramme für junge Menschen propagieren, aufbauen und Material darüber lesen, ist es wichtig, dass Sie die Stärken und Schwächen verschiedener Versuchsanordnungen und ihrer Resultate kennen. Der „Goldstandard" für die Bewertung der Wirksamkeit eines Programms ist die randomisierte kontrollierte Studie mit großer Teilnehmerzahl, die validierte Selbstauskünfte und objektive Maßnahmen enthält und langfristig nachbetreut wird.

Die Forschung zum Thema „Achtsamkeit" für jungen Menschen steckt allerdings in den Kinderschuhen. Bis dato gibt es keine Studie, die alle Kriterien des Goldstandards erfüllt. Glücklicherweise sind die ersten Ergebnisse ermutigend und der Forschungsbereich entwickelt sich schnell. Die im Folgenden aufgeführten vorbereitenden Studien mit Kindern und Jugendlichen sind nach zunehmender wissenschaftlicher Strenge geordnet. Dieser Abschnitt dürfte allerdings schnell überholt sein. Aktuelle Informationen finden Sie auf meiner Website *http://www.stillquietplace.com* und unter *http://www.mindfulexperience.org/newsletter.php* können Sie meinen englischsprachigen Newsletter „Mindfulness Research Monthly" abonnieren.

Ich möchte Sie einladen, die folgenden Daten im Kontext der soeben geführten Diskussion zu betrachten, und Sie auffordern, achtsam weiterzulesen – atmend, langsam. Und wenn Sie feststellen, dass Ihre Aufmerksamkeit abgeschweift ist, bringen Sie sie sanft in den Abschnitt oder den Satz zurück, den Sie gerade lesen.

Schulkinder

In einer Studie zu einer zwölfwöchigen Intervention mit kognitiver Therapie auf Achtsamkeitsbasis erlebten 25 Neun- bis Zwölfjährige, die von einer Klinik überwiesen worden waren, signifikant verringerte Aufmerksamkeitsprobleme; diejenigen mit erhöhtem Niveau an nervöser Unruhe beim Eingangstest hatten nun ein geringeres. Eltern bemerkten einen Rückgang bei Problemen im Verhalten und im Umgang mit Aggression (Lee, Semple, Rosa, Miller 2008).

In einer Pilotstudie an öffentlichen Schulen in Madison (US-Staat Wisconsin) wurde eine Kontrollgruppe von 24 Sechstklässlern mit 28 Fünftklässlern verglichen. Die Fünftklässler erhielten das auf Achtsamkeit beruhende Programm „Atmen lernen" („Learning to BREATHE", L2B). Viele Schüler in einem der L2B-Kurse für die Fünftklässler hatten Spanisch als Muttersprache. Die Leistungen der L2B-Schüler bei einer Computeraufgabe zum räumlichen Arbeitsgedächtnis zeigten statistisch signifikante Verbesserungen beim Einsatz von Strategien und eine Abnahme der Fehlerquote. Die L2B-Schüler zeigten nach Abschluss des Programms auch weniger depressive und Angstsymptome und stärkere Kontrollüberzeugung (die Gewissheit eines Subjekts, sein/ihr Verhalten selbst steuern zu können).

Qualitative Berichte vonseiten der Lehrer deuteten darauf hin, dass die L2B-Schüler konzentrierter waren und besser mit stressigen Situationen zurechtkamen. Die Berichte deuteten auf Verbesserungen in der Sozialkompetenz hin und hielten fest, die Schüler hätten gelernt innezuhalten, wenn auch nur kurz, und „ihre Gedanken und Gefühle wahrzunehmen – und das unterscheidet L2B deutlich von den meisten anderen sozialen Trainingsprogrammen". Die Schüler nahmen ihre hilfreichen und weniger hilfreichen Gedanken und Handlungen bewusster wahr. Die Atmosphäre im Klassenzimmer war entspannter und weniger stressbelastet. Insgesamt hatten die Achtsamkeitslektionen einen starken Einfluss auf das Lernklima und das individuelle Stressniveau der Schüler (P. C. Broderick, persönliche Mitteilung 2011).

Eine Studie mit Wartelisten-Kontrollgruppe, von mir in Zusammenarbeit mit dem Fachbereich Psychologie in Stanford durchgeführt mit Viert- bis Sechstklässlern und ihren Eltern, zeigte verringerte nervöse Unruhe bei den 31 Kindern, die acht Wochen lang jeweils 75 Minuten Achtsamkeitstraining erhielten. Ihre schriftlichen Erlebnisberichte deuteten außerdem darauf hin, dass sie emotional weniger impulsiv wurden, sich besser konzentrieren und mit Herausforderungen besser umgehen konnten (Goldin, Saltzman und Jha 2008).

In einer Studie mit Wartelisten-Kontrollgruppe erhielten die Schüler von sechs Grundschulklassen ein Achtsamkeitstraining, das aus vier vom jeweiligen Lehrer unterrichteten Komponenten bestand: das Denken beruhigen; achtsame Aufmerksamkeit (Achtsamkeit für Empfindungen, Gedanken und Gefühle); Umgang mit negativen Emotionen und Gedanken; sich selbst und andere anerkennen. Die Schüler mit diesem Training berichteten von gesteigertem Optimismus, jedoch nicht von Verbesserungen bei der Selbsteinschätzung oder den Affekten. Die Lehrer berichteten von ihren optimistischeren Beurteilungen hinsichtlich Verhalten und Sozialkompetenz (Schonert-Reichl und Lawlor 2010).

In einer randomisierten kontrollierten Studie mit 32 Zweit- und Drittklässlern, die acht Wochen lang jeweils zweimal 30 Minuten Achtsamkeits-Bewusstheits-Übungen absolvierten, dokumentierten Lisa Flook (PhD) und ihre Kollegen am „Forschungszentrum Achtsamkeit und Bewusstheit" („Mindfulness Awareness Research Center") an der Universität von Kalifornien in Los Angeles (UCLA) Folgendes: Kinder, die mit schwach ausgeprägten Exekutivfunktionen die Studie begonnen hatten, gewannen bessere Verhaltensregulierung, Metakognition und generell bessere übergreifende exekutive Kontrolle. Analysen zeigten auch signifikante Effekte bei spezifischen exekutiven Fähigkeiten, zum Beispiel der Verlagerung der Aufmerksamkeit, der Verlaufskontrolle oder dem Initiieren neuer Schritte. Diese Ergebnisse zeigen, dass Kinder mit schwach ausgeprägten Exekutivfunktionen von Achtsamkeits-Bewusstheits-Übungen profitieren (Flook et al. 2010).

In einer randomisierten kontrollierten Studie, durchgeführt von Maria Napoli (PhD.) und Kollegen, zeigten 194 Erst-, Zweit- und Drittklässler, die an einem zweiwöchentlichen Achtsamkeits- und Entspannungsprogramm mit insgesamt zwölf Sitzungen teilnahmen, signifikant gesteigerte Aufmerksamkeit und soziale Kompetenz sowie weniger Prüfungsangst und ADHS-Symptome (Napoli, Krech und Holley 2005). (Anmerkung: Weniger ADHS-Symptome bedeuten eigentlich gesteigerte Exekutivfunktionen.)

Eine randomisierte kontrollierte Studie im kalifornischen Oakland zu dem Trainingsprogramm „Mindful Schools"[17], mit 915 Grundschülern aus Stadtvierteln mit hoher Kriminalität, ergab Folgendes: Nach vier Stunden Achtsamkeitstraining zeigten die Schüler gesteigerte Fähigkeiten, aufmerksam zu sein, sich selbst zu beruhigen, Fürsorge für andere zu zeigen und sich sozialverträglich zu verhalten (*http://www.mindfulschools.org*).

---

17 „Mindful Schools" ist eine private US-Organisation mit dem Ziel, Achtsamkeit im Bildungswesen zu integrieren. Siehe *http://www.mindfulschools.org* (Anm. d. Übers.))

Jugendliche

Eine Machbarkeitsstudie, bei der einer gemischten Gruppe von Erwachsenen und Jugendlichen mit ADHS verschiedene Übungen und Methoden der Selbsterfahrung und Achtsamkeit/Bewusstheit angeboten wurden, erbrachte für die Gesamtpopulation unter anderem (laut Selbstauskunft der Teilnehmer) Verbesserungen bei ADHS-Symptomen, nervöser Unruhe, depressiven Symptomen und im Arbeitsgedächtnis (Zylowska et al. 2008).

An einem privaten Internat wurden, in einer Studie mit 32 Jugendlichen mit Lernstörungen, die Teilnehmer vor Beginn jeder Unterrichtsperiode von zwei Klassenlehrern zu einer fünf- bis zehnminütigen Achtsamkeitsmeditation angeleitet, fünf Tage die Woche, fünf Wochen lang. Die Selbstauskünfte der Schüler zeigten Verringerungen bei der nervösen Unruhe, und zwar zustandsbezogen („state", kurzfristig) sowie charakterbezogen („trait", langfristig). Die Bewertungen durch die Lehrer zeigten Verbesserungen der Schüler bei der Sozialkompetenz und den fachlichen Leistungen und eine Abnahme problematischer Verhaltensweisen (Beauchemin, Hutchins und Patterson 2008).

Eine Studie zum Einsatz Kognitiver Therapie auf Achtsamkeitsbasis (MBCT) mit einer klinischen Population aus vierzehn Jugendlichen im Alter von 11 bis 18 Jahren stellte Verbesserungen in folgenden Bereichen fest: nachhaltigere Aufmerksamkeit; in Selbstauskunft positivere Einschätzung eigenen Verhaltens; persönliche Ziele; subjektive Zufriedenheit; achtsame Bewusstheit (Bögels, Hoogstad. Van Dun, de Schutter und Restifo 2008).

Eine Studie zu einem neunwöchigen MBSR-Programm für 33 Jugendliche im städtischen Umfeld, 13 bis 21 Jahre alt, ergab, dass 79 Prozent der Jugendlichen die Mehrzahl der Sitzungen besucht hatten und damit als „erfolgreiche Absolventen" des Programms galten. Unter diesen waren elf HIV-infiziert, 77 Prozent waren weiblich und alle waren Afro-Amerikaner. Die quantitativen Daten zeigen: Nach dem MBSR-Programm hatten die Teilnehmer eine signifikante Abnahme bei Feindseligkeit, allgemeinem Unbehagen und emotionalem Unbehagen. Die qualitativen

Daten zeigen in der Selbstwahrnehmung Verbesserungen bei den zwischenmenschlichen Beziehungen (auch weniger Konflikte), den schulischen Leistungen und der körperlichen Gesundheit sowie reduzierten Stress. Interviewdaten aus einer HIV-infizierten Subgruppe ergaben Verbesserungen bei der Einstellung, im Verhalten und bei der Selbstfürsorge (auch bei der Medikamenten-Einnahme) sowie verringerte Impulsivität (Sibinga et al 2011). Dabei beschrieben alle Teilnehmer auch lebensverändernde Einsichten auf verschiedenen Ebenen (Kerrigan et al. 2011).

Eine aus sechs Sitzungen bestehende Intervention – zu der MBSR, eine Therapie gegen Schlaflosigkeit sowie die Kognitive Therapie gehörten – für 55 Drogenabhängige, 13 bis 19 Jahre alt, die unter wiederkehrenden Schlafstörungen litten, erbrachte verbesserten Schlaf und verringerte sorgenvolle Unruhe und seelische Beklemmung (Bootzin und Stevens 2005).

Im Vergleich mit einer 30-köpfigen Kontrollgruppe erlebten 120 junge Frauen aus High-School-Oberstufen, die an dem bereits erwähnten Achtsamkeitskurs „Atmen lernen" („Learning to BREATHE", L2B) teilnahmen, Verringerungen bei negativen Affekten, bei Müdigkeit und Schmerzen sowie Verbesserungen bei der Regulierung von Emotionen, Gefühle der Gelassenheit, Entspannung und Selbstannahme. Die Schüler, die an L2B teilnahmen, konnten ihre Emotionen besser wahrnehmen und benennen. Sie berichteten, der größte Vorteil überhaupt sei für sie die Fähigkeit, beunruhigende Gedanken und Gefühle loszulassen (Broderick, Metz 2009).

In einer randomisierten kontrollierten Studie nahmen 102 Jugendliche acht Wochen lang an einem Achtsamkeitskurs mit zwei Wochenstunden teil. Die Jugendlichen berichteten von Verringerungen bei subjektiven Stressgefühlen, bei Symptomen nervöser Unruhe und Depression, bei somatischen (körperlichen) Beschwerden und zwischenmenschlichen Problemen; gleichzeitig von erhöhtem Selbstwertgefühl und besserem Schlaf. Gegenüber der Kontrollgruppe dokumentierten unabhängige klinische Forscher bei der Achtsamkeitsgruppe einen höheren Prozentsatz an diagnostischer Besserung und signifikante Steigerungen bei den globalen Messungen zu funktionalen Score-Werten. In der Sprache des

Laien heißt das: Die Jugendlichen, die anfangs als klinisch depressiv und nervös-unruhig diagnostiziert wurden, erfüllten die klinischen Kriterien für Depression und nervöse Unruhe nicht mehr (Biegel, Brown, Shapiro und Schubert 2009). Bei weiteren Analysen wurde festgestellt, dass signifikante Steigerungen bei der Achtsamkeit gegeben waren, die signifikant mit positiven Veränderungen der seelischen Gesundheit korrelierten (Brown, West, Loverich und Biegel 2011).

Vor einer randomisierten kontrollierten Studie mit 400 Hauptschülern aus fünf belgischen Schulen wiesen sowohl die Achtsamkeitsgruppe (21 Prozent) wie auch die Kontrollgruppe (24 Prozent) ähnliche Anteile von Schülern auf, die von depressiven Symptomen berichteten. Nach acht Wochen mit jeweils 100-minütigen Achtsamkeitssitzungen war die Zahl der Schüler mit depressiven Symptomen in der Achtsamkeitsgruppe signifikant niedriger: 15 Prozent gegenüber 27 Prozent in der Kontrollgruppe. Dieser Unterschied hielt über das Training hinaus sechs Monate lang an; dann berichteten 16 Prozent der Interventionsgruppe (gegenüber 31 Prozent der Kontrollgruppe) von depressiven Symptomen. Diese Resultate legen nahe, dass Achtsamkeit zu einer Verringerung von Symptomen führen kann, die mit Depression assoziiert sind, und außerdem auch gegen das spätere Auftreten depressionsähnlicher Symptome schützt (Raes, Griffith, van der Gucht und Williams 2013).

Vorsichtiger Optimismus

Obwohl die oben angeführten Befunde ermutigend sind, muss doch angemerkt werden, dass die meisten der aufgeführten Studien relativ geringe Teilnehmerzahlen umfassten, nur wenige objektive Maßstäbe anwendeten und wenig Nachbetreuung durchführten. So ermutigend diese vorläufigen Resultate auch sind, indem sie demonstrieren, dass Achtsamkeit die Exekutivfunktionen, die emotionale Intelligenz, die Sozialentwicklung und das mitfühlende Handeln fördert – es ist wichtig, die derzeitige Forschung nicht zu hoch zu bewerten. Um die volle Tragweite von

Achtsamkeitsprogrammen einschätzen zu können, brauchen wir randomisierte kontrollierte Studien mit großen Teilnehmerzahlen, mit validierten subjektiven und objektiven Maßstäben und langfristiger Nachbetreuung. In der Zwischenzeit liefern die derzeitigen Daten eine brauchbare Ausgangsbasis, auf der Sie anfangen können. Wir sollten auch immer daran denken, dass Achtsamkeit Auswirkungen haben kann, die zutiefst lebensverändernd sind, aber schwer – oder gar unmöglich – zu messen sind, vor allem bei Kindern und Jugendlichen. Nur ein Beispiel: Können wir wirklich quantifizieren, wie gut es tut, die eigene natürliche Ruhe und Stille zu erleben, und wenn es nur für einen Moment ist?

ANHANG A

Das Programm
präsentieren oder dafür werben

Wie bereits in den Hauptkapiteln dieses Buches erwähnt, ist es bei der Realisierung dieses Kursprogramms in Schulen und anderen Organisationen entscheidend, dass Sie die nicht-religiöse und universale Natur der Achtsamkeit betonen und ganz klar demonstrieren, wie Achtsamkeit den Bedürfnissen von Kindern und der gesamten Gemeinschaft gerecht wird.

In diesen Zeiten leerer Kassen suchen viele Schulen, Krankenhäuser, Praxen, Gemeindezentren und religiöse Organisationen nach kostensparenden Wegen, die Gesundheit und das Wohlergehen der jungen Menschen zu fördern, denen sie dienen. Schulen versuchen, die Aufmerksamkeit der Schüler zu verbessern und ihre sozialen und emotionalen Bedürfnisse aufzugreifen, damit sie lernfähig und -willig sein können. Kliniken und therapeutische Praxen suchen nach Wegen, ihren Patienten und Klienten Kompetenzen zu vermitteln, mit denen sich das Leiden verringern lässt, das mit körperlichem, geistigem und emotionalem Schmerz einhergeht. Vor allem Gemeindezentren sind daran interessiert, ihrer Klientel lebenspraktische Kompetenzen zu vermitteln und sie bei der Suche nach dem richtigen Weg zu unterstützen.[18] Auch religiöse Institutionen wollen jungen Mitgliedern solche Kompetenzen an die Hand geben und entdecken oft, dass Achtsamkeit ihr Angebot unterstützt und fördert. Trainer im Sport und führende Köpfe in Kunst, Musik und Theater haben erkannt, dass Achtsamkeit nervöse Unruhe verringern und Leistungen steigern kann.

Wenn Sie das Programm vorstellen oder dafür werben, denken Sie daran, dass viele Entscheidungsträger notorisch überarbeitet und unterbezahlt sind und oft wenig Anerkennung erfahren – mit anderen Worten, sie sind gestresst und unter Zeitdruck. Deshalb kann es sinnvoll sein, wenn Sie auf einem einzigen Blatt Papier kurz und bündig die erwiesenen positiven Wirkungen der Achtsamkeit zusammenfassen (wie es der folgende Musterbrief vormacht). Sie dürfen diesen Musterbrief gerne als Blaupause benutzen und Ihrer Situation anpassen. Es ist sehr nützlich, Entscheidungsträgern diese Zusammenfassung an die Hand zu geben, vielleicht auch eine Kopie des Aufsatzes „Achtsamkeitstraining im Schulunterricht: Resilienz für Lehrer und Schüler" („Integrating Mindfulness Training into K-12 Education: Fostering the Resilience of Teachers and Students" (Meiklejohn et al., 2010) sowie vielleicht den „Teachers Guide" des PBS (Public Broadcasting Service). Beide Dokumente stehen in englischer Sprache unter *http://ww.stillquietplace.com* zum Download zur Verfügung (Menüpunkt „Resources" und von dort aus zu den Links „Research" sowie „Presse") .

Wenn Sie dabei sind, in einem bestimmten Umfeld Achtsamkeit einzuführen, haben Sie wahrscheinlich bereits Kontakt mit einigen Interessenten. Wenn Sie jedoch alle Chancen nutzen wollen, damit die positiven Wirkungen der Praxis Kindern zuteilwerden und das Programm floriert, ist es entscheidend, dass Sie Verantwortlichen, Mitarbeitern und Eltern Gelegenheit geben, Achtsamkeit zu *erleben* und Fragen zu stellen, so dass Missverständnisse gar nicht erst aufkommen.

---

18 Viele Informationen in diesen Passagen sind naturgemäß an US-Verhältnissen orientiert und nicht unbedingt auf deutsche Verhältnisse übertragbar. Alle angesprochenen Punkte sollten deshalb gründlich recherchiert werden (Anm. d. Übers.)

Versicherung

Wenn Sie in einer Situation außerhalb Ihrer normalen Arbeitssituation arbeiten und diese neue Situation von Ihrer bestehenden Versicherung nicht abgedeckt ist, ist es klug, zumindest eine grundlegende Haftpflicht-Absicherung zu schaffen. Viele Schulen verlangen, dass Sie eine Zusatzversicherung zu Ihrer Haftpflicht vorlegen, um eventuelle Schadensfälle abzudecken.

Gebühren und Kostenträger

Wenn Sie für Kurse in der Ganztagsbetreuung, in einer Klinik, einer Praxis oder in kommunalen Programmen die Kursgebühren kalkulieren, rate ich Ihnen, sich zuerst mit der Marktsituation vertraut zu machen. Orientieren Sie die Preise für Ihr Programm an anderen, vergleichbaren Angeboten, zum Beispiel an Schach- oder Sprachkursen. Meine Philosophie ist es, immer auch eine begrenzte Zahl von ermäßigten Plätzen anzubieten. Wer sich dafür bewirbt, wird gebeten, in Grundzügen seine finanzielle Situation offenzulegen (Jahreseinkommen des Haushalts, wie viele Personen zum Haushalt gehören, eventuell zu berücksichtigende Härten wie Arbeitslosigkeit, Verschuldung, ehrenamtliches Engagement oder Arbeit in extrem unterversorgten Gegenden, Krankheiten oder Todesfälle in der Familie, Prozesskosten usw.)

Wie viel einem eine Sache wert ist, wird in unserer Gesellschaft normalerweise durch den Austausch von Geld angezeigt, und die Menschen schätzen eine Sache höher, wenn sie etwas dafür bezahlen, und sei es noch so wenig. Deshalb lasse ich meine Teilnehmer immer etwas bezahlen (es sei denn, ich arbeite in einer sozial extrem schwachen Gegend), und wenn es nur eine kleine Gebühr für die Kursmaterialien ist. Trotzdem habe ich auch schon oft kostenlos unterrichtet; manchmal habe ich Kindern schon preiswerte CD-Spieler ausgehändigt (wobei ich stillschweigend davon ausging, sie nicht wiederzukriegen, mich aber gefreut habe, wenn doch).

Wenn ich im Gegenzug irgendwo unterrichte oder Vorträge halte, wo die Leute sehr wohlhabend sind, verlange ich das, was sie gewohnt sind. Diese „Robin-Hood-Methode" erlaubt es mir, in einem breiten sozialen Spektrum tätig zu sein.

Wenn Sie Ihre Gebühren kalkulieren, denken Sie auch an Ihre Kosten – Benzin, Mieten, Materialien, Kinderbetreuung – und legen Sie für sich einen Stundenlohn fest, der Ihnen für Miete und Einkäufe reicht. Versuchen Sie, einen Mittelweg zwischen „zu gierig" und „zu bescheiden" zu finden.

Einverständnis

Wenn ich in meiner Praxis Patienten individuell in Achtsamkeit unterrichte, lasse ich den Patienten und einen Elternteil eine umfassende Einverständniserklärung ausfüllen, und die Eltern erklären ihr Einverständnis auch zu einer Behandlung. Wenn ich Gruppen in einem öffentlichen Kontext unterrichte, füllt jeder Teilnehmer ein einfaches Aufnahmeformular aus, und die Eltern bekunden ihr Einverständnis. Ein Muster für das einfache Aufnahmeformular findet sich am Ende dieses Anhangs.

Viele Schulen betrachten Achtsamkeitsunterricht im schulischen Rahmen als Teil ihres Lernangebots und verlangen deshalb oft keine Einverständniserklärung. In solchen Fällen besteht die einzige Information, die ich über ein Kind habe, in dem, was es in den Sitzungen von sich mitteilt, und in Informationen vonseiten der Lehrer. Andere Schulen betrachten Achtsamkeit eher als ein Thema wie Drogenprävention und Sexualerziehung und verlangen das elterliche Einverständnis. In diesem Fall benutze ich das erwähnte Aufnahmeformular. Wenn Sie wissenschaftlich arbeiten, dann wissen Sie, dass jedes Forschungsvorhaben vom Aufsichtsgremium Ihrer Institution genehmigt sein *muss*. Wenn ich den Kurs „Ein friedlicher, ruhiger Ort" im Kontext einer wissenschaftlichen Studie unterrichtet habe, haben die Teams, mit denen ich gearbeitet habe, sowohl das elterliche Einverständnis wie auch die Zustimmung des Kindes verlangt.

Falls Sie für die Durchführung wissenschaftlicher Forschungsprojekte nicht ausgebildet sind, aber trotzdem im Hinblick auf mögliche Resultate relevante Daten sammeln wollen, möchte ich Ihnen empfehlen, sich einen universitären Partner zu suchen, der Forschungserfahrung hat und Ihnen Orientierung geben kann, wie Sie methodisch korrekt vorgehen, die relevanten Messgrößen auswählen und die Daten analysieren müssen.

Es lohnt sich, hartnäckig zu sein

Bitte vergessen Sie nicht: Wenn Sie daran arbeiten, Achtsamkeit in einem neuen Umfeld einzuführen, wird es wahrscheinlich eine Zeitlang dauern, bis die Gespräche mit den Verantwortlichen so kooperativ sind, wie es wünschenswert ist, alle Details besprochen sind, das Angebot der Zielgruppe bekannt ist und sich tatsächlich Teilnehmer anmelden. Versuchen Sie, sich nicht entmutigen zu lassen, wenn es anfangs zäh läuft. Meistens ist es halt so. Mir ist es schon passiert, dass „todsichere" Sachen nicht zustande gekommen sind und andere, die ich aufgegeben hatte, sich auf einmal wieder ergaben. Wie Jon Kabat-Zinn einmal gesagt hat: „Achtsamkeit zu unterrichten ist 'ne ganz schöne Schinderei." Erinnern Sie sich: Das „Zentrum für Achtsamkeit" war zu Anfang die „Stress Reduction Clinic", und die befand sich im Keller eines Krankenhauses! Als ich dort ausgebildet wurde, musste ich oft zusammen mit Jon, Saki Santorelli und den anderen Lehrer Matten und Sitzkissen von einem Gebäude zum anderen schleppen. Und das ist oft auch heute noch so. Genießen Sie es!

Auf einem Blatt: Alle Infos für Entscheider

Liebe(r) Herr/Frau _____,
es war mir ein Vergnügen, heute Morgen mit Ihnen zu sprechen, und ich freue mich darauf, Schülern, Lehrern und Eltern der _-Schule das Thema Achtsamkeit näherzubringen. Wie besprochen, folgt hier ein kurzer Überblick über die erwiesenen positiven Wirkungen von Achtsamkeit. Beigefügt sind zwei Artikel, in denen diese positiven Wirkungen ausführlicher besprochen werden.

Die wissenschaftliche Forschung zeigt, dass Kinder, die Achtsamkeit üben, folgende positive Effekte erleben:*

- Gesteigerte Aufmerksamkeit
- Gesteigerte Exekutivfunktionen (Arbeitsgedächtnis, Planen, Organisieren und Impulskontrolle)
- Verringerte ADHS-Symptome (vor allem Hyperaktivität und Impulsivität)
- Weniger Disziplin- und Aggressionsprobleme
- Verbesserte Emotionsregulierung
- Verbesserte Fähigkeit zur Selbstberuhigung
- Verbesserte Sozialkompetenz und Sozialverhalten
- Mehr Fürsorge für andere
- Verringerte negative Affekte oder Emotionen
- Verringerte ängstliche Unruhe, auch gegenüber schulischen Tests
- Verringerte Depression
- Gesteigertes Allgemeingefühl der Gelassenheit, Entspannung und Selbstannahme
- Gesteigertes Selbstwertgefühl
- Besserer Schlaf
- Bitte lassen Sie mich wissen, wenn Sie oder andere Mitglieder der Schulleitung weitere Fragen haben. Ich freue mich auf unsere Zusammenarbeit.

* Weiteres wissenschaftliches Material zu diesen Punkten auf Anfrage.

Muster für einen Flyer (Zielgruppe 8 bis 11 Jahre)

ACHTSAMKEIT FÜR DEINEN ALLTAG

Lerne, deine Aufmerksamkeit wie eine Taschenlampe zu fokussieren

... um in der Schule besser mitzukommen

... und bei Arbeiten besser abzuschneiden

... mehr Spass am Sport zu haben

... kreativer zu Sein

... mit anderen besser klarzukommen

In diesem achtwöchigen Kurs wirst Du eine ganz spezielle Art lernen, auf Deinen Atem, Deinen Körper, Deine Gedanken, Deine Gefühle und die Welt um Dich herum aufmerksam zu sein. Diese Art von Aufmerksamkeit hat enorme Kraft, denn wenn Du Deine Gedanken und Gefühle beobachten kannst, kannst Du viel besser entscheiden, was Du sagen oder tun sollst. Und das kann im Leben sehr nützlich sein! Kinder, die diesen Kurs gemacht haben, haben festgestellt, dass er ihnen viel geholfen hat: mit Freunden, mit den Eltern, mit Geschwistern, beim Lernen in der Schule, beim Sport und bei anderen Aktivitäten.

Die Wissenschaft kann beweisen, dass Achtsamkeit die Aufmerksamkeit und die Konzentration verbessert, Stress, Ängste und Depressionen abbaut und das Wohlbefinden steigert. Viele Profisportler, Künstler, Musiker, überhaupt Menschen in allen Berufen nutzen Achtsamkeit, um ihre Leistungen zu verbessern.

Wer: Schüler der dritten bis fünften Klasse

Wann: ....

Wo: ....

Kosten: .... Ermäßigungen sind auf Antrag möglich.

Anmeldung bis .... bei: (*Kontaktdaten*)

(*Vorname, Name*) ist ausgebildete .... (*Kurzvita*)

Einverständniserklärung

Ein friedlicher, ruhiger Ort
Achtsamkeit im täglichen Leben

Teilnehmer (Name, Vorname): _____ Alter: _____

Telefon: _____

Ansprechpartner im Notfall: _____ Telefon: _____

Hausarzt: _____ Telefon: _____

Therapeut: _____ Telefon: _____

Diagnosen, Beschwerden, Störungen:

_____

Medikamente:

_____

Bitte beantworte die folgenden Fragen so ehrlich wie möglich, damit ich Dir bestmöglich helfen kann.

- Was findest Du stressig, schwierig, nervig, unmöglich?
- Wie gehst Du mit stressigen, schwierigen, nervigen, unmöglichen Situationen um?
- Bitte beschreibe, ob Dir das dann hilft.
- Was möchtest Du in diesem Kurs gerne lernen?

Gibt es noch etwas, das ich Deiner Meinung nach wissen sollte (über Dich, die Schule, Freunde, Familie...)

_____

Vertraulichkeit und Verpflichtung zur Mitarbeit

Alle Übungsformen und Gespräche werden vertraulich behandelt, solange sie nicht, um Schaden abzuwenden, Dritten bekannt gemacht werden müssen. Ich erteile Ihnen hiermit die Erlaubnis, meine(n) ärztlichen Betreuer zu kontaktieren, falls die Möglichkeit eines solchen Schadens besteht. Ich verpflichte mich, an den acht wöchentlichen Sitzungen teilzunehmen und, so gut es mir möglich ist, die Übungen für zu Hause durchzuführen. Ich wurde darüber informiert, dass nach der ersten Sitzung die Kursgebühr nur rückerstattet wird, wenn kein eigenes Verschulden vorliegt.

Unterschrift des Teilnehmers: _____ Datum: _____

Unterschrift der Eltern: _____ Datum: _____

ANHANG B

Überblick über den Kurs

Sitzung	Inhalte	Ziele	Praxis für zu Hause
Einführungsabend	Nur für Eltern Achtsames Essen Daten und Fakten zur Achtsamkeit Begründung für den Kurs Mitarbeit Fragen	Achtsamkeit erleben lassen Daten und Fakten zur Achtsamkeit: in Bezug auf Kinder und Jugendliche; ausgewählte Fakten in Bezug auf Erwachsene Begründung, warum MBSR für Kinder sinnvoll ist Gespräch über Zeitaufwand und Struktur des Kurses Beantwortung von Fragen	
Erste Sitzung	Achtsames Zuhören (Klangstab) Einführung in die Achtsamkeit Vereinbarungen und Regeln für die Gruppe Vorstellungsrunde Achtsames Essen Übung mit dem Atem: Juwel/Schatz/Ausruhen Der friedliche, ruhige Ort Definition der Achtsamkeit: Hier und jetzt aufmerksam sein, freundlich und neugierig, und dann entscheiden, wie man sich verhält Praxis im täglichen Leben – achtsames Zähneputzen Achtsames Zuhören (Klangstab)	Schaffung einer geschützten, angenehmen Atmosphäre Die Teilnehmer stellen sich vor; Achtsamkeit und der „Friedliche, ruhige Ort" werden vorgestellt Achtsamkeit/ Friedlichen, ruhigen Ort erleben lassen; Arbeitsdefinition Beispiele für Achtsamkeit im täglichen Leben (informelle Praxis)	Juwel/Schatz Ausruhen Zähneputzen

Sitzung	Inhalte	Ziele	Praxis für zu Hause
Zweite Sitzung	Nachbesprechung der ersten Sitzung und der Praxis zu Hause Gespräch über Hemmungen vor der Praxis, mögliche Lösungen Bewegungsübung „Wasserpflanzen" Juwel/Schatz/Ausruhen Übung: Angenehme Ereignisse Untersuchung, wie oft die Aufmerksamkeit in der Vergangenheit oder der Zukunft weilt Praxis im täglichen Leben – achtsam die Schuhe binden Fragerunde Ermutigung zur Praxis zu Hause	Erforschung der Erfahrungen mit der CD / den Audioübungen und der Praxis im täglichen Leben Unterstützung beim Aufbau einer täglichen Praxis mit der CD / den Audioübungen	Juwel/Schatz Ausruhen Schuhe binden
Dritte Sitzung	Nachbesprechung der zweiten Sitzung und der Praxis zu Hause Bewegungsübung „Action im Kreis" „Blasen" oder „Gedanken beobachten" Einführung des Themas „Die fiese Stimme" (kritisches inneres Selbstgespräch) „Neun Punkte"	Gespräch über die Erfahrungen mit der CD/ den Audioübungen und der Praxis im täglichen Leben Kultivieren der Fähigkeit, Gedanken zu beobachten „Neun Punkte". Wahrnehmung – wie wir uns selbst und andere betrachten Gedanken während einer schwierigen Aufgabe Einführung des Themas „Die fiese Stimme" (kritisches inneres Selbstgespräch)	„Blasen"/Gedanken beobachten Die „fiese Stimme" wahrnehmen

Sitzung	Inhalte	Ziele	Praxis für zu Hause
Vierte Sitzung	Nachbesprechung der dritten Sitzung und der Praxis zu Hause Übung: Unangenehme Erlebnisse Leiden = Schmerz x Widerwillen Achtsame Tanzparty Übung „Finger-Yoga" Übung: Achtsamkeit für Gefühle Gespräch: Halbzeit des Kurses, neue Chance, sich auf die Übungsformen einzulassen Praxis zu Hause: Achtsames Duschen	Gedanken und Gefühle erforschen, die mit unangenehmen Ereignissen verbunden sind Widerwillen Man will, „dass es anders ist" Untersuchung, wie Widerwillen („es anders wollen") gegen eine Situation, gegen uns selbst, gegen andere Aufregung/Leiden erzeugt Die Sprache der Emotionen lernen	Gefühle Haiku/Gedicht/ein Gefühl malen oder zeichnen Mit Leiden = Schmerz x Widerwillen experimentieren Beobachten, wie wir Leiden selbst erzeugen Duschen
Fünfte Sitzung	Nachbesprechung der vierten Sitzung und der Praxis zu Hause Emotionstheorie und Improvisation „Autobiografie in fünf kurzen Kapiteln" Yoga	Grundlegende Emotionstheorie Weit verbreitete „Löcher" und „andere Straßen" „Löcher" und „andere Straßen" als Beispiele für impulsives Reagieren vs. achtsames Erwidern Yoga Selbstgespräch/Selbstmitgefühl Dynamische Balance Untersuchung, wie oft die „fiese Stimme" irreführend/negativ/streitsüchtig ist	Berg/Dehnen und Balance „Löcher" und „andere Straßen" wahrnehmen Weiterhin die „fiese Stimme" wahrnehmen

Sitzung	Inhalte	Ziele	Praxis für zu Hause
Fünfte Woche (Ferien)	Zum Schuljahr gehören immer Ferien. Auch wenn das nicht immer möglich ist: Versuchen Sie den Kurs so zu legen, dass eventuelle Ferien auf die Zeit nach der vierten Woche fallen, wenn der Kurs in Fahrt gekommen ist	Ohne die Unterstützung durch die wöchentliche Sitzung die Praxis aufrechterhalten	Jeden Tag im Wechsel die Gefühle-Übung und eine von den anderen machen „Löcher" (schwierige Situationen) wahrnehmen und üben, eine „andere Straße" zu wählen (achtsames Erwidern)
Sechste Sitzung	Gespräch: In Löcher fallen und Löcher vermeiden Body-Scan Partnerübung Kommunikation (ein Partner beschreibt eine schwierige Kommunikationssituation, der andere hört zu. Dann werden die Rollen getauscht) Gehen Das gütige Herz als Gegenmittel zur „fiesen Stimme"	Weiter an der Fähigkeit arbeiten, achtsam zu erwidern, statt impulsiv zu reagieren Aufmerksamkeit in den Körper bringen Die Fähigkeit stärken, Gedanken und Gefühle zu beobachten Üben, in schwierigen Kommunikationssituationen Achtsamkeit einzusetzen Die Praxis in die Welt tragen Vorstellung des Themas „Gütiges Herz"	Im Wechsel Body-Scan/Im-Körper-Sein und Gehen Thoreau/Spaziergang in der Natur Achtsames Erwidern üben, mit gütigem Herzen, sowohl auf die „fiese Stimme" als auch in schwierigen Situationen

Sitzung	Inhalte	Ziele	Praxis für zu Hause
Siebte Sitzung	Beispiele für achtsames Erwidern, Rollenspiel mit neuen Möglichkeiten des Erwiderns auf Situationen, in denen Schüler impulsiv reagiert haben Aikido Liebevolle Güte Übungen AAA, STAR und PEACE Gespräch: Nächste Woche letzte Sitzung Bitte an die Schüler, etwas mitzubringen, was für sie ihre Erfahrung mit dem Kurs symbolisiert	Weiter an der Fähigkeit arbeiten, achtsam (mit gütigem Herzen) zu erwidern, statt impulsiv zu reagieren Liebevolle Güte als spezifische Übung für die Entwicklung eines gütigen Herzens	Liebevolle Güte Weiterhin achtsames Erwidern üben, mit gütigem Herzen, sowohl auf die „fiese Stimme" als auch in schwierigen Situationen Etwas Symbolisches für den Austausch in der letzten Sitzung mitbringen

Sitzung	Inhalte	Ziele	Praxis für zu Hause
Achte Sitzung	Gespräch über Erfahrungen mit liebevoller Güte „Die Gruppe entscheidet" Brief an einen Freund Abschluss/Neuanfang Sich die Praxis zu eigen machen	Gespräch über die natürliche Fähigkeit, Liebe auszusenden und zu empfangen Austausch, was der Kurs den Teilnehmern bedeutet hat Gespräch über verschiedene Möglichkeiten, sich die Praxis zu eigen zu machen Gespräch über den Abschluss des Kurses Hinweis, dass Teilnehmer jederzeit anrufen oder mailen können	Deine Entscheidung! Sitzen/ Taschenlampe Verpflichte Dich selbst (oder auch nicht), ob und wie Du mit der CD/den Audioübungen und der Praxis im täglichen Leben fortfahren willst

Man kann es nicht genug betonen: Ihre eigene, solide persönliche Praxis ist die unverzichtbare Voraussetzung dafür, anderen Achtsamkeit zu präsentieren!

Es ist aus Platzgründen zwar nicht aufgelistet, aber jede Sitzung ab der zweiten beginnt und endet mit achtsamem Hören, und das achtsame Essen folgt immer dem anfänglichen achtsamen Hören.

Es ist wichtig, dass Sie auf das natürliche Bedürfnis der Teilnehmer nach Bewegung eingehen.

Machen Sie sich in den Diskussionen die eigene Lebenserfahrung der Kinder zunutze, um zu zeigen, wie Achtsamkeit im täglichen Leben angewendet werden kann: Angst vor Klassenarbeiten, Interaktionen auf dem Spiel-/Sportplatz, Meinungsverschiedenheiten mit Geschwistern, Liebeskummer ...

Ein angenehmes Ereignis

Angenehmes Ereignis

....
....
....
....
....

Gedanken

Gefühle

Körper

Unangenehmes Ereignis

Unangenehmes Ereignis

....
....
....
....
....

Gedanken

Gefühle

Körper

Löcher und andere Strassen

Lochstraße

Gedanken **Gefühle**

Neue Straße

Übung: Kommunikation in schwierigen Situationen

Kreative Lösungen

....

....

....

....

„Fluchvorstellungen"

Wer sind die Hauptdarsteller in dieser Geschichte?
....
....

Was war der „Fluch"? Mit anderen Worten, was hat Deine Knöpfe gedrückt?
....
....

Was hast Du gefühlt und gewollt? ....
....

Was haben die anderen Charaktere gefühlt und gewollt?
....
....

Was ist letztendlich passiert? ....
....

Beschreibe ein paar Möglichkeiten, wie es noch hätte enden können:
....
....

Wenn Du jetzt zurückschaust: Was wäre das Klügste gewesen, das Du hättest tun können?
....
....

Quellenangaben

Bach, Richard. 1977. *Illusions: The Adventures of a Reluctant Messiah*. New York: Dell Publishing.

Bakoula, C., Kolaitis, G., Veltsista, A., Gika, A., & Chrousos, G. (2009). Parental stress affects the emotions and behaviour of children up to adolescence: A Greek prospective, longitudinal study. *Stress, 12*(6), 486–498. Doi: 10.3109/10253890802645041.

Beauchemin, J., Hutchins, T.L., & Patterson, F. (2008). Mindfulness meditation may lessen anxiety, promote social skills, and improve academic performance among adolescents with learning disabilities. *Complementary Health Practice Review, 13* (1), 34–45. Doi:10.1177/1533210107311624.

Biegel, G., Brown, K., Shapiro, S., & Schubert, C. (2009). Mindfulness-based stress reduction for the treatment of adolescent psychiatric outpatients: a randomized cilinical trial. *Journal of Consulting and Clinical Psychology, 77*(5), 855–866.

Blackwell, L.S., Trzesniewski, K.H., & Dweck, C.S. (2007). Implicit theories of intelligence predict achievement across an adolescent transition: a longitudinal study and an intervention. *Child Development, 78*(1), 246–263.

Blair, C., & Diamond, A. (2008). Biological processes in prevention and intervention: the promotion of self-regulation as a means of preventing school failure. *Development and Psychopathology, 20*(3), 899–911.

Bögels, S., Hoogstad, B., van Dun, L., de Schutter, S., & Restifo, K. (2008). Mindfulness training for adolescents with externalising disorders and their parents. *Behavioural and Cognitive Psychotherapy, 36*(2), 193–209. doi.10.1017/S13252465808004190.

Bootzin, R.R., & Stevens, S.J. (2005). Adolescents, substance abuse, and the treatment of insomnia and daytime sleepiness. *Clinical Psychology Review, 25*(5), 629–644.

Broderick, P.C., and Metz, S. (2009=. Learning to BREATHE: A pilot trial of a mindfulness curriculum for adolescents. *Advances in School Mental Health Promotion, 2*(1), 35–46.

Brown, K., West, A., Loverich, T., and Biegel, G. (2011). Assessing adolescent mindfulness: Validation of an adapted Mindful Attention Awareness Scale in adolescent normative and psychiatric populations. *Psychological Assessment, 23*(4), 1023–1033.

Center on the Developing Child at Harvard University. (2011). Building the brain's „air traffic conctrol" system: how early experiences shape the development of executive function. (Working Paper No. 11.). Retrieved from *http://222.developingchild-harvard.edu.*

Crone, E. (2009=. Executive functions in adolescence: inferences from brain and behaviour. *Developmental Science, 12*(6), 825–830.

Davidson, R., Kabat-Zinn, J., Schumacher, J., Rosenkranz, M., Muller, D., Santorelli, S.F., Urbanowski, F., Harrington, A., Bonus, K., & Sheridan, J.F. (2002). Alterations in brain and immune function produced by mindfulness meditation, *Psychosomatic Medicine, 65*(4), 564–570.

Diamond, A. 2006. The early development of executive functions. In E. Bialystok & F.I.M. Craik (Eds.), *Lifespan Cognitions: Mechanisms of Change.* New York: Oxford University Press.

Ekman, Paul. (2003). *Emotions Revealed: Recognizing Faces and Feelings to Improve Communication an Emotional Life.* New York: Henry Holt and Company.

Evans, G.W., & Schamberg, M.A. 2009. Childhood poverty, chronic stress, and adult working memory. *Proceedings of the National Academy of Sciences, 106*(16), 6545–6549.

Flook, L., Smalley, S.L., Kitil, M.J., Galla, B.M., Greenland, S.K., Locke, J., Ishijima, E., & Kasari, C. (2010). Effects of mindful awareness practices on executive functions in elementary school children, *Journal of Applied School Psychology, 26*(1), 70–95.

Garofalo, m. (2008, March 8). A victim treats his mugger right. In NPR (Producer), *Weekend Morning Edition*. Retrieved form *http://www.npr.org/20008/03/89164759/a-victim-treats-his-mugger-right*.

Goldin, P., Saltzman, A., & Jha, A. (2008, November). Mindfulness meditation training in families. Paper presented at the *42nd Annual Association for Behavioral and Cognitive Therapies (ABCT) Convention*, Orlando, FL.

Hölzel, B., Carmody, J., Vangel, M., Congleton, C., Yerramsetti, S.M., Gard, T., & Lazar, S.W. (2011). Mindfulness practice leads to increases in regional brain gray matter density. *Psychiatry Research: Neuroimaging, 191*(1), 36–43.

Jazaieri, H., Jinpa, G.T., McGonigal, K., Rosenberg, E.L., Finkelstein, J., Simon-Thomas, E., Cullen, M., Doty, J.R., Gross, J.J., & Goldin, P.R. (2012). Enhancing compassion: a randomized controlled trial of a compassion cultivation training program. *Journal of Happiness Studies*, 14(4), 1113–1126.doi:10.1007/s10902–012–9373-z.

Kabat-Zinn, J. (1982). An outpatient program in behavioral medicine for chronic pain patients based on the practice of mindfulness meditation: Theoretical considerations and preliminary results. *General Hospital Psychiatry, 4*(1), 33–47.

Kabat-Zinn, J. (1990). *Full Catastrophe Living: Using the Wisdom of Your Body and Mind to Face Stress, Pain, and Illness*. New York: Delacorte Press.

Kabat-Zinn, J., Lipworth., & Burney, R. (1985). The clinical use of mindfulness meditation for the self-regulation of chronic pain. *Journal of Bahavioral Medicine, 8*(2), 163–190.

Kabat-Zinn, J., Lipworth, L., Burney, R. and Seelers, W. (1986). Four-year follow-up of a meditation-based program for the self-regulation of chronic pain: Treatment outcomes and compliance. *Clinical Journal of Pain, 2*(3), 159–173.

Kabat-Zinn, J., & Chapman-Waldrop, A. (1988). Compliance with an outpatient stress reduction program: Rates and predictors of program completion. *Journal of Behavioral Medicine, 11*(4), 333–352.

Kabat-Zinn, J., and Kabat-Zinn, M. (1997). Everyday Blessings: *The Inner Work of Mindful Parenting*. New York: Hyperion.

Kerrigan, D., Johnson, K., Stewart, M., Magyari, T., Hutton, N., Ellen, J.M., & Sibinga, E.M. (2011). Perceptions, experiences, and shifts in perspective occuring among urban youth participating in a mindfulness-based stress reduction program. *Complementary Therapies in Clinical Practice, 17*(2), 96–101.

Lee, J., Semple, R., Rosa, D., & Miller, L.F. (2008). Mindfulness-based cognitive therapy for children: Results of a pilot study. *Journal of Cognitive Psychotherapy, 22*(1), 15–28.

Luthar, S.S. (2003). The culture of affluence: Psychological costs of material wealth. *Child Development, 74*(6), 1581–1593.

Luthar, S.S., & Barkin, S.H. (2012). Are affluent youth truly „at risk"? Vulnerability and resilience across three diverse samples. *Development and Psychopathology, 24*(2), 429–449.

Macoby, E.E. (1980). Social Develpment: *Psychological Growth and the Parent-Child Relationship*. New York: Harcourt Brace Jovanovich.

McCown, D., Reibel, D., & Micozzi, M. (2010). *Teaching Mindfulness: A practical Guide for Clinicians and Educators*. New York: Springer.

Meiklejohn, J., Phillips, C. Freedman, M.L., Griffin, M.K., Biegel, G., Roach, A. et al. (2010). Integrating mindfulness training into K-12 education: Fostering resilience of teachers and students. *Mindfulness, 3*(4), 291–307.

Napoli, M., Krech, P.R., & Holley, L.C. (2005). Mindfulness training for elementary school students: The attention academy. *Journal of Applied School Psychology, 21*(1), 99–125.

Neff, K.D., Hsieh, Y.P., & Dejitterat, K. (2005). Self-compassion, achievement goals, and coping with academic failure. *Self and Identity, 4*(3), 263–287.

Neff, K.D., Germer, C.K. (2013). A pilot study and randomized controlled trial of the mindful self-compassion program. *Journal of Clinical Psychology, 69*(1), 28–44.doi:10.1002/jclp.21923.

Raes, F., Griffith, J.W., Van der Gucht, K., & Williams, J.M.G. (2013). School-based prevention and reduction of depression in adolescents: A cluster-randomized controlled trial of a mindfulness group program. *Mindfulness*. doi:10.1007/s12671–012–0202–1.

Riggs, N., Jahromi, L., Razza, R., Dillworth-Bart, J., & Mueller, U. (2006). Executive function and the promotion of social-emotional competence. *Journal of Applied Developmental Psychology, 27*(4), 300–309.

Saltzman, A., & Goldin, P. (2008). Mindfulness-based stress reduction for school-age children. In S.C. Hayes & L-A. Greco (Eds.), *Acceptance and Mindfulness Treatments for Children, Adolescents, and Families*. Oakland, CA: Context Press/New Harbinger Publications.

Santorelli, S. (1999). *Heal Thy Self: Lessons on Mindfulness in Medicine*. New York: Bell Tower.

Schonert-Reichl, K.A., & Lawlor, M.S. (2010). The effects of a mindfulness-based education program on pre- and early adolescents' well-being and social and emotional competence. *Mindfulness*.doi:101007/s12671–010–0011–8.

Sibinga, E., Kerrrigan, D., Stewart, M., Johnson, K., Magyari, T., & Ellen, J. (2011). Mindfulness-based stress reduction for urban youth. *Journal of Alternative and Complementary Medicine, 17*(3), 213–218.

Zylowska, L., Ackerman, D.L., Yang, M.H., Futrell, J.L., Horton, N.L., Hale, T.S., Pataki, C., & Smalley, S.L. (2008). Mindfulness meditation training in adults and adolescents with ADHD. A feasibility study. *Journal of Attention Disorders, 11*(6), 737–746.doi:1177/108705707308502.

Literaturempfehlungen zum Thema „Achtsamkeit für Kinder und Jugendliche" aus dem Arbor Verlag

Achtsamkeit für Kinder und Jugendliche

Jennings, Patricia, *Achtsamkeit im Klassenzimmer. Mit einfachen Strategien eine gute Lernatmosphäre schaffen*, 2017.

Kabat-Zinn, Jon, *Mit Kindern wachsen. Die Praxis der Achtsamkeit in der Familie*, 2011.

Kaiser Greenland, Susan, *Wache Kinder. Wie wir unseren Kindern helfen, mit Stress umzugehen und Glück, Freude und Mitgefühl zu erleben*, 2011.

McCurry, Christopher, *Ihr ängstliches Kind mit Achtsamkeit und Akzeptanz begleiten. ACT – ein wirkungsvoller Weg durch Angst, Panik und Sorgen*, 2011.

Rechtschaffen, Daniel J., *Die achtsame Schule. Achtsamkeit als Weg zu mehr Wohlbefinden für Lehrer und Schüler*, 2012.

Siegel, Daniel/Bryson, Tina Payne, *Achtsame Kommunikation mit Kindern. 12 evolutionäre Strategien aus der Hirnforschung für die gesunde Entwicklung Ihres Kindes*, 2016.

Siegel, Daniel/Bryson, Tina Payne, *Disziplin ohne Drama. Achtsame Kommunikation mit Kindern*, 2016.

Valentin, Lienhard, *Achtsame Eltern, glückliche Kinder*, 2007.

Valentin, Lienhard, *Mit Kindern neue Weg gehen*, 2005.

Valentin, Lienhard, *Die Kunst, gelassen zu erziehen. Achtsamkeit im Leben mit Kindern*, 2015.

Willard, Christopher, *Aufwachsen in Achtsamkeit. Wie wir Kinder, Jugendliche und Familien dabei unterstützen können, Ausgeglichenheit, Ruhe und Resilienz zu finden*, 2016.

Willard, Christopher, *Kindlicher Geist, Anfängergeist. Wie Kinder durch Achtsamkeit zu innerer Ausgeglichenheit und Resilienz finden können*, 2017.

Willard, Christopher/ Saltzman, Amy, *Achtsamkeit für Kinder und Jugendliche*, 2017.

Weitere Literatur zum Thema „Achtsamkeit"

Albers, Susan, *Essen, trinken, achtsam genießen. Praxisübungen für ein Leben im Gleichgewicht,* Arbor Verlag, 2010.

Bardacke, Nancy, *Der achtsame Weg durch Schwangerschaft und Geburt,* Arbor Verlag, 2013.

Bays, Jan, *Achtsam essen. Vergiss alle Diäten und entdecke die Weisheit deines Körpers,* Arbor Verlag, 2009.

Boccio, Frank, *Achtsamkeits-Yoga,* Arbor Verlag, 2006.

Bögels, Susan/Restifo, Kathleen, *Mindful Parenting. Achtsamkeit und Selbstfürsorge für Eltern. Das Manual für ein 8-Wochen-Programm,* Arbor Verlag, 2014.

Crane, Rebecca, *Achtsamkeitsbasierte Kognitive Therapie. Die theoretischen und praktischen Grundzüge der Mindfulness-Based Cognitive Therapy (MBCT),* Arbor Verlag, 2011.

Dewulf, David, *Achtsamkeit. Der Weg zu innerer Freiheit,* Arbor Verlag, 2009.

Dewulf, David, *Das Arbeitsbuch der Achtsamkeit. Gelassen durch den Alltag surfen,* Arbor Verlag, 2015.

Flowers, Steve, *Der achtsame Weg durch die Schüchternheit,* Arbor Verlag, 2011.

Gardner-Nix, Jackie/Costin-Hall, Lucie, *Der achtsame Weg durch den Schmerz. Das Praxisprogramm gegen chronische Schmerzen,* Arbor Verlag, 2012.

Germer, Christopher, *Der achtsame Weg zum Selbstmitgefühl. Wie man sich von destruktiven Gedanken und Gefühlen befreit,* Arbor Verlag, 2015.

Germer, Christopher/Siegel, Ronald/Fulton, Paul, *Achtsamkeit in der Psychotherapie*, Arbor Verlag, 2009.

Gilbert, Paul/Choden, *Achtsames Mitgefühl. Ein kraftvoller Weg, das Leben zu verwandeln*, Arbor Verlag, 2014.

Goldstein, Elisha/Stahl, Bob, *Stressbewältigung durch Achtsamkeit. Das MBSR-Praxisbuch*, Arbor Verlag, 2010.

Graham, Linda, *Der achtsame Weg zu Resilienz und Wohlbefinden. Wie wir unser Gehirn vor Stress und Burn-out schützen können*, Arbor Verlag, 2014.

Heaversedge, Jonty/Halliwell, Ed, *Das Achtsamkeits-Manifest. Wie man in einer überdrehten Welt Gelassenheit findet*, Arbor Verlag, 2012.

Kabat-Zinn, Jon, *Zur Besinnung kommen. Die Weisheit der Sinne und der Sinn der Achtsamkeit in einer aus den Fugen geratenen Welt*, Arbor Verlag, 2005.

Kabat-Zinn, Jon, *108 Momente der Achtsamkeit*, Arbor Verlag, 2009.

Kabat-Zinn, Jon/Valentin, Lienhard, *Achtsamkeit für Anfänger*, Arbor Verlag, 2013.

Kabat-Zinn, Jon/Valentin, Lienhard, *Das Abenteuer Achtsamkeit. Wie Sie die Weisheit für Körper, Geist und Seele entwickeln*, Arbor Verlag, 2015.

Kumar, Sammet M., *Der achtsame Weg durch Sorge und Grübelei. Wie wir Seelenruhe finden und Angst und depressive Gefühle hinter uns lassen*, Arbor Verlag, 2011.

Marturano, Janice, *Mindful Leadership. Ein Weg zu achtsamer Führungskompetenz*, Arbor Verlag, 2015.

McCown, Donald/Reibel, Diane/Micozzi, Marc S., *Achtsamkeit lehren. Ein Praxisleitfaden für Therapeuten, Ärzte und Kursleiter*, Arbor Verlag, 2011.

Orsillo, Susan/Roemer, Lizbeth, *Der achtsame Weg durch die Angst. Wie wir andauernde Sorgen und Grübelei hinter uns lassen und zu einem erfüllten Leben finden*, Arbor Verlag 2012.

Pfeifer-Schaupp, Ulrich, *Achtsamkeit in der Kunst des (Nicht)Helfens*, Arbor Verlag, 2010.

Piver, Susan, *Der achtsame Weg zu einem authentischen Leben*, Arbor Verlag, 2013.

Shapiro, Shauna L./Carlson, Linda E., *Die Kunst und Wissenschaft der Achtsamkeit. Die Integration von Achtsamkeit in Psychologie und Heilberufe*, Arbor Verlag, 2011.

Siegel, Daniel, *Das achtsame Gehirn,* Arbor Verlag, 2007.

Siegel, Daniel, *MIND. Eine Reise in Herz des Menschseins,* Arbor Verlag, 2017.

Siegel Ronald, D., *Achtsamkeit als Weg. Wie wir den Unwägbarkeiten des Lebens achtsam begegnen können,* Arbor Verlag, 2011.

Stahl, Bob/Goldstein, Elisha, *Stressbewältigung durch Achtsamkeit. Das MBSR-Praxisbuch,* Arbor Verlag, 2010.

Teasdale, John/Williams, Mark/Segal, Zindel, *Das MBCT-Arbeitsbuch. Ein 8-Wochen-Programm zur Selbstbefreiung von Depressionen und emotionalem Stress,* Arbor Verlag, 2015.

Trungpa, Chögyam, *Achtsamkeit, Meditation und Psychotherapie. Einführung in die buddhistische Psychologie,* Arbor Verlag, 2006.

Williams, Mark/Kabat-Zinn, Jon, *Achtsamkeit. Ihre Wurzel, ihre Früchte,* Arbor Verlag, 2013.

Williams, Mark/Teasdale, John/Segal, Zindel/Kabat-Zinn, Jon, *Der achtsame Weg durch die Depression,* Arbor Verlag, 2009.

Wolf, Christiane/Serpa, Greg, *Die Kunst, Achtsamkeit zu lehren,* Arbor Verlag, 2016.

Hinweis zu den Audio-Anleitungen

Gesprochene Anleitungen der Übungen für zuhause finden Sie zum Download auf iTunes oder der Website von Amazon. Sie sind zusammengefasst unter dem Titel: „Peaceful Quiet Place. Achtsamkeit für jüngere Kinder. Spielerische Übungen, die dazu beitragen, dass unsere Kinder gesund bleiben und sich glücklich fühlen" und „Peaceful Quiet Place. Achtsamkeit für Teenager. Ein Ort zum Chillen und ganz Du selbst zu sein". Sie stammen von Amy Saltzman und wurden übersetzt und aufgenommen von Kim-Nicola Lorentzen.

Weitere Angebote finden Sie unter *www.peacefulquietplace.de*

Über die Autorin

Amy Saltzman ist Ärztin, Achtsamkeitslehrerin, Wissenschaftlerin, Ehefrau, Mutter, eifrige Studierende von Transformationsprozessen, langjährige Sportlerin und Gelegenheitspoetin. Ihre Leidenschaft ist es, Menschen jeden Alters darin zu unterstützen, ihr Wohlbefinden zu verbessern und den friedlichen, ruhigen Ort in ihrem Innern zu entdecken. Von ihren Fachkollegen wird sie als Visionärin und Pionierin auf den Gebieten ganzheitlicher Medizin und Achtsamkeit für die Jugend angesehen. Sie ist Gründerin und Direktorin der *Association for Mindfulness in Education*, Gründungsmitglied des seit langer Zeit bestehenden Führungskomitees des *Northern California Advisory Committee on Mindfulness*. Sie lebt in San Francisco Bay Area mit ihrem Ehemann und zwei Kindern im Teenageralter. Mehr Informationen finden Sie unter *www.stillquietplace.com*.

Über den Verfasser des Vorworts

Saki Santorelli, EdD, MA, war bis 2017 Geschäftsführer des *Center for Mindfulness in Medicine, Health Care, and Society* an der *University of Massachusetts Medical School* und ist Autor von *Zerbrochen und doch ganz. Die heilende Kraft der Achtsamkeit* (2000).

Danksagung

Die schlichte Wahrheit ist: Diese Geschenkgabe wäre ohne die Grundlagen- und Pionierarbeit – und die liebevolle Unterstützung – der folgenden Menschen (und all derer, die wiederum sie unterstützt haben) nicht möglich gewesen. Als da sind:

Georgina Lindsay, seit 25 Jahren Mentorin, Kollegin, Partnerin und Freundin, die durch ihre Beratung ein Leben verändern kann. Ihre charakteristische und außergewöhnliche Kombination aus Weisheit, Anmut, Strenge und Mitgefühl lebt in mir und inspiriert alle Facetten meines Lebens. Wie sie ein breites Spektrum an altehrwürdigen und modernen Weisheitslehren mit Leidenschaft studiert, vermittelt und lebt, hat mir – und allen, denen sie diente – unermesslich viel gebracht. Ihre Hingabe an Wahrhaftigkeit, Liebe und Freiheit hat mich tief greifend beeinflusst und durchdringt jeden Aspekt meiner Arbeit und meines Lebens. Sie hat mir vermittelt, wie ich für meine arroganten und ehrgeizigen Tendenzen Verantwortung übernehmen konnte, hat gefördert, was in mir am echtesten war, und hervorgelockt, was als Geschenkgabe auf diesen Seiten zu finden ist. Sie ist die Sonne für dieses Blühen gewesen.

Eric, mein Mann, der mich auf schlichte und ruhige Art unterstützt und ermutigt hat, diese Arbeit voranzutreiben. Seit neunundzwanzig Jahren lieben wir uns, trotz – oder vielleicht gerade wegen – unserer Marotten und Idiosynkrasien.

Jason und Nicole, meine Kinder: große Quellen der Freude, gelegentlich auch der Verärgerung, die den Anstoß und die Inspiration für diese Arbeit geliefert haben und die manchmal die Diskrepanz aufzeigen zwischen der Mutter, die ich bin, und der, die ich sein möchte.

Jon Kabat-Zinn, Saki Santorelli, Florence Melo-Myer, Ferris Urbanowski, George Mumford, Elana Rosenbaum und all die anderen Pioniere am „Center for Mindfulness", die eines der wichtigsten Fundamente geschaffen haben, auf denen diese Arbeit beruht.

Amishi Jha, PhD, die für die Prüfung der Rohdaten zu diesem Curriculum ihre kostbare Zeit und ihren wissenschaftlichen Scharfblick großzügig zur Verfügung stellte.

Die Kinder, Eltern, Lehrer, Berater, Ärzte und alle in verbündeten Berufen Tätigen, die an den Angeboten dieses Buches mitgewirkt und mitgearbeitet haben.

Susan Kaiser Greenland, Gina Biegel, Wynne, Midge und Rick Kinder, Megan Cowan, Betsy Rose, Chris McKenna, Sam Himelstein, Deborah Schoeberlein, Richard Brady, Heather Sundberg, Cator Schachoy, David Forbes, Teah Stozer, Robert Wall, Laurie Grossman und Chris Willard, die sich alle darauf eingelassen haben, diese demütig machende und lohnende Arbeit tatsächlich zu tun, *in einem Raum* mit Kindern und Jugendlichen – und die ihre Kreativität, ihre Weisheit, ihre Probleme und ihr Lachen großzügig geteilt haben.

Margaret Cullen, Nancy Bardake und die „alten Hasen" von der nordkalifornischen MBSR-Lehrergruppe, die sich reihum bei jedem im Wohnzimmer trafen, und die neuen Freunde aus aller Welt: dafür, dass sie Achtsamkeit leben und Inspiration, Klarsicht und ihre geschätzte Freundschaft schenken.

Bob Stahl und das „Mindfulness Program" am El-Camino-Krankenhaus; Gil Fronsdal und das IMC-Familienprogramm; Kris Goodrich und Josetta Walsh am „Child and Family Institute"; Jon Kulhaneck, Claire Ward, Beth Passi, Schulleiterin Kimberly Attell und Steven Murray an der Henry-Ford-Grundschule; Ceil Kellogg, Karen Clancy und Theresa Fox an der Oak-Knoll-Grundschule; Susan Brochin, James Green, Laura

Delaney und Amy Methenia an der Hillview-Hauptschule; und Schulleiter Matt Zito und Julie Brody an der Menlo-Atherton-Oberschule für ihre Unterstützung und ihr Vertrauen in diese Arbeit.

Jess Beebe und das gesamte Team bei „New Harbinger Publications" für ihre Demonstration, wodurch sich ein Editieren auszeichnet, das auf Entwicklung setzt. Jasmine Star, die kompetente Lektorin, die mir zeigte, was noch fehlte und wie ich alle Einzelteile zu einem zusammenhängenden Ganzen verknüpfen konnte. Rob Roeser und Barbara Burns, die netterweise das Kapitel über Exekutivfunktionen, emotionale Intelligenz und soziale Entwicklung lasen und verbesserten. Meine Trainerin Georgina; meine Schwester Suzanne; und meine Mutter Linda – Lektoren par excellence, die dieses Buch mit klarem Kopf und offenem Herzen gelesen haben und so nett waren, Verbesserungen und Vereinfachungen vorzuschlagen.

Und am allerwichtigsten der friedliche, ruhige Ort selbst – und jeder Mensch, der sich entschieden hat, in diesem herrlichen, weiten Raum verweilen zu wollen.

WEITERE LITERATUR AUS DEM ARBOR VERLAG

AMY SALTZMAN

Ein friedlicher, ruhiger Ort für Jugendliche

Das Praxisbuch zum achtsamen Umgang
mit Stress und schwierigen Gefühlen

Entdecke einen Ort, wo Du chillen und ganz Du selbst sein kannst

Fühlst Du dich oft gestresst, weil Du Schule, Freunde, Beziehungen und tausend andere Dinge auf die Reihe bringen musst? Hast Du manchmal das Gefühl, dass Dir alles zu viel ist?
    Wie wäre es mit einem Ort, wo Du Deine Ruhe und Deinen Frieden hast, chillen und einfach Du selbst sein kannst? Mithilfe der ansprechenden, einfachen Anleitungen in diesem Praxisbuch kannst Du diesen Ort der Ruhe und Kraft in Dir selbst finden. Du kannst lernen, Deine Emotionen ins Gleichgewicht zu bringen, Dich besser zu konzentrieren und so ein entspannteres, zufriedeneres Leben zu führen. Du lernst, konstruktiv mit Stress umzugehen und zu Dir selbst und anderen freundlicher zu sein. Denn in Dir selbst ist dieser friedliche, ruhige Ort, den Du immer wieder aufsuchen kannst, egal, wie heftig das Leben Dich schüttelt.

ISBN 978-3-86781-207-8

DANIEL J. SIEGEL & TINA PAYNE BRYSON

Wie Kinder aufblühen

Unterstützen Sie Ihr Kind darin, resilienter,
eigenständiger und kreativer zu werden

Wieder einmal hat Ihr Wunschkind mit Wut, Trotz oder Verweigerung reagiert? Und das, obwohl Sie Ihre Liebe, Geduld und Zuwendung als schier unendlich empfinden?

Jede und jeder Erziehende weiß, dass der Umgang mit Kindern gelernt sein will und – beiden Beteiligten! – oft alles abverlangt. Daniel J. Siegel und Tina Payne Bryson zeigen hier die wesentlichen psychologischen, pädagogischen und kommunikativen Kompetenzen, um Konflikte in Gemeinsamkeiten zu verwandeln.

„Braver" wird Ihr Kind dadurch nicht. Aber Sie werden authentisch vermitteln können, dass Sie helfend und liebend auf der Seite Ihres Kindes stehen, wenn es darum geht, sich Herausforderungen, Frustrationen oder Notwendigkeiten zu stellen.

Ihr Kind wird gemeinsam mit Ihnen kreativer, resilienter und zugewandter werden, wenn es sich jederzeit in Ihrer Hilfe und Liebe sicher weiß. Und glauben Sie uns: Sie werden auch mehr Spaß haben!

Daniel J. Siegel ist Professor für Kinderpsychiatrie und eine der weltweit anerkanntesten Autoritäten für Achtsamkeit mit Kindern. Hier setzt er seine erfolgreiche Zusammenarbeit mit der erfahrenen Familientherapeutin und klinischen Sozialarbeiterin Tina Payne Bryson fort. Das Ergebnis ist ein Buch auf dem neuesten Forschungsstand der Entwicklungspsychologie und Pädagogik.

ISBN 978-3-86781-204-7

CHRISTOPHER WILLARD & AMY SALTZMAN (HG.)

Achtsamkeit für Kinder und Jugendliche

Mit einem Vorwort von Susan Kaiser Greenland

Dieser Band versammelt namhafte Autoren und Autorinnen, die aus ihrer langjährigen Erfahrung mit einer Vielzahl von Achtsamkeitsprogrammen für Kinder und Jugendliche berichten, sowohl innerhalb als auch außerhalb des Schulsystems und auch für Kinder mit besonderen Bedürfnissen oder Defiziten, wie etwa ADHS.

Prall gefüllt mit Tipps und Anleitungen aus den verschiedensten Richtungen, in die sich heute die Lehre von Achtsamkeit aufgefächert hat, bietet diese Sammlung Lehrern und Kursleitern einen praktischen Überblick über Möglichkeiten, Anforderungen und Grenzen bei der Vermittlung von Achtsamkeitstechniken an Kinder und Jugendliche. Beispiellektionen, Ablaufvorschläge, Modellmoderationen, Fallstudien und vieles mehr bieten Anleitenden durchgängig eine Fülle von unschätzbaren Hinweisen, wie sie ihre Schüler an passende Übungen heranführen und diese auf eine geeignete Art anleiten – praxisnah und anregend und direkt im Klassenzimmer oder in der Kleingruppe anwendbar. Auch die Wichtigkeit der eigenen authentischen Achtsamkeitspraxis der Lehrenden für Durchführung und Erfolg wird detailliert aufgezeigt.

Abschließend beschäftigen sich Beiträge mit der notwendigen kritischen Einordnung und wissenschaftlichen Bewertung der aktuell angewandten Ansätze rund um Achtsamkeit und Meditation. Die Autoren erläutern den momentanen Stand der evaluativen und klinischen Forschung und erklären, was wir aktuell darüber wissen, welche Methoden und Programme sich für welche Zielgruppen eignen.

ISBN 978-3-86781-169-9

SUSAN KAISER GREENLAND

Achtsame Spiele

Achtsamkeit und Meditation mit Kindern, Jugendlichen und Familien – Mit 60 spielerischen Achtsamkeitsübungen

Achtsame Spiele verknüpft spannende und praktische Achtsamkeitsübungen für Kinder mit der zugrunde liegenden Psychologie und Pädagogik. Ausführliche Anleitungen zeigen, wie sowohl pädagogische Fachkräfte in Kindergärten und Schulen als auch Eltern Achtsamkeit spielerisch umsetzen können. Kindern und Jugendlichen bietet achtsames Spielen eine wunderbare Möglichkeit, Konzentration zu entwickeln, ihre Emotionen regulieren zu lernen und dadurch auf herausfordernde Situationen gelassener und mitfühlender zu reagieren.

Susan Kaiser Greenland stellt in ihrem neuen Buch 60 einfache und spannende Aktivitäten vor: Die Spiele, über viele Jahre in der Arbeit mit Kindern und Erwachsenen entwickelt und getestet, wurden für Kinder entworfen; allerdings können sie für Erwachsene ebenso vergnüglich und transformativ sein! Alle Spiele fördern Einsicht und Empathie – und sie machen Spaß.

Die Autorin schöpft aus einem tiefen Verständnis von Meditation und Achtsamkeitspraxis sowie aus ihrem umfassenden Wissen über die kindliche Entwicklung, fundiert durch die entsprechende wissenschaftliche Forschung. Susan Kaiser Greenland entwickelte den Kurs Inner Kids und leitet seit vielen Jahren weltweit Achtsamkeitstrainings für Kinder, Eltern und pädagogische Fachkräfte.

Von Susan Kaiser Greenland ist beim Arbor Verlag auch das dazugehörige Kartenset *Achtsame Spiele. 55 bewährte Möglichkeiten, spielerisch Achtsamkeit zu lernen* erhältlich.

ISBN 978-3-86781-177-4

Online

Umfangreiche Informationen zu unseren Themen, ausführliche Leseproben aller unserer Bücher, einen versandkostenfreien Bestellservice und unseren kostenlosen Newsletter. All das und mehr finden Sie auf unserer Website.

www.arbor-verlag.de

Mehr von Amy Saltzman

www.arbor-verlag.de/amy-saltzman

Seminare

Die gemeinnützige *Arbor-Seminare gGmbH* organisiert regelmäßig Seminare und Weiterbildungen mit führenden Vertretern achtsamkeitsbasierter Verfahren. Nähere Informationen finden Sie unter:

www.arbor-seminare.de